普通高等教育『十三五』规划教材
应用型本科院校财会专业教改系列

非银行金融企业会计

主编 万静芳

立信会计出版社

图书在版编目(CIP)数据

非银行金融企业会计 / 万静芳主编. —上海：立信会计出版社，2016.6
ISBN 978-7-5429-5004-8

Ⅰ.①非⋯　Ⅱ.①万⋯　Ⅲ.①金融会计
Ⅳ.①F830.42

中国版本图书馆 CIP 数据核字(2016)第 133849 号

策划编辑　　蔡伟莉
责任编辑　　徐小霞　秦思慧
封面设计　　南房间

非银行金融企业会计

出版发行	立信会计出版社
地　　址	上海市中山西路 2230 号　邮政编码　200235
电　　话	(021)64411389　传　　真　(021)64411325
网　　址	www.lixinaph.com　电子邮箱　lxaph@sh163.net
网上书店	www.shlx.net　电　　话　(021)64411071
经　　销	各地新华书店
印　　刷	常熟市梅李印刷有限公司
开　　本	787 毫米×1 092 毫米　1/16
印　　张	13.75
字　　数	325 千字
版　　次	2016 年 6 月第 1 版
印　　次	2016 年 6 月第 1 次
印　　数	1—3 100
书　　号	ISBN 978-7-5429-5004-8/F
定　　价	30.00 元

如有印订差错，请与本社联系调换

总 序

自20世纪末期开始,我国高等教育步入大众化教育发展阶段。当前,我国已建成了世界上最大规模的高等教育体系。随着经济发展进入新常态,经济结构深刻调整、产业升级步伐加快、社会文化建设不断进步,党中央、国务院适时作出了引导本科院校向应用型高校转变,推动高等院校转型发展的重大战略部署,以便为生产服务一线培养出大量的、急需的高层次应用型人才。

广东金融学院创建于1950年,是一所省属公办普通本科院校。近年来,学校以"建成国内知名的应用型金融品牌大学"为发展目标,坚持"面向金融、面向地方、面向需求"的办学思路,秉承"金融为根、育人为本、应用为先、创新为范"的办学理念,不断提高办学质量,在人才培养、科学研究、社会服务等方面履行大学职能和社会责任,赢得了良好的社会声誉。

广东金融学院会计系创立于1993年。伴随我国会计市场化、国际化改革进程,以及我国会计规则体系的不断完善,会计系获得了"跨越式、可持续"的高速发展。20余年来,会计系始终立足于"培养高层次应用型会计人才",在会计学科建设、专业建设、人才培养模式、师资队伍建设、课程建设等方面进行了积极探索,取得了可喜的成就。

教材是体现教学内容和教学方法的知识载体,是组织教学的基本工具,也是深入教学改革,提高教学质量的重要保证。教材建设是专业建设、课程建设的基本要素,也是教师教学、科研水平及其成果的重要反映。我们推出的"应用型本科院校财会专业教改系列"教材,即是会计系近年来教材建设成果及应用型人才培养教改成果的集中体现。

"应用型本科院校财会专业教改系列"教材建设的指导思想及目标定位是:

(1)坚持和服务于应用型本科会计人才的培养定位。应用型本科会计人才,是能够将会计学专业知识和技能应用于会计工作实践的高级专门人才。应用型本科院校教材建设,始终要坚持以社会人才需求为导向,坚持以本科层次的学科教育为依托,以应用型专业教育为基础,服务于高层次应用型会计人才的培养目标。

(2)坚持"突出基础、突出应用、突出技能、突出特色"来构造教材体系和教材内容。在理论知识上,以保证系统性为前提,突出基础知识,以"应知应会"为度;在体例结构上,强化业务举例、知识链接、习题练习、实训案例等应用技能要素。以期打造出"在基础理论上弱于研究型本科、在知识体系上强于高职高专",符合应用型本科层次会计人才培养定位的专业教材。

(3)坚持"系统性",兼顾"可行性"和"开放性"。坚持"系统性",我们全面推出了财会专业的系列核心课教材、选修课教材及部分实验课教材;坚持"可行性",现在组织编写的教材均具备一定的历史积累,主编均具有本门教材的编写经历或具有本门课程长期的执教经历;坚持"开放性",对暂时不成熟的课程,将进行持续积累建设,陆续推出。

(4) 坚持、发挥金融行业特色和优势。我校有几十年金融行业办学的历史积累和优势,在金融企业会计教学和课程建设中,已形成自己的特色和优势。在本系列教材中,组织推出了《银行会计》《非银行金融企业会计》《银行财务管理》等三部金融行业特色专业教材。

本系列教材的推出,首先得益于我们拥有的一支"双师型、双强型"专业师资团队。会计系现有19名教授、20名副教授、22名博士,教授和博士的全面参与,构成了系列教材建设的中坚力量。本系列教材的推出,也得益于会计系在"十一五""十二五"期间积累和取得的一系列教学成果。过去的10年间,会计系会计学专业、财务管理专业取得省级质量工程立项建设,会计学基础、会计信息系统、银行会计获得省精品课程立项建设;会计系在国家级教学实验中心建设、国家级教学实习基地建设,在人才培养模式创新,在校企协同培养班等方面取得的教学成果,均为推出本系列教材提供了基本的支撑和保证。

本系列教材的推出,凝结着全体参编人员的辛勤付出和智慧,也得到立信会计出版社同仁的大力协作和支持。同时我们深知,随着财会体制变革的不断深化,加之编写人员的水平所限,教材的不足和错误之处在所难免,恳请读者不吝赐教,多提宝贵意见,以便我们继续修订完善,不断提升本系列教材建设的质量和水平。

本书所附习题答案可致电021—64411362索取。

岳 龙

前　言

非银行金融企业会计是我国高等院校会计学、金融学专业的专业课,也是其他经管类专业的选修课之一。本书是按照高等院校教学计划和教学规律的要求,为满足高等本科院校会计学、金融学等专业应用型人才培养目标要求而编写的。全书以我国现行的会计准则制度为依据,在充分借鉴和吸收相关金融企业业务实践创新成果的基础上,系统地阐述了非银行金融企业财务会计的基本理论、基本方法和基本技能。

本书的编写,力求遵循管理类教材体例特征,在内容体系上以"应知应会"为度,力求行文简练,尽量压减章节数量,突出了非银行金融企业基本的业务核算内容。以图在教学中节约学时,突出和满足应用技术型人才的培养需求。

本书由万静芳任主编。各章编写的具体分工为:第1、第4、第6、第9章由万静芳(广东金融学院副教授)编写;第2章由文芳(广东金融学院教授)编写;第3、第5章由张高丽(广东金融学院副教授)编写;第7、第8章由陈耘(广东金融学院讲师)编写。全书由万静芳进行修改总纂后定稿。

本书编写过程中,广东金融学院岳龙教授对本书的编写大纲、初稿进行了全面、细致的审阅,并提出宝贵的修改意见,在此谨致由衷的谢意。

由于财会、金融体制变革正日益深化,加之编写人员的水平有限,编写时间仓促,书中存在不足和错误之处在所难免,恳请读者不吝赐教,批评指正。

编　者

模拟试卷一　模拟试卷二

目 录

第一章 总论 ... 1
- 第一节 金融企业概述 ... 1
- 第二节 非银行金融企业的会计假设和信息质量要求 ... 4
- 第三节 非银行金融企业会计的概念、要素和特点 ... 7
- 第四节 非银行金融企业的会计流程 ... 10

第二章 保险公司业务的核算 ... 13
- 第一节 保险公司业务概述 ... 13
- 第二节 非寿险原保险业务的核算 ... 14
- 第三节 寿险原保险业务的核算 ... 23
- 第四节 再保险业务的核算 ... 31

第三章 证券公司业务的核算 ... 42
- 第一节 证券公司业务概述 ... 42
- 第二节 证券公司经纪业务的核算 ... 46
- 第三节 证券公司自营业务的核算 ... 52
- 第四节 证券公司承销业务的核算 ... 65
- 第五节 其他证券业务的核算 ... 68

第四章 信托投资公司业务核算 ... 81
- 第一节 信托投资公司业务概述 ... 81
- 第二节 信托存款与贷款业务的核算 ... 86
- 第三节 委托存款与贷款业务的核算 ... 89
- 第四节 信托投资与委托投资的核算 ... 91
- 第五节 其他信托业务的核算 ... 96

第五章 期货公司业务的核算 ... 100
- 第一节 期货公司业务概述 ... 100
- 第二节 期货公司经纪业务的核算 ... 102

第六章 基金管理公司业务的核算 ... 117
- 第一节 基金管理公司业务概述 ... 117
- 第二节 基金募集、申购与赎回的核算 ... 125

第三节　证券投资业务的核算 ··· 133

第七章　租赁公司业务的核算 ··· 142
　　第一节　租赁业务概述 ··· 142
　　第二节　融资租赁业务的核算 ··· 145
　　第三节　经营租赁业务的核算 ··· 153
　　第四节　其他租赁业务的核算 ··· 157

第八章　财务公司业务的核算 ··· 160
　　第一节　财务公司业务概述 ·· 160
　　第二节　财务公司筹资业务的核算 ·· 164
　　第三节　财务公司投放业务的核算 ·· 175
　　第四节　财务公司结算业务的核算 ·· 181
　　第五节　财务公司其他业务的核算 ·· 185

第九章　金融企业财务会计报告 ·· 190
　　第一节　资产负债表 ·· 190
　　第二节　利润表 ·· 195
　　第三节　现金流量表 ·· 199
　　第四节　所有者权益变动表 ·· 205
　　第五节　会计报表附注及相关信息 ·· 206

主要参考文献 ·· 209

第一章 总 论

章前导引

教学目标

本章主要介绍非银行金融企业会计的基本理论。通过学习理解掌握非银行金融企业业务的分类及非银行金融企业会计的假设、基础和信息质量要求;掌握非银行金融企业会计的概念、要素和特点;了解非银行金融企业的会计流程。

第一节 金融企业概述

一、我国金融企业的组成及特点

(一) 金融企业的定义

金融企业是指执行业务需要取得金融监管部门授予的金融业务许可证的企业,包括执业需取得银行业务许可证的政策性银行、邮政储蓄银行、国有商业银行、股份制商业银行、信托投资公司、金融资产管理公司、金融租赁公司和部分财务公司等;执业需取得证券业务许可证的证券公司、期货公司和基金管理公司等;执业需取得保险业务许可证的各类保险公司等。

(二) 我国金融企业的组成

由前述定义可知,我国的金融企业主要由银行和非银行金融机构组成,本书主要介绍银行以外其他各类金融企业的会计业务核算,具体包括保险公司、证券公司、信托投资公司、期货公司、基金管理公司、租赁公司、财务公司、金融资产管理公司等企业的会计业务核算。

保险公司是指经中国保险监督管理机构批准设立,并依法登记注册的商业保险公司,包括直接保险公司和再保险公司。

证券公司是指依照《公司法》和《证券法》的规定设立的并经国务院证券监督管理机构审查批准而成立的专门经营证券业务,具有独立法人地位的有限责任公司或者股份有限公司。

信托投资公司是由国务院银行业监督管理机构批准,按委托人的意愿,为了受益人的利益或特定目的,对委托人的资金或财产进行管理或处分的金融机构。

期货公司是指依法设立的、接受客户委托、按照客户的指令、以自己的名义为客户进行

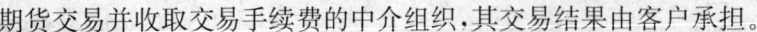

期货交易并收取交易手续费的中介组织,其交易结果由客户承担。

基金管理公司是指经中国证券监督管理委员会批准,在中国境内设立,从事证券投资基金管理业务的企业法人。

租赁公司是以出租设备或工具收取租金为主的金融企业。作为非银行金融机构,以融物的形式起着融资的作用。

财务公司是指依据《公司法》和《企业集团财务公司管理办法》设立的,为企业集团成员单位技术改造、新产品开发及产品销售提供金融服务,以中长期金融业务为主的非银行机构。

金融资产管理公司是指国务院决定设立的收购国有银行不良贷款,管理和处置因收购国有银行不良贷款形成的资产的国有独资非银行金融机构。

(三) 金融业的特点

金融业具有指标性、垄断性、高风险性、效益依赖性和高负债经营性的特点。在中国,指标性是指金融的指标数据从各个角度反映了国民经济的整体和个体状况,金融业是国民经济发展的晴雨表。垄断性一方面指金融业是政府严格控制的行业,未经中央银行审批,任何单位和个人都不允许随意开设金融机构;另一方面指具体金融业务的相对垄断性,如信贷业务主要集中在四大商业银行,证券业务主要集中在国泰、华夏、南方等全国性证券公司,保险业务主要集中在人保、平保和太保。高风险性是指金融业是巨额资金的集散中心,涉及国民经济各部门。单位和个人,其任何经营决策的失误都可能导致"多米诺骨牌效应"。效益依赖性是指金融效益取决于国民经济总体效益,受政策影响很大。高负债经营性是相对于一般工商企业而言,金融企业自有资金比率较低。

二、非银行金融企业的业务内容

(一) 保险公司的业务

保险公司是经营保险业务和投资业务的经济组织。其主营业务是保险业务,具体包括财产保险业务、人身保险业务和再保险业务。投资业务是指保险公司在组织经济补偿或给付保险金的经营过程中,将收取的保险费积聚起来形成保险资金,并按规定用于投资使之增值的业务活动。

(二) 证券公司的业务

我国的证券公司分为两类,即综合类证券公司和经纪类证券公司。综合类证券公司的业务包括证券经纪业务、证券自营业务、证券承销业务和经国务院证券监督管理机构核定的其他证券业务。经纪类证券公司只能从事证券经纪业务,即只能从事代理客户买卖股票、债券、基金、可转换债券、认股权证等业务。

(三) 信托投资公司的业务

信托投资公司的业务范围包括:

受托经营资金信托业务,即委托人将自己合法拥有的资金,委托信托投资公司按照约定的条件和目的,进行管理、运用和处分;

受托经营动产、不动产及其他财产的信托业务,即委托人将自己的动产、不动产以及知

识产权等财产、财产权,委托信托投资公司按照约定的条件和目的,进行管理、运用和处分;

受托经营法律、行政法规允许从事的投资基金业务,作为投资基金或者基金管理公司的发起人从事投资基金业务;

经营企业资产的重组、购并及项目融资、公司理财、财务顾问等中介业务;

受托经营国务院有关部门批准的国债、政策性银行债券、企业债券等债券的承销业务;

代理财产的管理、运用和处分;

代保管业务;

信用见证、资信调查及经济咨询业务;

以固有财产为他人提供担保;

受托经营公益信托;

中国人民银行批准的其他业务。

（四）**期货公司的业务**

期货公司的主要业务包括商品期货、金融期货和其他期货业务。

（五）**基金管理公司的业务**

基金管理公司的主要业务有证券投资基金的发行和赎回,管理和运用证券投资基金从事股票、债券等金融工具的投资等。

（六）**租赁公司的业务**

租赁公司的业务范围包括：

直接租赁、回租、转租赁、委托租赁等融资性租赁业务；

经营性租赁业务；

接受法人或机构委托租赁资金；

接受有关租赁当事人的租赁保证金；

向承租人提供租赁项下的流动资金贷款；

有价证券投资、金融机构股权投资；

经中国人民银行批准发行金融债券；

向金融机构借款；

外汇借款；

同业拆借业务；

租赁物品残值变卖及处理业务；

经济咨询和担保；

中国人民银行批准的其他业务。

（七）**财务公司的业务**

财务公司的主要业务有存贷款、结算、票据贴现、融资租赁、投资、委托及代理发行有价证券等。

（八）**金融资产管理公司的业务**

金融资产管理公司的业务主要有4部分：一是债务追偿和重组,资产置换、转让和销售,企业重组,债权转股权及阶段性持股；二是投资咨询和顾问,财务及法律事务咨询和顾问,企业审计及破产清算,资产及项目评估;三是商业借款,向金融机构借款,向中央银行申请再贷款,发行债券;四是资产管理范围内的推荐上市和债券股票承销,直接投资、资产证券化。

【知识链接】

"一行三会"

"一行三会"是中国对中国人民银行、银监会、保监会和证监会4个金融管理和监督部门的简称。"一行三会"均是国务院直属机构,组成了中国金融业分业监管的格局。各自承担不同职责。

中国人民银行,成立于1948年,是中国的中央银行,执行中央银行业务,主要负责制定和执行货币政策。1983年国务院决定中国人民银行专门行使国家中央银行职能。

银监会,全称为"中国银行业监督管理委员会",成立于2003年。统一监督管理银行、金融资产管理公司、信托投资公司以及其他存款类金融机构,维护银行业的合法、稳健运行;依照法律、行政法规制定并发布对银行业金融机构及其业务活动监督管理的规章、规则。

证监会,全称为"中国证券业监督管理委员会",成立于1992年。统一监管全国证券期货市场。

保监会,全称为"中国保险业监督管理委员会",成立于1998年。统一监管全国保险市场。

第二节 非银行金融企业的会计假设和信息质量要求

一、非银行金融企业会计的基本假设

会计基本假设,是企业会计确认、计量和报告的前提,是对会计核算所处时间、空间环境等所作的合理设定。基本准则规定,我国企业会计基本假设包括会计主体、持续经营、会计分期和货币计量4项。

(一)会计主体

会计主体,是指企业会计核算应当对其本身发生的交易或者事项进行会计确认、计量和报告。应当以本身发生的各项交易或事项为对象,记录和反映企业本身的各项生产经营活动。明确会计主体,才能划定会计所要处理的各项交易或事项的范围,把握会计处理的立场。

非银行金融企业通常是以独立法人主体为会计主体的,而对在同一法人主体之下的分支机构则不作为完全独立核算的会计主体(如公司下设的营业部作为内部报账的核算单位与考核主体,但并不对外提供会计报告)。

(二)持续经营

持续经营,是指会计确认、计量和报告应当以企业持续、正常的生产经营活动为前提。

企业是否持续经营,在会计原则、会计方法的选择上有很大差别。一般情况下,应当假定企业将会按当前的规模和状态继续经营下去,不会停业,也不会大规模削减业务。明确这个基本前提,会计人员就可以在此基础上选择会计原则和会计方法。

(三) 会计分期

会计分期,是指会计核算应当划分会计期间,分期结算账目和编制财务会计报告。会计期间分为年度和中期。会计中期是指短于一个完整的会计年度的报告期间,会计中期又分为半年度、季度和月度。年度、半年度、季度和月度均按公历起讫日期确定。

(四) 货币计量

货币计量,是指会计主体在财务会计确认、计量和报告时以货币计量,反映会计主体的各项生产经营活动。我国企业的会计核算以人民币为记账本位币。业务收支以人民币以外的货币为主的银行,可以选定一种货币作为记账本位币,但在编报财务会计报告时应当折算成人民币。

二、会计核算的基础

根据会计准则规定,企业应当以权责发生制为基础进行会计确认、计量和报告。

权责发生制,是指属于当期已经实现的收入和已经发生或应当负担的费用,不论款项是否收付,都应当作为本期的收入和费用处理;凡是不属于当期的收入和费用,即使款项已经在当期收付,都不应当作为当期的收入和费用。

会计需要在持续经营的假定下进行分期核算,有时企业发生的货币收支业务与交易或事项本身在期间上并不完全一致。于是便涉及发生的交易或事项应确认为哪一个会计期间的问题。权责发生制的核心是按交易和事项是否影响各个会计期间的经营成果和受益情况,确定其归属期。由于确定本期收入和费用是以应收应付作为标准,而不考虑款项是否已实际收付,所以又称应收应付制。

以权责发生制为基础,可以正确反映特定会计期间所实现的收入和为实现收入所应负担的费用,从而可以把各期的收入与其相关的费用、成本相配比,加以比较,以便正确地确定财务状况和经营成果。

与权责发生制相对应的是收付实现制。在收付实现制下,对收入和费用的确认完全按照款项实际收到或支付的日期为基础来确定归属期。

三、会计信息的质量要求

会计信息质量要求是对企业提供的会计信息质量提出的基本标准和基本要求,是使会计信息对其使用者决策有用所应具备的基本特征,同时也是对会计核算一般规律的概括和总结,是会计核算工作的基本指导思想。基本准则中提出了如下8个方面的会计信息质量要求。

(一) 可靠性

可靠性要求企业应当以实际发生的交易或者事项为依据进行确认、计量和报告,如实反映符合确认和计量要求的各项会计要素及其他相关信息,保证会计信息真实可靠、内容完整。

企业提供会计信息的目的是为了满足会计信息使用者的决策需要。因此,就应做到内容真实、数字准确、资料可靠。在会计核算工作中坚持这一质量标准,就应当保证会计信息的真实性,在会计核算时如实反映企业的财务状况、经营成果和现金流量;应当正确运用会计原则和方法,准确反映企业的实际情况;会计信息应当能够经受验证,以核实其是否真实。

(二) 相关性

相关性要求企业提供的会计信息应当与财务报告使用者的经济决策需要相关,有助于财务报告使用者对企业过去、现在或者未来的情况作出评价或者预测。

会计信息的价值在于其与决策相关,能满足会计信息使用者的需要,有助于决策。在会计核算工作中坚持这一质量标准,就要求在收集、加工、处理和提供会计信息过程中,充分考虑会计信息使用者的信息需求。

(三) 明晰性

明晰性要求企业提供的会计信息应当清晰明了,便于财务报告使用者理解和使用。

提供会计信息的目的在于使用,要使用会计信息,首先必须了解会计信息的内涵,弄懂会计信息的内容,这就要求会计核算和财务会计报告必须清晰明了。在会计核算工作中坚持明晰性标准,就要求会计记录应当准确、清晰,填制会计凭证、登记会计账簿必须做到依据合法、账户对应关系清楚、文字摘要完整;在编制会计报表时,项目钩稽关系清楚、项目完整、数字准确。

(四) 可比性

可比性要求企业提供的会计信息应当相互可比。

对于同一会计主体不同时期发生的相同或者相似的交易或者事项,应当采用一致的会计政策,会计核算方法前后各期应当保持一致,不得随意变更;如果企业在不同的会计期间采用不同的会计核算方法,将不利于会计信息使用者对会计信息的理解,不利于会计信息作用的发挥。

对于不同会计主体发生的相同的交易或者事项,也应当采用统一的会计政策,确保会计信息口径一致,以使不同会计主体按照一致的确认、计量和报告要求提供会计信息,便于比较考核不同会计主体的会计信息。

(五) 实质重于形式

实质重于形式要求企业应当按照交易或者事项的经济实质进行会计确认、计量和报告,不应仅以交易或者事项的法律形式为依据。

在实际工作中,交易或事项的外在法律形式或人为形式并不总能完全真实地反映其实质内容。所以,会计信息要想反映其所要反映的交易或事项,就必须根据交易或事项的经济实质和现实,而不能仅仅根据它们的法律形式进行核算和反映。

(六) 重要性

重要性要求企业提供的会计信息应当反映与企业财务状况、经营成果和现金流量有关的所有重要交易或者事项。在会计核算过程中对交易或事项应当区别其重要程度,采用不同的核算方式。如果会计信息的省略或者错报会影响使用者据此作出经济决策的,该信息就具有重要性。对资产、负债、损益等有较大影响,并进而影响财务会计报告使用者据以作出合理判断的重要会计事项,必须按照规定的会计方法和程序进行处理,并在财务会计报告中予以充分、准确地披露;对于次要的会计事项,在不影响会计信息真实性和不误导财务会计报告使用者作出正确判断的前提下,可适当简化处理。

(七)谨慎性

谨慎性要求企业对交易或者事项进行会计确认、计量和报告应当保持应有的谨慎,不应高估多计资产或者收益、低估少计负债或者费用。

在会计核算工作中坚持谨慎原则,要求企业在面临不确定因素的情况下作出职业判断时,应当保持必要的谨慎,既不高估资产或收益,也不低估负债或费用,但不得设置秘密准备。

(八)及时性

及时性要求企业对于已经发生的交易或者事项,应当及时进行确认、计量和报告,不得提前或者延后,从而可以把相关信息及时传递给财务报告使用者,便于其及时使用和决策。会计核算的意义在于及时为会计信息使用者提供可靠的决策信息。在会计核算过程中坚持这一质量标准:一是要及时收集会计信息;二是要及时处理会计信息;三是要及时传递会计信息。

第三节 非银行金融企业会计的概念、要素和特点

一、非银行金融企业会计的概念

非银行金融企业会计是会计学的一个分支,是一种特殊行业的专业会计。它是运用会计学的基本原理和基本方法,以货币为主要计量单位,针对非银行金融企业业务的特点,对非银行金融企业经营活动进行连续、系统、综合、完整的核算和监督,为相关机构和人员提供会计信息的专业会计。

非银行金融企业会计包括保险公司会计、证券公司会计、信托投资公司会计、期货公司会计、基金管理公司会计、租赁公司会计、财务公司会计和金融资产管理公司会计。

二、非银行金融企业会计的要素

会计要素是根据交易或者事项的经济特征所确定的财务会计对象的基本分类,它科学地概括了会计对象的基本内容,是确定财务报表结构和内容的基础。按照我国《企业会计准则》规定,非银行金融企业的会计要素分为资产、负债、所有者权益、收入、费用和利润6项。

(一)资产

资产,是指企业过去的交易或者事项形成的、由企业拥有或者控制的、预期会给企业带

来经济利益的资源。资产具有以下基本特征:其一,资产是由于过去的交易或事项所形成的,是现实资产;其二,资产是企业拥有或者控制的资源,企业享有某项资源的所有权,或者虽然不享有某项资源的所有权,但该资源能被企业所控制;其三,资产预期会给企业带来未来经济利益,预期不能带来经济利益的,就不能确认为企业的资产。

非银行金融企业的资产可以分为金融资产和非金融资产。金融资产包括库存现金、银行存款、存放中央银行款项、贷款和应收款项、存出保证金、交易性金融资产、可供出售金融资产、长期股权投资、持有至到期投资、结算备付金、未担保余值等,非金融资产包括固定资产、无形资产、在建工程、投资性房地产、损余物资等。

（二）负债

负债,是指企业过去的交易或者事项形成的、预期会导致经济利益流出企业的现时义务。负债具有以下基本特征:其一,负债是基于过去的交易或事项而产生的,由企业承担的现时义务;其二,负债这一现时义务的履行通常关系到企业放弃含有经济利益的资产,以满足对方的要求。其三,负债通常是在未来某一时日通过交付资产或提供劳务来清偿。

非银行金融企业的负债包括金融负债和非金融负债。金融负债划分为以公允价值计量且其变动计入当期损益的金融负债以及其他金融负债。

以公允价值计量且其变动计入当期损益的金融负债,包括交易性金融负债和指定为以公允价值计量且其变动计入当期损益的金融负债。其他金融负债包括存款、融资性负债、应付债券、应付款项等。

（三）所有者权益

所有者权益,是指企业资产扣除负债后由所有者享有的剩余权益。非银行金融企业的所有者权益的来源包括所有者投入的资本、直接计入所有者权益的利得和损失、留存收益等,通常由实收资本(或股本)、资本公积、盈余公积、一般风险准备和未分配利润等构成。

（四）收入

收入,是指企业在日常活动中形成的、会导致所有者权益增加的、与所有者投入资本无关的经济利益的总流入。

非银行金融企业收入的来源渠道很多,不同收入来源的特征有所不同,其收入确认条件也存在差别,如保费收入、证券经纪业务收入、期货交易手续费收入等。收入的确认至少符合以下条件:一是与收入相关的经济利益很可能流入企业;二是经济利益流入企业的结果会导致企业资产增加或者负债减少;三是经济利益的流入额能够可靠计量。

（五）费用

费用,是指企业在日常活动中发生的、会导致所有者权益减少的、与向所有者分配利润无关的经济利益的总流出。

费用只有在经济利益很可能流出从而导致银行资产减少或者负债增加、且经济利益的流出额能够可靠计量时才能予以确认。

（六）利润

利润,是指企业在一定会计期间的经营成果,利润包括收入减去费用后的净额、直接计入当期利润的利得和损失等。其中,"利得"为由企业非日常活动所形成的、会导致所有者权益增加的、与所有者投入资本无关的经济利益的流入;"损失"为企业非日常活动所发生的、会导致所有者权益减少的、与向所有者分配利润无关的经济利益的流出。

利润的确认主要依赖于收入和费用以及利得和损失的确认。

三、非银行金融企业会计的特点

尽管不同的非银行金融企业其业务内容不同,会计核算也有所不同,但总体上,非银行金融企业会计具有很多共同的特征,表现在以下几个方面。

(一)基础性

非银行金融企业会计的基础性是由非银行金融企业的业务特殊性所决定的。工商企业业务活动主要是生产或经营有形产品。它们的业务活动内容广泛,包括采购原材料(或商品)、对产品进行加工、整理、储存、保管以及销售产品等,其中的大量业务活动有时并不需要会计人员参与。而非银行金融企业的运作,如信托公司办理信托、基金管理公司对基金资产运用的管理以及保险公司办理保险业务等无不是货币资金的进出或收付,信托业务的完成、基金资产的投放与收回、取得保险业务或办理保险理赔等工作,无不需要会计核算加以记录和处理,离开了会计,企业的这些业务就无法完成。因此,非银行金融企业会计是企业业务完成的基础工作,非银行金融企业会计核算的好坏,直接影响其业务完成质量的好坏。

(二)政策性

非银行金融企业是经营货币信用的特殊企业,其业务本身就具有政策性强的特点。非银行金融企业在业务经营过程中是否遵循有关政策、法律规定,直接影响企业经营和社会稳定。在会计核算过程中,非银行金融企业会计除了应该遵守公认会计准则外,还应该遵守相关政策、法律法规。例如,信托会计应该遵守政策规定,将企业资产、负债与信托资产、负债分别核算和管理;基金公司会计则应当按照基金合同规定运作和核算。

(三)资金形态简单

资金形态,是指资金存在的状态,它决定了企业核算和管理的方法及重点。资金形态与企业业务特点有关。由于生产和管理的需要,工业企业的资金大多以实物形态存在,如原材料、低值易耗品、产成品等。非银行金融企业的资金形态大多很简单。根据业务管理的需要,非银行金融企业的资金大多占用在信贷资金、证券投资、信托投资等非实物形态。与实物形态比较,这些资金在形态上变化较小,不需要由一种形态转换为另一种或多种形态,且具有无残值、资金价值与资本市场或借贷资金者经营管理的好坏紧密联系等特点。

【知识链接】

《企业会计准则——基本准则》

《企业会计准则——基本准则》,由财政部于2006年2月15日颁布,并于2007年1月1日起施行。基本准则共11章50条,其规范的主要内容包括:财务报告目标、会计基本假设、会计信息质量要求、会计要素的定义及其确认、计量原则、财务报告等会计核算的基本问题。

第四节 非银行金融企业的会计流程

非银行金融企业的会计流程，是将会计的各个构成要件，按照其内在关系，科学、高效地组织起来，使得非银行金融企业会计能够有条不紊地推进的系统工程。也就是说，流程是在会计凭证、会计账簿、会计报告三个载体之间，通过设置会计科目、采用复式记账、登记会计账簿、计算成本费用、进行财产清查、编制会计报表等方法构成有机的处理系统。本书所谓会计流程，是会计系统工程正常运行所依赖的主体框架，即会计确认、计量与报告。从确认到计量，最后形成报告，必须环环紧扣，缺一不可。

一、会计确认

作为会计流程的第一项重要程序，确认是指依照准则规范来确定某一项目、交易或事项应否、应在何时以及如何列作一项会计要素（如资产、负债、所有者权益、收入、费用或利润）正式地记入会计账内、列入会计报表的过程。广义的会计确认包括在记录中的初始确认与在报表中的最终确认两个方面。而通常意义上的会计确认仅指会计报表的确认，因会计记录最终是为会计报表披露有用信息服务的。会计确认要解决的问题是"应否确认""何时确认"以及"如何确认"3个问题。美国财务会计准则委员会（FASB）指出，确认一个项目和有关的信息要符合4个标准：一是符合要素定义；二是可计量性；三是相关性；四是可靠性。只要符合这些标准就应在成本效益与重要性前提下予以确认。国际会计准则委员会（IASC）提出的确认标准是3条：一要满足要素定义；二要与该项目有关的任何未来经济利益可能流入或流出企业；三要确保该项目具有能够可靠计量的成本或价值。综合两者，我们自然可以获得确认的一般标准为"符合要素定义与能够可靠计量"，两者缺一不可。

二、会计计量

会计计量是指用数量尤其是用金额对应该列入报表的各项会计要素加以描述的基本方式。基于已经拥有了货币计量的会计假设，会计计量则主要意味着会计计量属性的选择问题。计量属性是指会计要素可用货币计量的各种特征。非银行金融企业在将符合确认条件的会计要素登记入账并列报于会计报表及其附注时，应当按照规定的会计计量属性进行计量，确定其金额。基本准则规定会计要素在计量时可供选择如下5种计量属性。

（一）历史成本

在历史成本计量下，资产按照购置时支付的现金或者现金等价物的金额，或者按照购置资产时所付出的对价的公允价值计量。负债按照因承担现时义务而实际收到的款项或者资产的金额，或者承担现时义务的合同金额，或者按照日常活动中为偿还负债预期需要支付的现金或者现金等价物的金额计量。

（二）重置成本

在重置成本计量下，资产按照现在购买相同或者相似资产所需支付的现金或者现金等价物的金额计量。负债按照现在偿付该项债务所需支付的现金或者现金等价物的金额计量。

（三）可变现净值

在可变现净值计量下，资产按照其正常对外销售所能收到现金或者现金等价物的金额扣减该资产至完工时估计将要发生的成本、估计的销售费用以及相关税费后的金额计量。

（四）现值

在现值计量下，资产按照预计从其持续使用和最终处置中所产生的未来净现金流入量的折现金额计量。负债按照预计期限内需要偿还的未来净现金流出量的折现金额计量。

（五）公允价值

公允价值，是指市场参与者在计量日发生的有序交易中，出售一项资产所能收到或者转移一项负债所需支付的价格。

应用公允价值应充分考虑3个级次：首先，存在活跃市场的资产或负债，活跃市场中的报价应当用于确定其公允价值；其次，不存在活跃市场的，参考熟悉情况并自愿交易的各方最近进行的市场交易中使用的价格或参照实质上相同的其他资产或负债的当前公允价值；最后，不存在活跃市场，且不满足上述两个条件的，应当采用估值技术等确定其公允价值。

非银行金融企业在对会计要素进行计量时，一般应当采用历史成本，采用重置成本、可变现净值、现值、公允价值计量的，应当保证所确定的会计要素金额能够取得并可靠计量。

三、会计报告

企业会计确认、计量的最终目的是编制会计报告。会计报告是企业对外提供的反映企业某一特定日期的财务状况和某一会计期间的经营成果、现金流量等会计信息的文件。投资者、债权人等使用者主要是通过会计报告来了解企业当前的财务状况、经营成果和现金流量等情况，从而预测未来的发展趋势。因此，会计报告是向各类会计报告使用者提供决策有用信息的媒介和渠道，是沟通投资者、债权人等会计报告使用者与企业管理层之间信息的桥梁和纽带。

会计报告包括会计报表和其他应当在会计报告里披露的相关信息和资料。而会计报表又由报表本身及其附注两部分构成。附注是会计报表的有机组成部分，而报表至少应当包括资产负债表、利润表、现金流量表和所有者权益变动表等报表。因此，通常可以将会计报表简称为"四表一注"。

（一）资产负债表

资产负债表是企业会计报表的总表，反映企业在某一特定日期的财务状况的会计报表。企业编制资产负债表的目的是通过如实反映企业的资产、负债和所有者权益金额及其结构情况，从而有助于使用者评价企业资产的质量以及短期偿债能力、长期偿债能力、利润分配能力等。

（二）利润表

利润表是反映企业在一定会计期间的经营成果的会计报表。企业编制利润表的目的是通过如实反映企业实现的收入、发生的费用以及应当计入当期利润的利得和损失等金额及其结构情况，从而有助于使用者分析评价企业的盈利能力及其构成与质量。

（三）现金流量表

现金流量表是反映企业在一定会计期间的现金和现金等价物流入和流出的会计报表。企业编制现金流量表的目的是通过如实反映企业各项活动的现金流入、流出情况，从而有助于使用者评价企业的现金流和资金周转情况。

（四）所有者权益变动表

所有者权益变动表是反映构成所有者权益的各组成部分在一定会计期间的增减变动情况的报表。对影响所有者权益的当期损益、直接计入所有者权益的利得和损失，以及与所有者的资本交易导致的所有者权益的变动，应当分别列示。

（五）会计报表附注

会计报表附注是对在会计报表中列示项目所作的进一步说明，以及对未能在这些报表中列示项目的说明等。企业编制附注的目的是通过对财务报表本身作补充说明，以更加全面、系统地反映企业财务状况、经营成果和现金流量的全貌，从而有助于向使用者提供更为有用的信息，作出更加科学合理的决策。

财务报表是会计报告的核心，但除了财务报表之外，会计报告还应当包括其他相关信息，具体可以根据有关法律法规的规定和外部使用者的信息需求而定。如企业可以在会计报告中披露其承担的社会责任、对社区的贡献、可持续发展能力等信息，这些信息对于使用者的决策也是相关的，尽管属于非财务信息，但是如果有规定或者使用者有需求的，企业应当在财务报告中予以披露，有时企业也可以自愿在财务报告中披露相关信息。

【关键术语】

非银行金融企业会计　会计基本假设　会计信息质量要求　会计要素　计量属性　会计流程

【问题思考】

1. 简述非银行金融企业的组成和业务范围。
2. 非银行金融企业的会计核算信息质量要求有哪些？
3. 非银行金融企业的会计流程有哪些？

扫二维码获得本章
习题及案例

第二章
保险公司业务的核算

章前导引

教学目标

本章主要介绍了保险公司业务核算。通过学习,理解保险会计的特征,掌握非寿险原保险业务、寿险原保险业务和再保险业务的核算,具备保险相关业务会计核算的方法和技能。

第一节 保险公司业务概述

一、保险的含义、分类

(一)保险的含义

根据《中华人民共和国保险法》第一章第二条的定义,保险,是指投保人根据合同约定,向保险人支付保险费,保险人对于合同约定的可能发生的事故因其发生所造成的财产损失承担赔偿保险金责任,或者当被保险人死亡、伤残、疾病或者达到合同约定的年龄、期限等条件时承担给付保险金责任的商业保险行为。

(二)保险的分类

依据不同的标准,保险可以作不同的分类。

1. 以业务承办方式为标准

按照业务承办方式的不同,保险可以分为原保险、再保险、重复保险和共同保险。

原保险是指投保人与保险人直接签订保险合同而成立保险关系的一种保险,即保险需求者将风险转嫁给保险人。

再保险又称分保,是保险人将原承保的部分或全部保险业务转让给另一保险人承担的保险,即对保险人的保险。

重复保险是投保人对同一保险标的、同一保险利益、同一保险事故同时分别向两个以上保险人订立保险合同,其保险金额之和超过保险价值的保险。

共同保险是指投保人与两个以上保险人之间,就同一保险标的、同一可保利益、同一保险事故缔结保险合同,而保险金额之和不超过保险价值的一种保险。

2. 以保险标的为标准

按照保险标的的不同,保险可以分为财产保险和人身保险。

财产保险广义上讲,是除人身保险外的其他一切险种,包括财产损失保险、责任保险、信用保险、保证保险、农业保险等。它是以有形或无形财产及其相关利益为保险标的的一类实偿性保险。

人身保险是以人的寿命和身体为保险标的的保险。当人们遭受不幸事故或因疾病、年老以至丧失工作能力、伤残、死亡或年老退休后,根据保险合同的规定,保险人对被保险人或受益人给付保险金或年金,以解决病、残、老、死所造成的经济困难。

二、保险会计概念与特点

保险会计是指将会计理论运用于保险公司的一门专业会计。以货币为主要计量单位,采用专门的方法,对保险公司经营过程及其结果进行反映和监督并向有关方面提供会计信息的一种管理活动。

由于保险业务不同于一般行业,保险会计作为一门专业会计,也有其不同特点。表现在以下方面。

1. 保险成本发生与收入补偿的顺序与一般行业相反

在一般制造业中,成本发生在前,产品定价在后,利润是售价与成本相抵的结果。保险业正好相反,保险产品定价在前,成本发生在后,因为,保险公司是根据预先设定的保单价格作为保单销售的依据,而保险事故发生在后。因此,保险行业在计算利润时需要采用特殊的程序、方法和假设,具有较强的预计性,特别是寿险业务,收与支之间有较强的时间差,其利润计算的准确性与否显得更加突出。

2. 保险产品的特殊性

由于保险商品是无形商品,因此与一般企业相比,保险业存货项目较少,年终决算的重点在于估算负债。保险公司的负债主要是未到期责任准备金和未决赔款等。

3. 保单有效期与会计年度不一致

由于保险期限与会计年度的不一致,根据权责发生制,为了准确核算各个会计年度的经营成果,就要进行保险责任准备金的计提与转回。

4. 保险公司年度之间利润可比性较差

由于保险费的收取,是根据概率论和大数法则计算,按灾害损失各年的平均数收取,而赔付支出则是按照当年的实际发生情况进行,赔付支出年度发生的不均衡,导致保费收入与赔付支出在各年度间会有较大差异,使保险公司各年度间利润的可比性较差。

第二节 非寿险原保险业务的核算

一、保费收入的核算

(一) 保费收入的确认

根据《企业会计准则第25号——原保险合同》规定,保费收入同时满足下列条件,才能予以确认。

1. 保险合同成立并承担相应的保险责任

保险合同成立是先决条件,但是保险合同成立并不意味着保险公司开始承担的相应的保险责任,比如货运险合同,签订合同是一个日期,合同条款规定保险公司开始承担保险责任可能是另外一个日期,在这种情况下,在签订合同时,不能将收到的保费作为保费收入,只能作为预收款处理,待承担保险责任时再转为保费收入。

2. 与保险合同相关的经济利益能够流入公司

3. 与保险合同相关的收入和成本能够可靠地计量

(二) 保费的计算

由于保险险种的不同,保费收取方式的不同。最主要的方式有两种,一种是直接缴纳法,即投保人直接将规定的保险费缴纳给保险人;另一种是以投保人缴纳的储金的运用收益做保费。

1. 直接缴纳法下保费的计算

第一种:保险费 = 保险金额 × 保险费率 × 保险期限

第二种:保险费 = 某项保险标的数 × 每一保险标的应缴纳的保险费

2. 以保户储金运用所获得的收益作为保费的计算

$$保费收入 = 保户储金平均 \times 预定利率 \times 保险期限$$

(三) 保费收入的会计核算

1. 会计科目设置

为了反映和监督保费收入的情况,应设置"保费收入""应收保费""预收保费""保户储金"等科目进行会计核算。

(1) "保费收入"科目。"保费收入"属于损益类(收入)科目,主要用于核算保险公司确认的保费收入,发生退保费和续保时的折扣和无赔款优待也在本科目核算。确认收入时,登记在本科目的贷方。期末将本科目余额转入"本年利润"科目,结转后本科目无余额。

(2) "应收保费"科目。"应收保费"属于资产类科目,核算保险公司应该向保户收取而未收到的保险费。在财产保险中,保户一次交费有困难的,可以采取分期交费的办法。其借方登记发生应收未收的保费,贷方登记收回的应收保费和经确认为坏账、转销的应收保费。已经确认为坏账转销的应收保费,以后又收回的,借记"应收保费"科目,贷记"保费收入"科目;同时,借记"银行存款""库存现金"等科目,贷记"应收保费"科目。本科目按保户设置明细账,进行明细核算,期末借方余额,反映保险公司应收未收的保费。

(3) "预收保费"科目。"预收保费"属于负债类科目,核算保险公司在保险责任生效前向投保人收取的保险费。发生预收保费时登记在本科目的贷方;保费收入实现时登记在本科目的借方。本科目应按照投保人进行明细核算,期末贷方余额,反映保险公司预收的保费。

(4) "保户储金"科目。"保户储金"属于负债类科目,核算保险公司以储金收益作保费的保险业务中,收到保户交来的储金。其贷方核算收到的保户储金,借方核算返还的储金,余额在贷方,反映保户交存的尚未返还的储金。本科目按照储金类型、投保人及险种进行明细核算。

2. 账务处理

(1) 直接缴纳保费业务的核算。会计部门收到业务部门交来的"保费日报表"或"保费收据"等有关单证时,一般借记"银行存款""库存现金""应收保费""预收保费"等科目,贷记"保费收入"科目。业务核算举例如下:

【例2-1】 天河保险公司会计部门收到业务部门交来的财产基本险日报表、保费收据存根和银行收账通知50 000元,该业务为签单生效时收到全部保费。

借:银行存款 50 000
　　贷:保费收入——财产基本险 50 000

【例2-2】 某企业投保财产综合险,与天河保险公司签订保险单,双方约定保费为80 000元,分期付款。首期通过银行贷记凭证收款通知,保险公司已收到20 000元;其余保费分4期,每期20 000元收取。

首期收款并发生应收保费:

借:银行存款 20 000
　　应收保费——某企业 60 000
　　贷:保费收入 80 000

以后每期收到应收保费:

借:银行存款 20 000
　　贷:应收保费——某企业 20 000

若保险公司在保险责任生效以前发生预收保费时,则借记"银行存款""库存现金"等科目,贷记"预收保费"科目;待保单生效日,借记"预收保费"科目,贷记"保费收入"科目。

【例2-3】 天河保险公司会计部门收到业务部门交来的货运险保费日报表和保费收据存根,以及银行收账通知30 000元。该业务下月5日起承担保险责任。

借:银行存款 30 000
　　贷:预收保费——某企业 30 000

下月5日保费收入实现时:

借:预收保费——某企业 30 000
　　贷:保费收入——货运险 30 000

(2) 以保户储金收益作保费业务的核算。该保费收取方式适用于财产保险业务中的两全保险。当财产发生保险责任范围内的损失时,保险公司给予赔偿;当保险期满,保险财产没有发生损失时,返回全部储金。

【例2-4】 天河保险公司业务部门交来三年期家庭财产两全险保户储金日结汇总表和储金收据,收到保户储金现金10 000元。预定年利率为5%,不计复利,三年后一次还本付息。

收到保户储金时:

借:库存现金 10 000
　　贷:保户储金——家财两全险 10 000

储金存入银行时：

借：银行存款——储金专户   10 000
  贷：库存现金   10 000

年终计算当年保费收入：

借：应收利息   500
  贷：保费收入——家财两全险   500

第三年保单到期,将三年期定期存单转为活期,并将储金返还给储户：

借：银行存款——活期户   11 500
  贷：银行存款——储金专户   10 000
  贷：应收利息   1 500

借：保户储金——家财两全险   10 000
  贷：银行存款——活期户   10 000

（3）中途加保和退保的核算。保单签发后到保险期满,如果保险标的发生变化,会发生保户中途要求加保或退保等情况。中途加保的保费收入核算,与投保时的保费收入核算一样。中途退保或部分退保,按已保期限的长短计算退保费,并将所退保费直接冲减原来的保费收入；如果保户在退保时尚有应收保费未交,应从所退保费中直接扣除。两全险的保户要求中途退保,应按保险费率计算应收保费(不满1年的按1年计算),扣除已经转作保费收入的利息,差额作为保费收入,在储金内扣除,余额退还保户。业务核算举例如下：

【例 2-5】 某公司发生财务困难,要求退保企业财产综合险,应退保费 5 000 元,该公司尚欠保费 1 500 元。其会计分录为：

借：保费收入——财产综合险   5 000
  贷：应收保费——财产综合险   1 500
    银行存款   3 500

【例 2-6】 某家庭财产两全险保户要求退保,投保时交纳储金 5 000 元,已经投保 17 个月。经业务部门审核同意退保,按保险费率计算,应收两年保费 500 元。其会计分录为：

借：保户储金——家财两全险   5 000
  贷：保费收入——家财两全险   250
    应收利息   250
    库存现金   4 500

二、保险赔款支出的核算

保险赔款是指保险标的发生了保险责任范围内的保险事故后,保险人根据保险合同的规定,向被保险人支付的损失补偿金。赔付支出包括保险人支付的赔款、给付,以及在理赔过程中发生的律师费、诉讼费、损失检验费、相关理赔人员的薪酬等理赔费用。在实际发生理赔费用的当期,按实际发生的理赔费用金额计入当期损益。

（一）保险赔款金额的确定

保险赔款的计算方式,因险种的不同而不同。寿险给付保险金,以保单约定的保险金额为最高限额,不属于价值赔偿的范畴;责任保险的赔偿,是以法律责任或保险金额为最高赔偿限度。在我国,财产保险赔款的确定主要方法如下。

1. 比例赔偿方式

比例赔偿方式在定值保险和不定值保险中计算方式不同。

定值保险,是指双方当事人在保险合同中事先确定保险财产的价值,并约定在发生保险事故时,保险公司按照合同订明的保险价值计算赔款。在定值保险中,比例赔偿方式是指保险赔款额是按照保险标的损失程度计算。计算公式为:

$$保险赔款 = 保险金额 \times 损失程度$$

其中:

$$损失程度 = 保险标的受损价值 \div 保险标的受损当时市场完好价值 \times 100\%$$

不定值保险,是指双方当事人在保险合同中事先确定保险金额,保险价值则在保险事故发生时按保险财产的实际市价估算。在不定值保险中,保险金额是投保时约定的,是保险赔偿的最高限度。保险事故发生时,若保险金额高于或等于财产的实际损失价值,则按财产的实际损失价值十倍赔偿;若保险金额低于财产的实际价值,则按保障程度赔偿。计算公式为:

$$保险赔款 = 保险标的损失价值 \times 保险保障程度$$

其中:

$$保险保障程度 = 保险金额 \div 保险标的受损当时市场完好价值 \times 100\%$$

2. 第一损失赔偿方式

第一损失赔偿方式下,将保险财产的损失分为两个部分:在保险金额限度以内的损失作为第一危险损失,由保险公司承担赔偿责任;超过保险金额的损失作为第二危险损失,由被保险人自负。我国家庭财产保险就采用这种赔偿方式。在这种赔偿方式下,保险公司的赔款额取决于保险金额和损失数额,只要被保险标的的损失小于或等于保险金额,不论是否足额投保,保险金额与保险标的的实际价值是否相符,保险公司均应在保险金额范围内赔偿其实际损失。

3. 限额责任赔偿方式

限额责任赔偿方式是指保险人仅在财产损失超过一定限额时才负赔偿责任。这种赔偿方式适合于农作物收成保险。保险赔款是限额标准与农作物收获量之差的价值。限额标准是指保险保障的收获量。实际收获量达到或超过保险保障的收获量的,保险人不予赔偿;只有当实际收获量低于保障的收获量时,保险人才赔偿其差额价值。

(二) 会计科目设置

为了反映和监督赔款支出情况,应设置"赔付支出""预付赔付款""损余物资""应收代位追偿款"等科目。

1. "赔付支出"科目

"赔付支出"为损益类科目,核算保险公司非寿险保险业务按保险条款规定支付的赔款等。本科目借方登记发生的赔款支出、理赔勘察费、施救费用等,贷方登记收回损余物资转作物料用品、错赔和骗赔追回的赔款等。本科目按险种进行明细核算。期末,应将本科目余额转入"本年利润"科目,结转后本科目无余额。

2. "预付赔付款"科目

"预付赔付款"为资产类科目,核算保险公司在处理各种理赔案件过程中按照保险合同约定预先支付的赔款。分入分保业务预付的现金赔款也在本科目核算。其借方登记向保单持有人预付的赔款以及向分出公司发出现金赔款单并支付的现金赔款,贷方登记结案后转为赔款支出的金额,以及收到分保账单后转销的现金赔款,期末借方余额,反映实际预付的赔款。本科目按险种或分保分出人设置明细账。

3. "损余物资"科目

"损余物资"为资产类科目,核算保险公司按照原保险合同约定承担赔偿保险金责任后取得的损余物资成本。其借方登记保险公司按保险合同约定承担赔偿保险金责任后取得的损余物资成本,贷方登记处置损余物资时转出的账面价值,期末借方余额,反映保险公司承担赔偿保险金责任后取得的损余物资成本。本科目按照损余物资种类设置明细账。

4. "应收代位追偿款"科目

"应收代位追偿款"为资产类科目,核算保险公司按照保险合同承担赔付保险金责任后应当确认的代位追偿款。其借方登记应收的代位追偿款,贷方登记收回的代位追偿款,余额在借方,反映公司尚未收回的代位追偿款。本科目按照被追偿单位(或个人)设置明细账。

(三) 账务处理

1. 支付赔款的核算

会计部门收到业务部门的"赔款计算书"对相关内容进行审查,如保险事故是否发生在合同有效期内、赔款计算是否合理等。审核无误后,进行账务处理。借记"赔付支出"科目,贷记"银行存款""库存现金"等科目。

【例 2-7】 某企业投保的企财险出险,业务部门交来"赔款计算书",应当赔款 200 000元,经审核无误,开出转账支票支付赔款。其会计分录为:

借:赔付支出——企财险　　　　　　　　　　　　　　　　　　　　　　200 000
　　贷:银行存款——活期户　　　　　　　　　　　　　　　　　　　　　　200 000

2. 预付赔款的核算

若保险公司在结案前,预先支付一笔赔款,其余待结案时再补足,应通过"预付赔付款"科目核算。

【例 2-8】 某企业投保的财产综合险出险,因保险双方对实际损失存在争议,一时难以结案。承保该企业的天河财产保险公司先预付赔款 200 000 元,以银行转账支票付讫。后经双方调查协商,得出保险损失为 500 000 元,公司再以转账支票 300 000 元补足赔款。

预付赔款时:

借:预付赔付款——财产综合险　　　　　　　　　　　　　　　　　　　200 000
　　贷:银行存款　　　　　　　　　　　　　　　　　　　　　　　　　　200 000

补付赔款及结案时:

借:赔款支出——财产综合险 500 000
  贷:预付赔付款——财产综合险 200 000
    银行存款 300 000

3. 损余物资的核算

保险公司在承担赔偿保险金责任后,取得的损余物资,应按同类或类似资产的市场价格计算确定的金额,借记"损余物资"科目,贷记"赔付支出"科目。处置损余物资,应按实际收到的金额,借记"库存现金""银行存款"等科目,按损余物资的账面余额,贷记"损余物资"科目,按其差额,借记或贷记"赔付支出"。已计提跌价准备的,还应同时结转跌价准备。

【例2-9】 某企业投保的财产综合险出险,核定损失额为800 000元,天河保险公司以银行转账支票付讫,同时取得损余物资100 000元。其会计分录为:

支付赔款时:

借:赔付支出——财产综合险 800 000
  贷:银行存款 800 000

损余物资验收入库时:

借:损余物资 100 000
  贷:赔付支出——财产综合险 100 000

4. 代位追偿款的核算

保险公司承担赔付保险金责任后应当确认的代位追偿款,借记"应收代位追偿款"科目,贷记"赔付支出"科目。收到应收代位追偿款时,应按实际收到的金额,借记"库存现金""银行存款"等科目,按应收代位追偿款的账面余额,贷记"应收代位追偿款"科目,按其差额,借记或贷记"赔付支出"科目。已计提坏账准备的,还应同时结转坏账准备。

【例2-10】 某企业投保的财产综合险出险,经查实,属于第三者责任。天河保险公司支付赔款后,取得向第三者追偿的权利,最终,追回第三者赔款20 000元。保险公司已就该笔赔款确认了30 000元的应收代位追偿款。其会计分录为:

确认应收代位追偿款时:

借:应收代位追偿款——财产综合险 30 000
  贷:赔付支出——财产综合险 30 000

收回代位追偿款时:

借:银行存款 20 000
  赔付支出——财产综合险 10 000
  贷:应收代位追偿款——财产综合险 30 000

三、非寿险责任准备金的核算

非寿险责任准备金的核算包括财产险责任准备金及人身意外伤害险和健康保险责任准备金的核算。财产保险合同提存的准备金包括未到期责任准备金和未决赔款准备金。

(一)未到期责任准备金的核算

未到期责任准备金是指保险公司对一年期内(含一年)的非寿险保险责任按规定提取的

准备金。根据《企业会计准则第25号——原保险合同》的规定,保险人应于确认非寿险保险收入的当期按保险精算确定的金额,提取未到期责任准备金,作为当期保费收入调整,并确认未到期责任准备金负债。资产负债表日,保险人应按保险精算重新计算确定的未到期责任准备金金额与已提取的未到期责任准备金余额的差额调整未到期责任准备金余额。

1. 未到期责任准备金的计算

(1) 年平均估算法(又称1/2法)。

假设全年(365天)每天保险单都是均匀开立的,每天所收取的保险费也基本是均等的,那么,一年的保单在当年还有一半的有效部分是尚未到期的。

$$未到期责任准备金 = 本期自留保费 \times 50\%$$
$$自留保费 = 保费收入 - 分出保费 + 分入保费$$

(2) 季平均估算法(又称1/8法)。

假设全年的四个季度中,每个季度内所承保的保险单都是逐日均等开出的,那么在每个季度承保的保单在当季度有半个季度的保险责任是尚未到期的。

$$未到期责任准备金 = (签发保单季度 \times 2 - 1) \div 8 \times 当季自留保费$$

(3) 月平均估算法(又称1/24法)。

假设全年12个月中,每个月内所承保的保险单都是逐日均等开出的,那么本月承保时,保单在当月内的有效天数都是半个月,即还有半个月的保险责任是尚未到期的。

$$未到期责任准备金 = (签发保单月份 \times 2 - 1) \div 24 \times 当月自留保费$$

(4) 1/365法。

根据所签保单,在第二年的有效天数提取。

$$未到期责任准备金 = 第二年有效天数 \div 保险期天数 \times 当日自留保费$$

2. 会计科目设置

(1) "提取未到期责任准备金"科目。

本科目属于损益类,用于核算保险公司提取的非寿险原保险合同未到期责任准备金和再保险合同分保未到期责任准备金。其借方登记按规定提取的未到期责任准备金,贷方登记按规定冲减的未到期责任准备金。期末,应将本科目余额转入"本年利润"科目,结转后本科目无余额。本科目可按保险合同和险种进行明细核算。

(2) "未到期责任准备金"科目。

本科目属于负债类,用于核算保险公司提取的非寿险原保险合同未到期责任准备金。再保险接受人提取的再保险合同分保未到期责任准备金,也在本科目核算。其贷方登记按规定提取未到期责任准备金,借方登记按规定冲减的未到期责任准备金。期末贷方余额,反映企业的未到期责任准备金。本科目可按保险合同进行明细核算。

3. 账务处理

(1) 保险公司在确认原保费收入、分保费收入的当期,应按保险精算确定的未到期责任准备金,作为当期保费收入的调整,并确认未到期责任准备金负债。保险公司按规定提取未到期责任准备金时,会计分录如下:

借：提取未到期责任准备金
　　贷：未到期责任准备金

（2）资产负债表日，保险公司应按保险精算重新计算确定的未到期责任准备金与已确认的未到期责任准备金的差额，调整未到期责任准备金的余额。会计分录如下：

借（贷）：未到期责任准备金
　　贷（借）：提取未到期责任准备金

（3）原保险合同提前解除的，应当转销相关未到期责任准备金余额，计入当期损益。会计分录如下：

借：未到期责任准备金
　　贷：提取未到期责任准备金

（4）期末，将"提存未到期责任准备金"科目余额转入"本年利润"科目。会计分录如下：

借：本年利润
　　贷：提取未到期责任准备金

（二）未决赔款准备金的核算

未决赔款准备金是指保险公司对保险事故已发生已报案或已发生未报案而按规定对未决赔款提存的准备金。根据《企业会计准则第25号——原保险合同》的规定，保险人应当在非寿险保险事故发生的当期，按照保险精算确定的金额，提取未决赔款准备金，并确认未决赔款准备金负债。

未决赔款准备金包括已发生已报案未决赔款准备金、已发生未报案未决赔款准备金和理赔费用准备金。已发生已报案未决赔款准备金，是指保险人为非寿险保险事故已发生并已向保险人提出索赔、尚未结案的赔案提取的准备金。已发生未报案未决赔款准备金，是指保险人为非寿险保险事故已发生、尚未向保险人提出索赔的赔案提取的准备金。理赔费用准备金，是指保险人为非寿险保险事故已发生尚未结案的赔案可能发生的律师费、诉讼费、损失检验费、相关理赔人员薪酬等费用提取的准备金。

期末结算损益时，根据已报来赔款和已发生报来赔款提取的准备金。

1. 科目设置

（1）"未决赔款准备金"科目。

本科目属于负债类，用于核算保险公司为已发生并已提出索赔、尚未结案的非寿险保险事故，以及已发生尚未提出保险赔款的非寿险保险事故与发生的理赔费用，按规定提取的未决赔款准备金。再保险赔款接受人提取的再保险合同未决赔款准备金，也在本科目核算。其贷方登记按规定提取未决赔款准备金，借方登记按规定冲减的未决赔款准备金。期末贷方余额，反映公司的未决赔款准备金。本科目可按保险合同进行明细核算。

（2）"提取未决赔款准备金"科目。

本科目属于损益类，用于核算保险公司由于已发生并已提出索赔、尚未结案的非寿险保险事故，以及已发生尚未提出保险赔款的非寿险保险事故与发生的理赔费用，按规定提取的未决赔款准备金。再保险赔款接受人提取的再保险合同未决赔款准备金，也在本科目核算。其借方登记按规定提取的未决赔款准备金，贷方登记按规定冲减的未决赔款准备金。期末，应将本科目余额转入"本年利润"科目,结转后本科目无余额。本科目可按保险合同和险种进行明细核算。

2. 账务处理

(1)保险公司应在非寿险保险事故发生的当期,按保险精算确定的金额计提未决赔款准备金,并确认未到期责任准备金负债。会计分录如下:

借:提取未决赔款准备金
　　贷:未决赔款准备金

(2)保险人应当至少于每年年度终了,对未决赔款准备金进行充足性测试。保险人按照保险精算重新计算确定的准备金金额超过充足性测试日已经提取的准备金余额的,应按其差额补提保险责任准备金;若按照保险精算重新计算确定的准备金金额小于充足性测试日已经提取的准备金余额的,不调整准备金。补提未决赔款准备金的会计分录如下:

借:提取未决赔款准备金
　　贷:未决赔款准备金

(3)保险人应当在确定支付赔付款项金额或实际发生理赔费用的当前,按照确定支付的赔付款项金额或实际发生理赔费用金额,冲减相应的未决赔款准备金金额。会计分录如下:

借:未决赔款准备金
　　贷:提取未决赔款准备金

(4)期末,将"提取未决赔款准备金"科目余额转入"本年利润"科目。会计分录如下:

借:本年利润
　　贷:提取未决赔款准备金

第三节　寿险原保险业务的核算

一、人寿保险业务概述

人寿保险是以人的生命为保险标的的保险,常简称寿险,是人身保险中产生最早的一个险种。当被保险人在保险期限内因保险事故致死或生存至保险期满,保险人给付保险金。

人寿保险按照保险事故、保险期限、交费方式、给付保险金方式等不同标准,可以分为不同的种类。最为重要的是按照保险事故(生存或死亡)进行的分类,可以分为生存保险、死亡保险、两全保险和年金保险。

1. 生存保险

生存保险是指被保险人在一定期限届满生存为保险人给付保险金条件的人身保险。即当被保险人一直生存到保险期限届满时,保险人给付保险金,若被保险人中途死亡,则保险人不给付保险金。生存保险的保险金可以满足被保险人年老时生活上的经济需要。

2. 死亡保险

死亡保险又可以分为定期死亡保险和终身死亡保险。

（1）定期死亡保险

定期死亡保险又称定期寿险，是一种以被保险人在规定期间内发生死亡事故为保险人给付保险金条件的保险。定期死亡保险在合同中规定一定时期为保险有效期，若被保险人在约定期限内死亡，保险人即给付受益人约定的保险金；如果被保险人在保险期限届满时仍然生存，契约终止，保险人无给付义务，亦不退还已收的保险费。

（2）终身死亡保险

终身死亡保险又称终身寿险，是一种不定期的死亡保险。保险合同中并不规定期限，自合同生效之日起，无论被保险人何时死亡，保险人都必须向受益人给付保险金。终身寿险最大的特点是可以得到确定性保障，若投保人中途退保，可以得到一定数额的现金价值。

3. 两全保险

两全保险又称生死合险，是指将定期死亡保险和生存保险结合起来的保险。若被保险人在保险合同规定的年限内死亡，则受益人领取保险合同约定的身故保险金；若被保险人继续生存至保险合同约定的保险期满，则投保人领取保险合同约定的保险期满的人寿保险金。两全保险是种储蓄性较强的保险。

4. 年金保险

年金保险也称为养老金保险，它是保险人在约定的期限内，按照一定的周期给付被保险人保险金的保险。其目的是为被保险人生活提供经济保障。

二、人寿保险保费收入的核算

人寿保险的保费由两部分组成：纯保费和附加保费。其中，纯保费可以分为风险保费和储蓄保费两个部分；附加保费可以分为营运费用、安全附加和预计利润三个部分。保费计算的关键在于确定合理的保险费率。

（一）会计科目设置

为了核算和监督寿险保费收入情况，应设置"保费收入""应收保费""预收保费"等科目。

1. "保费收入"科目

"保费收入"属于损益类（收入）科目，主要用于核算保险公司确认的保费收入。本科目贷方登记保险公司确认的保费收入及分保费收入调整增加的金额，借方登记发生的退保费、续保时的折扣和无赔款优待，以及分保费收入调整减少的金额。期末将本科目余额转入"本年利润"科目，结转后本科目无余额。本科目可按险种设置明细账进行明细核算。

2. "应收保费"科目

"应收保费"属于资产类科目，核算保险公司按合同约定应向投保人收取但尚未收到的保费收入。本科目借方登记保险公司发生的应收保费和经确认为坏账转销又收回的金额，贷方登记收回的应收保费和确认为坏账转销的应收保费。期末借方余额，反映保险公司尚未收回的保费。本科目按保户设置明细账进行明细核算。

3. "预收保费"科目

"预收保费"属于负债类科目，核算保险公司在保险合同生效前或续期保费应缴日前向投保人预收的保险费。贷方登记发生预收的保费,借方登记转作当期保费收入的预收保费。期末贷方余额,反映保险公司预收的保费。本科目按保户设置明细账进行明细核算。

(二) 账务处理

1. 实收保费的账务处理

保险业务发生时,若分期收取保费,应当根据当期实际收取的保费确认保费收入;若一次性收取保费,应当根据一次性收取的保费确认保费收入。会计分录如下:

借:库存现金(或其他相关科目)
　　贷:保费收入——××险种

2. 投保人提前预交保险费的核算

(1) 收到投保人提前预交保费时,会计分录如下:

借:库存现金(或其他相关科目)
　　贷:预收保费

(2) 到了该保单交费日,将预收保费转为当前保费收入,会计分录如下:

借:预收保费
　　贷:保费收入——××险种

3. 应收保费的核算

对于寿险保费,保单宽限期内欠缴的保费保单,保险公司在宽限期内依然承担保险责任,且保费金额可以可靠地收到,应确认为当前保费收入。会计分录如下:

(1) 保单交费日,确认保费收入。

借:应收保费
　　贷:保费收入——××险种

(2) 收到欠缴的保费时。

借:库存现金(或其他相关科目)
　　贷:应收保费

4. 失效保单的核算

根据人寿保险条款的规定,投保人在宽限期外仍未补缴保费及相应利息的保单丧失保单效力。若投保人在两年之内提出继续投保要求,经业务部门审核批准后,保单可以恢复效力。复效保单除了补交保费之外,还需按规定补交保险人在失效期间的利息损失。会计分录如下:

借:库存现金(或其他相关科目)
　　贷:保费收入——××险种
　　　　利息收入

若投保人在两年之内未能补缴,视为保单永久性失效。年终决算时,在资产负债表寿险责任准备金下提列失效保单现金价值。

【例 2-11】 某保户投保养老金保险,因经济困难,未按期缴费,保单失效。1 年后,该保户申请复效。经审查,天河保险公司同意复效,计算应补缴保费 1 500 元,利息 50 元,投保人缴来现金。

　　借：库存现金　　　　　　　　　　　　　　　　　　　1 550
　　　贷：保费收入——养老保险　　　　　　　　　　　　　　　1 500
　　　　　利息收入　　　　　　　　　　　　　　　　　　　　　　50

　5. 自动垫缴保费
　　寿险保单保费交足两年后，已具有现金价值。若投保人逾期未继续缴费，保险人可以按其现金价值自动垫缴，使保单继续有效。垫缴保费不计提佣金，垫缴从应缴日开始计息。

　垫缴　借：垫缴保费（资产）
　　　　　贷：保费收入——××险种

　收到　借：现金（银行存款）
　　　　　贷：垫缴保费
　　　　　　　利息收入

　6. 趸交保费（投保人把整个保险期间的保险费一次付清）
　　趸交保费在收到保费时一次性确认保费收入，年终决算时对于不属于本年度的保费收入部分通过寿险责任准备金调整。

三、人寿保险保险金给付的核算

　　人寿保险公司保险金的给付，是当被保险人发生保险事故时根据保险合同的约定给付保险金。给付保险金是人寿保险公司经营业务的重要组成部分。对于被保险人或受益人提出的给付申请，保险人应尽快确定给付金额，办理给付手续。寿险保险金的给付分满期给付、死伤医疗给付和年金给付。

（一）会计科目设置

　　为了反映人寿保险业务的满期给付、死伤医疗给付和年金给付增减变动情况，应设置"满期给付""死伤医疗给付""年金给付"等科目进行核算。

　1. "满期给付"科目
　　"满期给付"科目是损益类科目，该科目用于核算人寿保险业务的被保险人生存至保险期满，保险公司按照保险合同的约定支付给被保险人的保险金。借方登记所发生的满期给付金额，贷方登记按照规定冲减的满期给付金额，期末应将本科目余额转入"本年利润"科目，结转后本科目无余额。本科目按照保险合同和险种设置明细账。

　2. "死伤医疗给付"科目
　　"死伤医疗给付"科目是损益类科目，该科目用于核算人寿保险业务及长期健康险业务的被保险人在保险期间发生保险责任范围内的保险事故，公司按照保险合同的约定支付给保险受益人的保险金。借方登记所发生的死伤医疗给付金额，贷方登记按照规定冲减的死伤医疗给付金额，期末应将本科目余额转入"本年利润"科目，结转后本科目无余额。本科目按照保险合同和险种设置明细账。

　3. "年金给付"科目
　　"年金给付"科目是损益类科目，该科目用于核算年金保险业务的被保险人生存至规定的年龄,保险公司按照保险合同的约定支付给被保险人的给付金额。借方登记所发生的年金给付金额,贷方登记按照规定冲减的年金给付金额,期末应将本科目余额转入"本年利润"科目,结转后本科目无余额。本科目按照保险合同和险种设置明细账。

(二) 账务处理

1. 满期给付的核算

当被保险人生存至保险契约期满时,保险公司按照保险合同约定的保险金额进行给付。人寿保险满期险种主要包括简易人寿保险、团体人寿保险、普通个人生存保险、生死两全保险等。满期给付一般由被保险人本人受领,需持本人的保险凭证、身份证和缴款凭证等向保险公司申请满期给付保险金,由保险公司审核无误后,支付保险金。

(1) 被保险人生存至保险期满而支付保险金,会计分录如下:

借:满期给付——××险
　　贷:银行存款(或相关科目)

(2) 满期给付时有贷款本息未还清的应予以扣回,会计分录如下:

借:满期给付——××险
　　贷:保户质押贷款
　　　　利息收入
　　　　银行存款

【例 2-12】 投保人投保保险金额为 80 000 元的两全保险满期,尚有 10 000 元的保单质押贷款未归还,该笔贷款应付利息 500 元,会计部门将贷款及利息扣除后办理给付。

借:满期给付——生死两全险　　　　　　　　　　　　　　　　　　80 000
　　贷:保单质押贷款　　　　　　　　　　　　　　　　　　　　　　10 000
　　　　利息收入　　　　　　　　　　　　　　　　　　　　　　　　　500
　　　　银行存款　　　　　　　　　　　　　　　　　　　　　　　69 500

(3) 若在保险合同规定的缴费宽限期内发生满期给付的,需扣除相应的保费及利息,会计分录如下:

借:满期给付——××险
　　贷:保费收入
　　　　利息收入
　　　　银行存款

(4) 期末,将"满期给付"科目的余额转入"本年利润"科目,会计分录如下:

借:本年利润
　　贷:满期给付

2. 死伤医疗给付的核算

死伤医疗给付指人寿保险业务及长期健康险业务的被保险人在保险期间发生保险责任范围内的保险事故,公司按照保险合同的约定支付给保险受益人的保险金。死伤医疗给付分为死亡给付、伤残给付和医疗给付 3 种。申请死伤医疗给付时,被保险人或受益人必须提供有关证明、调查报告交于会计部门,会计部门审核无误后,支付给付金额。

(1) 被保险人在保险期间内发生责任范围内的死亡、伤残、医疗事故而按保险责任支付保险金时,会计分录如下:

借:死伤医疗给付——××险
　　贷:银行存款(或相关科目)

(2) 死伤医疗给付时,有贷款本息尚未还清的应予以扣回,会计分录如下:

借:死伤医疗给付——××险
　　贷:保户质押贷款
　　　　利息收入
　　　　银行存款

(3) 若在保险合同规定的缴费宽限期内发生死伤医疗给付的,需扣除相应的保费及利息,会计分录如下:

借:死伤医疗给付——××险
　　贷:保费收入
　　　　利息收入
　　　　银行存款

(4) 若有预缴保费的,需退还给付后至期满前的预缴保费,会计分录如下:

借:死伤医疗给付——××险
　　预收保费
　　贷:银行存款

(5) 期末,将"死伤医疗给付"科目的余额转入"本年利润"科目,会计分录如下:

借:本年利润
　　贷:死伤医疗给付

【例 2-13】 某保户为其子女投保独生子女两全保险,现因交通事故造成其子两肢永久残废,经医院提供伤残证明,给付保险金 8 500 元。

借:死伤医疗给付——生死两全险　　　　　　　　　　　　　　　　　8 500
　　贷:库存现金　　　　　　　　　　　　　　　　　　　　　　　　　8 500

3. 年金给付

年金保险业务是指被保险人生存至规定的年龄,保险公司按照保险合同的约定支付给被保险人的给付金额。年金给付分为即期年金给付和延期年金给付。即期年金给付是从购买日期后的一个给付间隔期开始给付第一次年金;延期年金给付时在隔了一定时期后开始给付年金,这个时期比一个给付间隔期长。

(1) 被保险人生存至规定的年龄,保险公司按照保险合同的约定支付年金,会计分录如下:

借:死伤医疗给付——××险种
　　贷:银行存款(或相关科目)

(2) 年金给付时,有贷款本息尚未还清的应予以扣回,会计分录如下:

借:年金给付——××险
  贷:保户质押贷款
    利息收入
    银行存款

(3) 期末,将"年金给付"科目的余额转入"本年利润"科目,会计分录如下:

借:本年利润
  贷:年金给付

【例2-14】 某保户投保终身年金保险,每月缴保费1 000元,现已到约定年金领取年龄,该投保人持有关证件向天河保险公司办理领取手续,根据保险合同规定,每月领取保险金1 500元,经复核,会计部门以现金支付。

借:年金给付——终身年金险   1 500
  贷:库存现金   1 500

四、退保业务的核算

若保户在保险中途需要退保,那么需要将保单的现金价值返还给客户。若保户尚有保户质押贷款的本息未清偿,需从退保金中予以扣除;若退保时还有对保户的预收保费,则需和退保金一起退还给保户。返还保户退费后,及时收回保险单正本,退费业务批单及时交业务部门,防止保户将未收回的保险单向业务部门骗赔和重复退费。

设置"退保金"科目进行核算。该科目属于损益类,借方登记返还给客户的退保金,期末应将本科目余额转入"本年利润"科目,结转后本科目无余额。本科目按照保险合同和险种设置明细账。

【例2-15】 某养老保险保户在保险期限到期之前要求退保,业务部门按规定的标准计算应支付其退保金25 000元,但该保户尚有8 000元借款未还,借款利息为550元,财会部门审核无误后,扣除其借款本息,以现金支付退保金。

借:退保金——养老保险   25 000
  贷:保户质押贷款   8 000
    利息收入   550
    库存现金   16 450

【例2-16】 某养老保险保户申请退保,业务部门按规定标准核定应支付其退保金18 000元,但该保户尚有预交3个月的保费3 000元,财会部门审核无误后,将退保金与预交保费一并退还给被保险人。

借:退保金——养老保险   18 000
  预收保费   3 000
  贷:库存现金   21 000

五、责任准备金的核算

人身保险业务提取的准备金主要包括寿险责任准备金、长期健康险责任准备金、未到期责任准备金和未决赔款准备金。该部分主要阐述寿险责任准备金和长期健康险责任准备金的核算。

(一) 寿险责任准备金的核算

寿险责任准备金是指保险人为尚未终止的人寿保险责任提取的准备金,是保险公司收取的净保费和利息与寿险合同中所规定的当期应承担给付义务之间的差额。在整个保险内,保费的收取是均衡的,而随着被保险人年龄的增长,导致保险风险却是不断增加的,由此造成保险初期收取的保费高于当期的风险责任,形成一定的保费剩余,而在保险后期则保费不足。因此,保险公司将历年缴纳的纯保费和利息积累起来,作为将来保险金给付和退保给付的责任准备金。

1. 会计科目设置

(1) "提取寿险责任准备金"科目。

本科目属于损益类科目,用来核算保险公司人寿保险业务承担保险期内的责任而提存的准备金,再保险接受人提取的再保险合同寿险责任准备金也在本科目核算。借方登记提取的寿险责任准备金数额,贷方登记冲减的寿险责任准备金,期末应将本科目余额转入"本年利润"科目,结转后本科目无余额。本科目应按照保险合同及险种设置明细科目。

(2) "寿险责任准备金"科目。

本科目属于负债类科目,用来核算保险公司人寿保险业务为将来要发生的保险责任而提存的准备金,再保险接受人提取的再保险合同寿险责任准备金也在本科目核算。贷方登记提取的寿险责任准备金数额,借方登记冲减的寿险责任准备金,期末贷方余额,反映公司的寿险责任准备金结存数。本科目应按照保险合同及险种设置明细科目。

2. 账务处理

(1) 计提寿险责任准备金时,会计分录如下:

借:提取寿险责任准备金
    贷:寿险责任准备金

(2) 补提寿险责任准备金时,会计分录与计提时相同。

按照现行规定,保险公司至少于每年年度终了时,对寿险责任准备金、长期健康险责任准备金进行充足性测试。保险人按照保险精算重新计算确定的相关准备金金额超过充足性测试日已经提取的相关准备金余额的,应当按照其差额补提相关准备金,并计入当期损益;若重新计算的金额小于充足性测试日已经提取的相关准备金余额的,不调整相关准备金。

(3) 寿险责任准备金的冲减、转销。

保险人应当在确定支付赔付款金额或实际发生理赔费用的当期,按照确定的金额,冲减相应的寿险责任准备金。

借:寿险责任准备金
    贷:提取寿险责任准备金

(4) 提取寿险责任准备金的期末结转。

期末,将"提取寿险责任准备金"科目的余额转入"本年利润"科目,会计分录如下:

借:本年利润
    贷:提取寿险责任准备金

（二）长期健康险责任准备金的核算

长期健康险责任准备金是指保险人为尚未终止的长期健康险责任提取的准备金。保险人应当在确认长期健康险保费收入当期，按照保险精算确定的金额，提取长期健康险责任准备金，并确认长期健康险责任准备金负债。

1. 会计科目设置

（1）"提取长期健康险责任准备金"科目。

本科目属于损益类科目，用来核算保险公司对尚未终止的长期健康险责任提取而提存的准备金。借方登记提取的长期健康险责任准备金数额，贷方登记冲减的长期健康险责任准备金，期末应将本科目余额转入"本年利润"科目，结转后本科目无余额。本科目应按照保险合同及险种设置明细科目。

（2）"长期健康险责任准备金"科目。

本科目属于负债类科目，用来核算保险公司对尚未终止的长期健康险责任提取而提存的准备金。贷方登记提取的长期健康险责任准备金数额，借方登记冲减的长期健康险责任准备金，期末贷方余额反映公司的长期健康险责任准备金结存数。本科目应按照保险合同及险种设置明细科目。

2. 账务处理

（1）计提长期健康险责任准备金时，会计分录如下：

借：提取长期健康险责任准备金
　　贷：长期健康险责任准备金

（2）补提长期健康险责任准备金时，会计分录与计提时相同。

（3）长期健康险责任准备金的冲减、转销。

保险人应当在确定支付赔付款金额或实际发生理赔费用的当期，按照确定的金额，冲减相应的长期健康险责任准备金。

借：长期健康险责任准备金
　　贷：提取长期健康险责任准备金

（4）提取长期健康险责任准备金的期末结转。

期末，将"提取长期健康险责任准备金"科目的余额转入"本年利润"科目，会计分录如下：

借：本年利润
　　贷：提取长期健康险责任准备金

第四节　再保险业务的核算

一、再保险业务核算概述

（一）再保险的基本概念

（1）再保险：又称分保，是指保险人将其所承保的风险责任的一部分或全部向一个或多个保险人再进行投保的行为。

(2) 原保险人:在再保险业务中,习惯上把分出自己承保业务的保险人称作原保险人,或称分出人。

(3) 再保险人:接受分保业务的保险人称作再保险人、分入人、分保接受人。

(4) 转分保:再保险人又将接受的分保业务再分给其他保险公司,这种做法称为转分保。

(二) 再保险的作用

(1) 分散风险,均衡业务质量。

(2) 控制责任,稳定业务经营。

(3) 扩大承保能力,增加业务量。

(4) 降低营业成本,提高经济效益。

(5) 简化投保手续,保障投保人的权益。

(三) 再保险的种类

1. 比例再保险

即分保分出人与分保接受人签订分保合同,以保险金额的一定比例承担保险责任的一种再保险。比例分保又可分为成数分保和溢额分保:

(1) 成数分保:它是一种最简单的分保方式。分保分出人以保险金额为基础,对每一危险单位按固定比例即一定成数作为自留额,将其余的一定成数转让给分保接受人,保险费和保险赔款按同一比例分摊。这种分保方式实际上具有合伙经营的性质。

(2) 溢额分保:它是指分出公司以保险金额为基础,规定每一危险单位的一定额度作为自留额,并将超过自留额的部分即溢额,分给分入公司。

溢额再保险是按自留额与分保额对总保险金额的比例分配保险费和分摊赔款的。

例:分出公司自留额是 50 万元,保险金额 250 万元,保险费 15 万元,赔款 150 万元,以只签订五线的第一溢额再保险合同为例,则:

分出公司自留保费 = 自留额 ÷ 保险金额 × 保险费 = $50 \div 250 \times 15 = 3$(万元)

分出公司自负赔款 = 自留额 ÷ 保险赔款 = $50 \div 250 \times 150 = 30$(万元)

分入公司分入保费 = 分保额 ÷ 保险金额 × 保险费 = $200 \div 250 \times 15 = 12$(万元)

分入公司应付赔款 = 分保额 ÷ 保险金额 × 保险赔款 = $200 \div 250 \times 150 = 120$(万元)

2. 非比例再保险(又称超额损失分保)

它是以赔款为基础计算分保责任限额的再保险。非比例再保险又可分为超额赔款再保险和超额赔付率再保险。

(1) 超额赔款再保险:这是由分保分出人与分保接受人签订协议,对每一危险单位损失或者一次巨灾事故的累积责任损失,规定一个自赔额,自赔额以上至一定限度由分保接受人负责。前者叫做险位超赔分保,后者叫事故超赔分保。

(2) 超额赔付率分保:这是以一定时期(一般为一年)的积累责任赔付率为基础计算责任限额,即当实际赔付率超过约定的赔付率时,超过部分由分入公司负责一定限额。

(四) 再保险核算的内容及特点

1. 再保险核算的内容

(1) 分出人核算内容包括:向分入人支付的分出保费和从分入人处摊回的赔款和费用。

(2) 分入人核算内容包括：获得分保费收入、支付分保赔款及费用和提存准备金。
2. 再保险核算的特点
(1) 会计主体不同，核算方式不同。
(2) 摊回分保赔款和摊回分保费用的核算。
(3) 按业务年度结算损益，不提存未到期责任准备金。
(4) 收支核算具有特殊性。
(5) 分保账单是分出人、分入人核算再保险业务的主要凭证。
(6) 专业再保险公司每个会计年度都核算利润。

二、分保账单

（一）分保账单的概念和种类

1. 分保账单的概念

分保账单：是分保分出公司对于分保业务活动的各项财务指标按一定格式填制的凭证。

2. 分保账单的格式

尽管在不同的保险市场上具有不同的形式，但其宗旨类同，主要内容大同小异，经常项目基本一致，只是临时性项目有所差异。

下表以经常应用的项目及实际账单格式为例，说明分保账单的一般格式。

分 保 账 单

公司名称：
接受人名称：　　　　　　　　　　　　　　　　　　　　　　　险别：
账单期：　　　　　　　　　　　　　　　　　　　　　　　　　合同名称：
业务年度：　　　　　　　　　　　　　　　　　　　　　　　　货币单位：

借　方		贷　方	
项目	金额	项目	金额
分保手续费		分保费	
转分保手续费		未到期责任保费转入	
分保赔款		利息(％)	
保费准备金扣存		保费准备金返还	
赔款准备金扣存		赔款准备金返还	
税款及杂项		赔款追回款	
未到期责任保费转出		退回分保手续费	
未决赔款转出		退回转分保手续费	
分保费退回		返还现金赔款	
纯益手续费		准备金利息	
经纪人手续费		应收你方余额	
应付你方余额			
你方成分％			
备注		未决赔款：	

(二) 分保账单的编制

1. 分保账单的基本内容

(1) 分保费:是指分保分出人根据分保业务计算的应向分保接受人分出的保费。

(2) 分保手续费:又称分保佣金,是指分出公司向接受公司收取的报酬,即分保分出人支付的手续费(或佣金)中应由分保接受人承担的份额。

(3) 转分保手续费:是对转分保合同而言的,是指在转分保合同项下原始手续费的基础上再收取一定比例的费用,以支付转分保业务的管理费用。

(4) 分保赔款:有已决分保赔款和未决分保赔款两种。已决分保赔款在账单中记入借方;未决分保赔款一般不记入借贷方,而只是在分保账单的备注中说明,作为一种参考,提供给分保接受人。

(5) 保费准备金:是根据分保合同按分保费的一定比例,由分保分出公司从应付给分保接受人的保费中扣存,并在下一账单期退还的保险费准备金。

(6) 赔款准备金:是按分保合同的规定,在业务年度终了时,为了正确结算当期损益,对于尚未支付赔款的已报告赔案,分保分出人从应付给分保接受人的保费中扣存的未决赔款准备金。

(7) 准备金利息:是指按分保合同规定的办法和商定利率,对扣存的保费准备金和赔款准备金计算的利息,在交换分保业务中,可经双方商定互免计算准备金的利息。

(8) 责任转移保费和赔款:责任转移包括未了责任转移和未决赔款转移,它源于直接业务和分保合同起期不一致的问题。

(9) 经纪人手续费:经纪人手续费是指分保业务通过经纪公司安排时,经纪公司收取的佣金。

(10) 纯益手续费:又称盈余手续费,是指分保接受人同意在其取得利润的基础上付给分保分出人一定比例的报酬。纯益手续费的计算公式如下:

$$纯益手续费 = (收入项目合计 - 支出项目合计) \times 纯益手续费率$$

(11) 税款及杂项:税款及杂项主要是指分保分出人按保费实际收入计算缴纳的营业税金,以及根据分保合同的规定应由分保接受人负担的处理赔案的有关费用等。

(12) 余额:余额即分保账单中收支轧抵后表现在借方或贷方的差额。因为分保账单的借贷方要平衡。

2. 分保账单的编制方法

分保账单的编制方法主要有以下两种:

(1) 对分保账单的每一个项目,都按分保接受人所接受的比例直接列出具体数字。

(2) 对分保账单的每一项目都按 100% 列示数字,再列出某个分保接受人所接受的比例,然后计算出该分保接受人应分担的数字。

与第一种方法相比,第二种方法具有简化分保账单编制手续的优点。

三、分出业务的核算

(一) 分出业务的概念

再保险的分出业务,是指保险公司将其承担的保险业务,部分转移给其他保险公司承担的再保险业务。

（二）分出业务的核算内容

1. 向分保业务分入人分出的保费

当原保险单项下的保费为分期收取时，分保费也相应地分期支付。

2. 摊回分保赔款

摊回分保赔款是分出人摊回的应由分保分入人承担的赔款。

3. 摊回费用

摊回费用是分出人支付的手续费、税费及杂项中应由分保分入人承担的部分，以及纯益手续费。

4. 分保准备金

分保准备金是根据分保合同按照分保费的一定比例，由分保分出公司从应付给分保接受人的保费中扣存，并在下一账单期退还的保费准备金。

（三）会计科目设置

1. "分出保费"科目

"分出保费"科目核算公司分出业务向分入人分出的保费。该科目属于损益类科目，其借方登记分出保费，贷方登记转入本年利润数额，结转后该科目无余额。该科目要求按险种设置明细账。

2. "存入保证金"科目

"存入保证金"科目核算公司分出业务按约定扣存分入人的保费形成准备金。该科目属于负债类科目，其贷方登记扣存的分保准备金，借方登记转回上期扣存的分保准备金，余额在贷方，反映尚未退还的分保准备金。本科目要求按分入人设置明细账。

3. "摊回赔付支出"科目

"摊回赔付支出"科目核算再保险分出人向再保险接受人摊回的应由其承担的赔付成本。该科目属于损益类（收入）科目，其贷方登记向再保险接受人摊回的应由其承担的赔付成本及调整的增加金额，借方登记按规定调整减少的金额。期末，应将本科目余额结转"本年利润"科目，结转后本科目无余额。本科目要求按险种设置明细账。

4. "摊回分保费用"科目

"摊回分保费用"科目核算再保险分出人向再保险接受人摊回的应由其承担的分保费用。该科目属于损益类（收入）科目，其贷方登记向再保险接受人摊回的应由其承担的分保费用，以及向再保险接受人收取的纯益手续费，借方登记按规定调整减少的摊回分保费用。期末，应将本科目余额结转"本年利润"科目，结转后本科目无余额。本科目要求按险种设置明细账。

5. "预收分保赔款"科目

"预收分保赔款"科目用来核算分出业务按约定预收的分保赔款。本科目属于负债类科目，其贷方登记预收分保赔款，借方登记转入摊回分保赔款，余额在贷方，反映尚未转销的预收分保赔款。该科目要求按分入人设置明细账。

6. "应收分保账款"科目

"应收分保账款"科目用来核算保险公司开展分保业务而发生的应收未收的各种款项。

本科目属于资产类科目,其借方登记分保业务中应收未收款项的发生数,贷方登记收回数,余额在借方,反映应收尚未收回的分保账款。该科目要求按分入人设置明细账。

7. "应付分保账款"科目

"应付分保账款"科目用来核算保险公司开展分保业务而发生的应付未付的各种款项。该科目属于负债类科目,其贷方登记分保业务中应付未付款项的发生数,借方登记支付数,余额在贷方,反映应付尚未支付的分保账款。该科目要求按分入人设置明细账。

8. "应收分保合同准备金"科目

"应收分保合同准备金"科目属于资产类科目,用来核算再保险分出人从事再保险业务确认的应收分保到期责任准备金,以及应向再保险接受人摊回的保险责任准备金。再保险分出人也可以单独设置"应收分保未到期责任准备金""应收分保未决赔款责任准备金""应收分保寿险责任准备金""应收分保长期健康险责任准备金"等科目进行核算。

9. "摊回保险责任准备金"科目

"摊回保险责任准备金"科目属于损益类科目,用来核算再保险分出人从事再保险业务应向再保险接受人摊回的保险责任准备金。再保险分出人也可以单独设置"摊回未到期责任准备金""摊回未决赔款责任准备金""摊回寿险责任准备金""摊回长期健康险责任准备金"等科目进行核算。其贷方登记向再保险接受人摊回的保险责任准备金金额,以及调整的增加金额,借方登记按规定冲减、转销的摊回保险责任准备金金额。期末,应将本科目余额结转"本年利润"科目,结转后本科目无余额。本科目可按保险责任准备金的类别和险种进行明细核算。

(四) 账务处理

保险公司在确认原保险合同保费收入的当期,按照相关再保险合同约定,计算分出保费金额。会计分录如下:

借:分出保费
　　贷:应付分保账款

若原保险合同提前解除,在解除当期,按照相关再保险合同约定,计算分出保费的调整金额。会计分录如下:

借:应付分保账款
　　贷:分出保费

发出分保账单时,按账单列示扣存本期的分保保证金。会计分录如下:

借:应付分保账款
　　贷:存入保证金

按照账单列示,返还上期扣存的分保保证金。会计分录如下:

借:存入保证金
　　贷:应付分保账款

按期计算的存入分保保证金利息。会计分录如下:

借:利息支出
　　贷:应付分保账款

保险公司在确认原保险合同保费收入的当期,按照相关再保险合同约定,计算应向分保接受人摊回的分保费用。会计分录如下:

借:应收分保账款
　　贷:摊回分保费用

实际发生赔付时,按相关再保险合同约定,计算应向分保接受人摊回的赔付成本。会计分录如下:

借:应收分保账款
　　贷:摊回赔付成本

原保险人在取得和处置损余物资、确认和收到应收代位追偿款等而调整原保险合同赔付成本的当期,按相关再保险合同约定,计算确定摊回的赔付成本的调整额。会计分录如下:

借:摊回赔付成本
　　贷:应收分保账款

计算确定应向分保接受人收取的纯益手续费。会计分录如下:

借:应收分保账款
　　贷:摊回分保费用

摊回准备金时,会计分录如下:

借:应收分保合同准备金
　　贷:摊回保险责任准备金

结清分保账款时,会计分录如下:

借:银行存款
　　贷:应收分保账款

反之,　借:应付分保账款
　　　　　贷:银行存款

（五）核算举例

【例2-17】 天河保险公司20××年将财产险业务采用固定合同成数分保方式与大华再保险公司结成分保伙伴关系。自留额分成为40%,分出额分成为60%,大华再保险公司的接受比例为10%。保费准备金扣存比例为40%,利率为5%。

天河公司编制分保账单并寄送大华再保险人(分保账单如下表所示)。
天河公司根据分保账单编制记账凭证,会计分录为:

(1) 借:分出保费——20××年业务年度财产险　　　　　　　　9 200
　　　　利息支出——分保准备金利息　　　　　　　　　　　　 114
　　　　存入保证金　　　　　　　　　　　　　　　　　　　　2 280
　　　　　贷:应付分保账款——20××年业务年度财产险　　　 11 594
(2) 借:应收分保账款——20××年业务年度财产险　　　　　　6 224
　　　　　贷:摊回赔付支出——财产险　　　　　　　　　　　 3 924
　　　　　　　摊回分保费用——财产险　　　　　　　　　　　 2 000
　　　　　　　摊回分保税金——财产险　　　　　　　　　　　　 300

分保账单

公司名称:天河保险公司　　　　　　　　　　　　险种:财产险
分入人:大华再保险公司　　　　　　　　　　　　业务年度:20××年
账单期:20××年度第四季度　　　　　　　　　　货币单位:元

借方		贷方	
项目	金额	项目	金额
分保赔款	3 924	分保费	9 200
分保手续费	2 000	保费准备金返还	2 280
保费准备金扣存	3 680	准备金利息	114
税费及杂项	300		
应付你方余额	1 690		
共计	11 594	共计	11 594
你方成分 100%	1 690		

(3) 借:应付分保账款　　　　　　　　　　　　　　　　3 680
　　　贷:存入保证金——20××年大华公司　　　　　　　　　3 680

(4) 天河公司与大华再保险公司进行资金结算时,"应收分保账款"科目余额小于"应付分保账款"科目余额的差额为1 690元,公司向对方公司实际支付款项时:

　　借:应付分保账款　　　　　　　　　　　　　　　　1 690
　　　贷:银行存款　　　　　　　　　　　　　　　　　　1 690

(5) 期末将上述业务转入本年利润:

　　借:本年利润　　　　　　　　　　　　　　　　　　9 314
　　　贷:分出保费——20××年业务年度财产险　　　　　　9 200
　　　　 利息支出——20××年业务年度财产险　　　　　　 114
　　借:摊回赔付支出——20××年业务年度财产险　　　　3 924
　　　 摊回分保费用——财产险　　　　　　　　　　　　2 000
　　　 摊回分保税金——财产险　　　　　　　　　　　　 300
　　　贷:本年利润　　　　　　　　　　　　　　　　　　6 224

四、分入业务的核算

(一) 分入业务的概念

再保险分入业务,是指保险公司接受其他保险公司分出的保险业务的再保险业务。

(二) 分入业务的核算内容

对于分入人,分入业务的核算内容包括分保费收入的确认与核算、分保赔款和费用的核算、提存准备金的核算3项内容。

1. 保费收入的确认与核算

分入人的分保费收入一般于收到分保账单时确认。因为分入保费收入的3个条件:一是分入人收到分保账单时开始承担再保险责任；二是分保费收入金额是可以确定的；三是分入人收到分保费的可能性很大。分入人在收到分出人发出分保账单时，按账单中标明的分保费进行核算。

2. 分保赔款和费用的核算

分入人在收到分出人发来的分保账单时，按账单中标明的分保赔款和费用的金额进行核算。

3. 提存准备金的核算

再保险业务提存的准备金包括未决赔款准备金和长期责任准备金。根据国际惯例，也为了真正反映再保险业务的损益，一般以3年为一个损益结算期。在未到结算年度之前，当期营业收支差额全额作为长期责任准备金提存。再保险准备金的提存、转回账务处理与财险业务相应准备金的账务处理方法相同。

（三）会计科目设置

1. "分保费收入"科目

"分保费收入"科目核算分入业务所取得的收入，该科目属于损益类（收入）科目，其贷方登记保费收入数，借方登记期末结转"本年利润"科目的数额，结转后无余额。该科目应按险种设置明细账。

2. "存出保证金"科目

"存出保证金"科目核算分保分入业务按合同约定存出的分保保证金。该科目属于资产类科目，其借方登记存出的分保保证金，贷方登记收回的分保保证金，期末余额在借方，反映再保险接受人存出的分保保证金数额。该科目应按再保险分出人设置明细账。

3. "分保赔款支出"科目

"分保赔款支出"科目核算保险公司分入公司向分出人支付的应由其承担的赔款。该科目属于损益类（费用）科目，其借方登记应承担的分保赔款数，贷方登记期末结转"本年利润"科目的数额，结转后该科目无余额。该科目要求按险种设置明细账。

4. "分保费用"科目

"分保费用"科目核算分入公司因分入业务向再保险分出人支付的应由其承担的各项费用。该科目属于损益类（费用）科目，其借方登记再保险接受人按再保险合同的约定计算确定的分保费用金额，收到分保账单时对分保费用调整增加的金额，以及按再保险合同约定计算确定的纯益手续费金额，贷方登记收到分保账单时对分保费用调整减少的金额。期末，应将本科目余额结转"本年利润"科目，结转后该科目无余额。本科目要求按险种设置明细账。

5. "预付赔款"科目

"预付赔款"科目核算保险公司在处理各种理赔案件过程中按照保险合同约定预先支付的赔款及分入分保业务预付的赔款。该科目属于资产类科目，其借方登记各种赔款的预先支付数，贷方登记各种预付赔款的结算减少数，余额在借方，反映尚未结算预付赔款实有数。该科目要求按往来单位设置明细账。

6. "应收分保账款"科目

科目使用参考分出业务。

7. "应付分保账款"科目

科目使用参考分出业务。

(四)账务处理

公司确认再保险合同保费收入时,会计分录如下:

借:应收分保账款
　　贷:分保费收入

按照相关再保险合同约定,计算确定分保费用,会计分录如下:

借:分保费用
　　贷:应付分保账款

收到分出公司发来的分保业务账单时,按照账单标明的金额,对分保费收入、分保费用进度进行调整,调增分录同上,调减做相反的分录。

按账单标明的分出方扣存的本期分保保证金,会计分录如下:

借:存出保证金
　　贷:应收分保账款

返还上期分保保证金,分录相反。

计算存出分保保证金的利息,会计分录如下:

借:应收分保账款
　　贷:利息收入

按照分保账单标明的金额,确定分保赔付款项,会计分录如下:

借:分保赔款支出
　　贷:应付分保账款

结清分保账款时,会计分录如下:

借:应付分保账款
　　银行存款
　　贷:应收分保账款

或,借:应付分保账款
　　　贷:应收分保账款
　　　　银行存款

【例2-18】 仍然使用分出业务中的[例2-17]的资料和分保账单进行核算,因为它们针对的是同一笔业务,只是核算主体不同。根据分保账单,大华公司的账务处理如下:

(1) 借:应收分保账款——20××年天河公司分入业务　　　11 594
　　　贷:分保费收入——20××年业务年度财产险　　　　9 200
　　　　　存出保证金——20××年天河公司　　　　　　　2 280
　　　　　利息收入　　　　　　　　　　　　　　　　　　114

(2) 借:分保赔款支出——20××年业务年度财产险　　　3 924
　　　　分保费用——财产险　　　　　　　　　　　　　2 300
　　　贷:应付分保账款——20××年业务年度财产险　　　6 224

（3）借：存出保证金——20××年天河公司　　　　　　　　　　　　　3 680
　　　贷：应收分保账款——20××年天河公司分入业务　　　　　　　3 680

（4）大华公司与天河保险公司进行资金结算时，"应收分保账款"科目余额大于"应付分保账款"科目余额的差额为845元，公司实际收到对方公司付给的款项时：

借：银行存款　　　　　　　　　　　　　　　　　　　　　　　　　1 690
　　贷：应收分保账款——20××年天河公司分入业务　　　　　　　 1 690

（5）期末将上述业务转入本年利润时：

借：本年利润　　　　　　　　　　　　　　　　　　　　　　　　　6 224
　　贷：分保赔款支出——20××年业务年度财产险　　　　　　　　3 924
　　　　分保费用——财产险　　　　　　　　　　　　　　　　　　2 300
借：分保费收入——20××年业务年度财产险　　　　　　　　　　　9 200
　　利息收入　　　　　　　　　　　　　　　　　　　　　　　　　　114
　　贷：本年利润　　　　　　　　　　　　　　　　　　　　　　　9 314

【知识链接】

保险业"新国十条"颁布

2014年8月13日，《国务院关于加快发展现代保险服务业的若干意见》（简称保险业"新国十条"）正式发布，首次提出了"现代保险服务业"的概念，指出保险是现代经济的重要产业和风险管理的基本手段，是社会文明、经济发达程度、社会治理能力的重要标志，要使现代保险服务业成为健全金融体系的支柱力量、改善民生保障的有力支撑、创新社会管理的有效机制、促进经济体制增效升级的高效引擎和转变政府职能的重要抓手。

【关键术语】

保费收入　赔付支出　未到期责任准备金　未决赔款准备金　寿险责任准备金

【问题思考】

1. 简述保费收入的确认条件。
2. 简述未到期责任准备金的计算方法。
3. 简要说明分保账单的基本内容。

扫二维码获得本章
习题及案例

第三章
证券公司业务的核算

章前导引

教学目标

本章主要介绍证券公司经纪业务、自营业务和承销业务的会计核算,通过学习理解证券公司开展的业务的情况,掌握经纪、自营和承销业务的会计处理。

第一节 证券公司业务概述

证券公司,是指依照公司法和证券法规定,并经国务院证券监督管理机构审查批准的从事证券经营业务的有限责任公司或股份有限公司。我国对证券公司实行分业监管原则,即证券公司根据自身具备的条件向国务院证券监督管理机构申请各单项业务许可证。设立证券公司基本条件是:有符合法律、行政法规规定的公司章程;主要股东具有持续经营能力,信誉良好,最近3年无重大违法违规记录,净资产不低于人民币2亿元;有符合证券法规定的注册资本;董事、监事、高级管理人员具备任职资格,从业人员具备证券从业资格;有完善的风险管理与内部控制制度;有合格的经营场所和业务设施;法律、行政法规规定的和经国务院批准的国务院证券监督管理机构规定的其他条件。

经国务院证券监督管理机构批准,证券公司可经营下列部分或全部业务:①证券经纪;②证券投资咨询;③与证券交易、证券投资活动有关的财务顾问;④证券承销与保荐;⑤证券自营;⑥证券资产管理;⑦其他证券业务。证券公司经营上述①至③项业务的,注册资本最低限额为人民币5 000万元;经营上述④至⑦项之一的,注册资本最低限额为人民币1亿元;经营上述④至⑦项两项以上的,注册资本最低限额为人民币5亿元。国务院证券监督管理机构可以调整最低限额(但不得低于以上限额)。

根据《证券公司风险控制指标管理办法》规定,证券公司经营经纪业务的,其净资本不得低于人民币2 000万元;证券公司经营证券承销与保荐、证券自营、证券资产管理、其他业务等业务之一的,其净资本不得低于人民币5 000万元;证券公司经营证券经纪业务,同时经营证券承销与保荐、证券自营、证券资产管理、其他证券业务等业务之一的,其净资本不得低于人民币1亿元;证券公司经营证券承销与保荐、证券自营、证券资产管理、其他证券业务中两项及两项以上的,其净资本不得低于人民币2亿元。

我国证券公司目前主要的业务,按业务性质分为证券经纪业务(包括证券法中规定的证券经纪、证券投资咨询)、投资银行业务(包括证券承销与保荐、与证券交易、证券投资活动有关的财务顾问)、证券自营业务、证券资产管理业务4大类。证券公司可以根据自身具备的符合证券法规定的条件向国务院证券监督管理机构分别申请各单项业务许可证。出于建立防火墙制度的需要,证券公司一般设有专门的职能部门规范与管理上述4大类业务。

基于融资或利用暂时闲置资金的需要,证券公司会大量从事证券回购交易、股票质押借款、同业拆借等业务。这些业务统称为资金业务,其会对证券公司的经营产生重要影响。

一、证券经纪业务

证券经纪业务又称代理买卖证券业务,是指证券公司接受投资者(客户)的委托代投资者(客户)买卖有价证券的行为,是证券公司最基本的一项业务。

证券公司从事代理买卖证券业务,是随着集中交易制度实行而产生和发展起来的。由于我国证券交易所实行会员制,只有成为证券交易所会员才能取得交易席位,即进行证券交易的操作资格,一般投资者不能直接进入场内进行交易,只能通过拥有席位的证券公司作为中介来完成交易。

目前我国的证券交易所挂牌交易的主要有股票、债券、基金、权证等证券,其中占证券市场绝大部分的股票又分两类:第一类是人民币普通股(A股)、基金和债券的代理买卖业务;第二类是境内上市外资股(B股)的代理买卖业务,B股是中国大陆公司发行的人民币特种股票,在国内证券交易所上市,以外币交易,其中上海证券交易所以美元交易、深圳证券交易所以港币交易。B股市场于1992年建立,2001年2月19日之前,仅限外国投资者买卖,2001年2月19日后,B股市场对国内居民投资者开放。

投资者进行证券买卖之前必须在证券公司开立证券账户(股东卡)和资金账号。证券账户,是指中国证券登记结算有限责任公司为申请人开出的记载其证券持有及变更的权利凭证,由证券公司代办;资金账号是指证券公司为申请人开出的记载其资金变动以及余额的权利凭证。一个证券账户在某一时点必须且只能对应一个资金账户,即资金账户记录证券账户买卖证券的资金变动以及非买卖证券如资金存取等引起的资金变动。

二、证券自营业务

证券自营业务是指证券公司以自己的名义和合法资金进行证券买卖的业务,自行决定证券买卖的时机、价格、数量等,由此而产生的收益和损失也由证券公司承担。其与经纪业务的区别在于证券自营产生的风险由证券公司承担,而经纪业务中证券买卖的风险由客户承担。

三、证券承销业务

证券承销业务也称证券代理发行业务,是指证券公司接受发行人的委托,借助自己在证券市场上的信誉和营业网点,根据与发行人确定的发售方式,在规定的发行有效期限内代理发行人发行证券的活动。根据证券公司在承销过程中承担的责任和风险的不同,承销又可分为代销承销方式和包销承销方式,其中包销承销方式又包括全额包销、定额包销和余额包销3种方式。证券公司可以根据发行人所发行证券的种类、市场需求状况、具体发行要求以及自身的经营条件和经营能力选择。

国内目前股票承销主要采用的是余额包销方式,它是指证券公司承诺在证券发行期结束时,将未售出的证券全部自行购入的包销。其实质是先代理发行,后全额包销,是代销和全额包销的结合。

此外,证券公司在进行证券承销业务的同时还开展财务顾问业务,财务顾问是指证券公司作为公司经营管理顾问,向公司提供咨询服务的业务,财务顾问业务是承销业务的一种延伸。

四、证券资产管理业务

证券资产管理业务是指证券公司作为受托投资管理人(以下简称"受托人"),依据有关法律、法规和投资委托人(以下简称"委托人")的投资意愿,与委托人签订资产管理合同,把委托人委托的资产在证券市场上从事股票、债券等金融工具的组合投资,以实现委托资产收益最优化的行为。

证券资产管理业务与证券自营业务的区别如下。

(一)资金来源不同

证券资产管理业务由委托方提供资金,证券自营业务由证券公司依法自筹资金。

(二)收益风险归属不同

证券资产管理业务收益与风险由委托方承担,证券公司收取资产管理佣金。

(三)业务操作不同

证券资产管理业务以委托方名义开立账户,所有权归委托方,证券自营业务以证券公司名义开立账户,所有权归证券公司。

证券资产管理业务与经纪业务的区别在于证券资产管理业务由证券公司决定证券买卖的数量、时机等。

早期证券资产管理业务是定向资产管理业务,现在向集合理财资产管理业务发展,集合资产管理业务属于特殊的资产管理业务,其委托人较多,并且定额申购集合资产份额,由证券公司进行投资管理,集合资金托管于商业银行专户,集合投资资产托管于证券公司独立的交易席位上,便于理解,集合资产的经营模式类似于基金产品。

五、资金业务

(一)卖出回购证券业务和买入返售证券业务

证券回购交易是指证券买卖双方在成交同时就约定于未来某一时间以某一价格双方再进行反向交易的行为。其实质内容是:证券的持有方(融资者、资金需求方)以持有的证券作抵押,获得一定期限内的资金使用权,期满后则需归还借贷的资金,并按约定支付一定的利息;而资金的贷出方(融券方、资金供应方)则暂时放弃相应资金的使用权,从而获得融资方的证券抵押权,并于回购期满时归还对方抵押的证券,收回融出资金并获得一定利息。对证券的持有方而言为卖出回购证券业务,对资金的贷出方而言为买入返售证券业务。买入返售证券业务和卖出回购证券业务实质是一对反向的融资业务。

在我国,国债回购的市场有银行间回购市场与证券交易所回购市场。银行间回购市场的主体是商业银行,商业银行不允许进入交易所回购市场;证券交易所回购市场的主体是非银行金融机构和企业,在这部分交易主体中仅有少数证券公司经中国人民银行批准后允许进入银行间回购市场。

(二)股票质押贷款

股票质押贷款,是指证券公司以自营的股票和证券投资基金券作质押,向商业银行获得资金的一种贷款方式。股票质押贷款是券商合法资金来源的渠道之一,对缓解券商资金压力具有一定帮助。股票质押贷款的缺点主要有质押物折扣比较大,收益性较差,限制条件多。

(三)同业拆借市场

同业拆借市场亦称"同业拆放市场",是金融机构之间进行短期、临时性头寸调剂的市场。1984年10月,我国针对中国人民银行专门行使中央银行职能、二级银行体制已经形成的金融组织格局,对信贷资金管理体制实行了重大改革,推出了统一计划,划分资金,实贷实存,相互融通的信贷资金管理体制,允许各专业银行互相拆借资金。新的信贷资金管理体制实施后不久,各专业银行之间、同一专业银行各分支机构之间即开办了同业拆借业务。1996年1月3日全国统一的银行间同业拆借市场正式建立。目前进入银行间同业拆借市场的主体有银行、财务公司、基金管理公司、证券公司。同业拆借市场的优点是交易成本低,市场集中,融资迅速;缺点是期限短,进入门槛高。证券公司进入银行间同业市场必须遵守中国人民银行1999年10月12日颁布的《证券公司进入银行间同业市场管理规定》。

六、融资融券业务

融资融券业务是指证券公司向客户出借资金供其买入证券或出借证券供其卖出,并由客户交存相应担保物的经营活动。由融资融券业务产生的证券交易称为融资融券交易。融资融券交易因证券公司与客户之间发生资金和证券的借贷关系,又称为信用交易。客户向证券公司借入资金买入证券,为融资交易;客户向证券公司借入证券卖出,为融券交易。证券公司开展融资融券业务须开立专门的账户,包括:融券专用证券账户,用于记录证券公司持有的拟向客户融出的证券和客户归还的证券,不得用于证券买卖;客户信用交易担保证券账户,用于记录客户委托证券公司持有、担保证券公司因向客户融资融券所生债权的证券;信用交易证券交收账户,用于客户融资融券交易的证券结算;信用交易资金交收账户,用于客户融资融券交易的资金结算;融资专用资金账户,用于存放证券公司拟向客户融出的资金及客户归还的资金;客户信用交易担保资金账户,用于存放客户交存的、担保证券公司因向客户融资融券所生债权的资金。

七、创新业务

创新业务,指创新试点证券公司根据现行法律、行政法规和中国证监会的有关规定,旨在开展未纳入中国证监会行政许可或审批范围的证券业务产品创新方案。证券公司证券业务产品创新主要系指证券公司根据自身业务发展需要和行业发展趋势变化,改进或变革现有业务或产品的创新行为,包括投资银行业务、经纪业务、资产管理业务、金融衍生产品业务等方面的创新。目前国内已开展的创新业务为创设权证、abs(资产抵押证券)、集合理财计划等。

第二节 证券公司经纪业务的核算

证券经纪业务具体包括:资金专户的管理、代理买卖证券业务、代理认购新股、代理配股派息、代理兑付债券等,使用的核算科目有资产类的"结算备付金"和"代理兑付证券"、负债类的"代理买卖证券款"和"代理兑付证券款"、损益类的"手续费及佣金收入"和"手续费及佣金支出"。

一、科目设置及应用

(一) 结算备付金

本科目核算证券公司为证券交易的资金清算与交收而存入指定清算代理机构的款项。证券公司向客户收取的结算手续费、向证券交易所支付的结算手续费,在本科目核算。

本科目应当按照清算代理机构,分"自有""客户"等进行明细核算。

结算备付金的主要账务处理:

证券公司将款项存入清算代理机构时,借记本科目,贷记"银行存款"科目,从清算代理机构划回资金时做相反的会计分录;

接受客户委托,通过证券交易所代理买卖证券时,应分别以下两种情况进行账务处理:

(1)买入证券成交总额大于卖出证券成交总额的,应按买卖证券成交价的差额加上代扣代缴的相关税费和应向客户收取的佣金等费用之和,借记"代理买卖证券款"等科目,贷记本科目(客户)、"银行存款"等科目;按证券公司应负担的交易费用,借记"手续费支出"科目,按应向客户收取的佣金等手续费,贷记"手续费收入"科目,按其差额,借记本科目(自有)、"银行存款"等科目;

(2)卖出证券成交总额大于买入证券成交总额的,应按买卖证券成交价的差额减去代扣代交的相关税费和应向客户收取的佣金等费用后的余额,借记本科目(客户)等科目,贷记"代理买卖证券款"等科目;按证券公司应负担的交易费用,借记"手续费支出"科目,按应向客户收取的佣金等手续费,贷记"手续费收入"科目,按其差额,借记本科目(自有)、"银行存款"等科目。

(二) 代理兑付证券

本科目核算企业接受委托代理兑付到期的证券。

本科目应当按照委托单位和证券种类进行明细核算。

代理兑付证券的主要账务处理:

(1)证券公司收到客户交来的证券时,应按兑付金额,借记本科目,贷记"银行存款"等科目。向委托单位交回已兑付证券时,借记"代理兑付证券款"科目,贷记本科目。

(2)委托单位尚未拨付兑付资金而由证券公司垫付的,在收到客户交来的证券时,应按兑付金额，借记本科目，贷记"银行存款"等科目。

向委托单位交回已兑付的证券并收回垫付的资金时，借记"银行存款"等科目，贷记本科目。

本科目期末借方余额，反映证券公司已兑付但尚未收到委托单位兑付资金的证券金额。

（三）代理买卖证券款

本科目核算企业接受客户委托与代理客户买卖股票、债券和基金等有价证券而收到的款项。企业代理客户认购新股的款项、代理客户领取的现金股利和债券利息、代客户向证券交易所支付的配股款等，也在本科目核算。

本科目应当按照客户类别等进行明细核算。

代理买卖证券款的主要账务处理：

（1）证券公司收到客户交来的款项，借记"银行存款——客户"等科目，贷记本科目；客户提取存款时，作相反的会计分录。

（2）接受客户委托通过证券交易所代理买卖证券时，应当分下列两种情况进行处理：

买入证券成交总额大于卖出证券成交总额的，应按买卖证券成交价的差额加上代扣代缴的相关税费和应向客户收取的佣金等费用之和，借记本科目等科目，贷记"结算备付金——客户""银行存款"等科目；

卖出证券成交总额大于买入证券成交总额的，应按买卖证券成交价的差额减去代扣代缴的相关税费和应向客户收取的佣金等费用后的余额，借记"结算备付金——客户""银行存款"等科目，贷记本科目等科目。

（3）代理客户认购新股，收到客户交来的认购款项，借记"银行存款——客户"等科目，贷记本科目；将款项划付证券交易所，借记"结算备付金——客户"科目，贷记"银行存款——客户"科目；客户办理申购手续，按实际支付的金额，借记本科目，贷记"结算备付金——客户"科目；证券交易所完成中签认定工作，将未中签资金退给客户时，借记"结算备付金——客户"科目，贷记本科目；证券公司将未中签的款项划回，借记"银行存款——客户"科目，贷记"结算备付金——客户"科目；证券公司将未中签的款项退给客户，借记本科目，贷记"银行存款——客户"科目。

（4）代理客户办理配股业务，采用当日向证券交易所解交配股款的，在客户提出配股要求时，借记本科目，贷记"结算备付金——客户"科目；采用定期向证券交易所解交配股款的，在客户提出配股要求时，借记本科目，贷记"其他应付款——应付客户配股款"科目。与证券交易所清算配股款时，按配股金额，借记"其他应付款——应付客户配股款"科目，贷记"结算备付金——客户"科目。

（5）代理客户领取现金股利和利息，借记"结算备付金——客户"科目，贷记本科目。

（6）按规定向客户统一结息时，借记"利息支出""应付利息"等科目，贷记本科目。

本科目期末贷方余额反映客户实际存放的代理买卖证券资金余额。

（四）代理兑付证券款

本科目核算企业接受委托代理兑付债券业务而收到的兑付资金。

本科目应当按照委托单位和债券种类进行明细核算。

代理兑付证券款的主要账务处理：

（1）证券公司兑付无记名债券，收到委托单位的兑付资金，借记"银行存款"等科目，贷记本科目；收到客户交来的债券，按兑付金额，借记"代理兑付证券"科目，贷记"现金""银行存款"科目；向委托单位交回已兑付的债券，借记本科目，贷记"代理兑付证券"科目。

（2）兑付记名债券，收到委托单位的兑付资金，借记"银行存款"等科目，贷记本科目；兑付债券本息，按兑付金额，借记本科目，贷记"银行存款"等科目。

（3）收取代兑付债券手续费收入时，向委托单位单独收取的，按应收或已收取的手续费，借记"应收账款""结算备付金"等科目，贷记"手续费收入"科目。

手续费与兑付款一并汇入的，在收到款项时，应按实际收到的金额，借记"结算备付金"等科目，按应兑付的金额，贷记本科目，按事先取得的手续费，贷记"其他应付款——预收代兑付证券手续费"科目；待兑付债券业务完成后，确认手续费收入，借记"其他应付款——预收代兑付证券手续费"科目，贷记"手续费收入"科目。

本科目期末贷方余额反映证券公司已收到但尚未兑付的代兑付证券款项余额。

（五）手续费及佣金收入

本科目核算企业确认的手续费及佣金收入，包括办理结算业务、咨询业务、担保业务、代保管等代理业务以及办理受托贷款及投资业务等取得的手续费及佣金，如结算手续费收入、佣金收入、业务代办手续费收入、基金托管收入、咨询服务收入、担保收入、受托贷款手续费收入、代保管收入、代理买卖证券、代理承销证券、代理兑付证券、代理保管证券、代理保险业务等代理业务以及其他相关服务实现的手续费及佣金收入等。

本科目可按手续费及佣金收入类别进行明细核算。

证券公司确认的手续费及佣金收入，按应收的金额，借记"应收手续费及佣金""代理承销证券款"等科目，贷记本科目。实际收到手续费及佣金，借记"存放中央银行款项""银行存款""结算备付金""吸收存款"等科目，贷记"应收手续费及佣金"等科目。

期末，应将本科目余额转入"本年利润"科目，结转后本科目无余额。

（六）手续费及佣金支出

本科目核算企业发生的与其经营活动相关的各项手续费、佣金等支出。

本科目可按支出类别进行明细核算。

证券公司发生的与其经营活动相关的手续费、佣金等支出，借记本科目，贷记"银行存款""存放中央银行款项""存放同业""库存现金""应付手续费及佣金"等科目。

期末，应将本科目余额转入"本年利润"科目，结转后本科目无余额。

二、经纪业务的核算

（一）资金专户的管理

1. 客户开设资金专户并交来款项

借：银行存款——客户
　　贷：代理买卖证券款

2. 客户日常存款

借:银行存款——客户
　　贷:代理买卖证券款

3. 客户取款

借:代理买卖证券款
　　贷:银行存款

4. 客户结息销户

（1）结清利息

借:应付利息——客户
　　贷:银行存款

（2）提款销户

借:代理买卖证券款
　　贷:银行存款

5. 按季计提客户存款利息

借:利息支出
　　贷:应付利息——客户

6. 客户资金专户统一结息时

借:应付利息——客户（已提利息部分）
　　利息支出（未提利息部分）
　　贷:代理买卖证券款

7. 公司为客户在证券登记结算公司开设资金交收专户

借:结算备付金——客户
　　贷:银行存款——客户

（二）代理买卖证券业务

公司接受客户委托,通过证券交易所代理买卖证券,与客户清算时,如果买入证券成交总额大于卖出证券成交总额:

借:代理买卖证券款
　　贷:结算备付金——客户（买卖证券成交价的差额,加代扣代缴的税费和应向客户收取的佣金等手续费）

借:手续费及佣金支出——代理买卖证券手续费支出（公司应负担的交易费用）
　　结算备付金——自有
　　贷:手续费及佣金收入——代理买卖证券手续费收入（向客户收取的佣金等手续费）

公司接受客户委托,通过证券交易所代理买卖证券,与客户清算时,如果卖出证券成交总额大于买入证券成交总额:

借:结算备付金——客户（买卖证券成交价的差额,减代扣代缴的税费和应向客户收取的佣金等手续费）
　　贷:代理买卖证券款

借:手续费及佣金支出——代理买卖证券手续费支出(公司应负担的交易费用)
　　结算备付金——自有
　贷:手续费及佣金收入——代理买卖证券手续费收入(应向客户收取的佣金等手续费)

(三) 代理认购新股

1. 代理客户认购新股,收到客户认购款项

借:银行存款——客户
　贷:代理买卖证券款

2. 将款项划付证券登记结算公司

借:结算备付金——客户
　贷:银行存款——客户

3. 客户办理申购手续,在公司与证券交易所清算时

借:代理买卖证券款
　贷:结算备付金——客户

4. 证券交易所完成中签认定工作,将未中签资金退给客户

借:结算备付金——客户
　贷:代理买卖证券款

5. 公司将未中签的款项划回

借:银行存款——客户
　贷:结算备付金——客户

6. 公司将未中签的款项退给客户

借:代理买卖证券款
　贷:银行存款——客户

(四) 代理配股派息

1. 代理客户办理配股业务

(1) 当日向证券交易所解交配股款的,客户提出配股要求。

借:代理买卖证券款
　贷:结算备付金——客户

(2) 定期向证券登记公司解交配股款的,客户提出配股要求。

借:代理买卖证券款
　贷:其他应付款——应付客户配股款

与证券登记结算公司清算配股款,按配股金额。

借:其他应付款——应付客户配股款
　贷:结算备付金——客户

2. 代理客户领取现金股利和利息

借:结算备付金——客户
　　贷:代理买卖证券款

3. 公司按规定向客户统一结息

借:利息支出
　　贷:代理买卖证券款

(五) 代理兑付债券

1. 接受委托代国家或企业兑付到期的无记名(实物券形式)债券
(1) 收到委托单位的兑付资金。

借:银行存款
　　贷:代理兑付证券款

(2) 收到客户交来的实物券,按兑付金额。

借:代理兑付证券
　　贷:银行存款

(3) 向委托单位交回已兑付的实物券。

借:代理兑付证券款
　　贷:代理兑付证券

(4) 若委托单位尚未拨付兑付资金,并由公司垫付的,收到兑付债券时,按兑付金额。

借:代理兑付证券
　　贷:银行存款

(5) 向委托单位交回已兑付的债券并收回垫付的资金。

借:银行存款
　　贷:代理兑付证券

(6) 收到代兑付手续费收入。

借:银行存款
　　贷:手续费及佣金收入——代兑付债券手续费收入

2. 接受委托代国家或企业兑付到期的记名债券
(1) 收到委托单位的兑付资金。

借:银行存款
　　贷:代理兑付证券款

(2) 兑付债券本息。

借:代理兑付证券款
　　贷:银行存款

3. 公司收取的代兑付手续费收入

（1）如向委托单位单独收取，按应收或已收的手续费。

借：应收款项
　　银行存款
　贷：手续费及佣金收入——代兑付债券手续费收入

（2）如果手续费与兑付款一并汇入。

借：银行存款
　贷：代理兑付证券
　　　其他应付款——预收代兑付债券手续费

业务完成后，确认手续费收入。

借：其他应付款——预收代兑付债券手续费
　贷：手续费及佣金收入——代兑付债券手续费收入

第三节 证券公司自营业务的核算

证券公司按照《企业会计准则第 22 号——金融工具确认和计量》进行自营业务的会计核算。

一、自营证券的分类

自营证券的分类与其计量和核算方法密切相关。因此，证券公司应当在初始确认自营证券时，将其划分为下列 3 类。

（一）以公允价值计量且其变动计入当期损益的金融资产，包括交易性金融资产和指定为以公允价值计量且其变动计入当期损益的金融资产

自营证券满足下列条件之一的，应当划分为交易性金融资产：

取得该金融资产的目的，主要是为了近期内出售或回购；

属于进行集中管理的可辨认金融工具组合的一部分，且有客观证据表明企业近期采用短期获利方式对该组合进行管理；

属于衍生工具。但是，被指定且为有效套期工具的衍生工具、属于财务担保合同的衍生工具、与在活跃市场中没有报价且其公允价值不能可靠计量的权益工具投资挂钩并需通过交付该权益工具结算的衍生工具除外。

符合下列条件之一的自营证券，可以在初始确认时指定为以公允价值计量且其变动计入当期损益的金融资产：

该指定可以消除或明显减少由于该金融资产或金融负债的计量基础不同所导致的相关利得或损失在确认或计量方面不一致的情况；

风险管理或投资策略的正式书面文件已载明，该金融资产组合、该金融负债组合、或该

金融资产和金融负债组合,以公允价值为基础进行管理、评价并向关键管理人员报告。

在活跃市场中没有报价、公允价值不能可靠计量的权益工具投资,不得指定为以公允价值计量且其变动计入当期损益的金融资产。

活跃市场,是指同时具有下列特征的市场:市场内交易的对象具有同质性;可随时找到自愿交易的买方和卖方;市场价格信息是公开的。

证券公司在初始确认时将某金融资产划分为以公允价值计量且其变动计入当期损益的金融资产后,不能重分类为其他类型金融资产;其他类型金融资产也不能重分类为以公允价值计量且其变动计入当期损益的金融资产。

(二)持有至到期投资

持有至到期投资,是指到期日固定、回收金额固定或可确定,且证券公司有明确意图和能力持有至到期的非衍生金融资产。通常情况下,证券公司持有的、在活跃市场上有公开报价的国债、企业债券、金融债券等,可以划分为持有至到期投资。

持有至到期投资的特征:

到期日固定、回收金额固定或可确定;

企业有明确意图将该金融资产持有至到期;

有能力持有至到期:是指企业有足够的财务资源,并不受外部因素影响将投资持有至到期。

存在下列情况之一的,表明证券公司没有明确意图将金融资产投资持有至到期:

持有该金融资产的期限不确定;

发生市场利率变化、流动性需要变化、替代投资机会及其投资收益率变化、融资来源和条件变化、外汇风险变化等情况时,将出售该金融资产。但是,无法控制、预期不会重复发生且难以合理预计的独立事项引起的金融资产出售除外;

该金融资产的发行方可以按照明显低于其摊余成本的金额清偿;

其他表明证券公司没有明确意图将该金融资产持有至到期的情况。

持有至到期投资后续计量按照摊余成本——实际利率法。摊余成本,是指该金融资产的初始确认金额经下列调整后的结果:

扣除已偿还的本金;

加上或减去采用实际利率法将该初始确认金额与到期日金额之间的差额进行摊销形成的累计摊销额;

扣除已发生的减值损失(仅适用于金融资产)。

实际利率法,是指按照金融资产或金融负债(含一组金融资产或金融负债)的实际利率计算其摊余成本及各期利息收入或利息费用的方法。实际利率,是指将金融资产或金融负债在预期存续期间或适用的更短期间内的未来现金流量,折现为该金融资产或金融负债当前账面价值所使用的利率。

存在下列情况之一的,表明证券公司没有能力将具有固定期限的金融资产投资持有至到期:

没有可利用的财务资源持续地为该金融资产投资提供资金支持,以使该金融资产投资持有至到期;

受法律、行政法规的限制,使证券公司难以将该金融资产投资持有至到期;

其他表明证券公司没有能力将具有固定期限的金融资产投资持有至到期的情况。

证券公司将尚未到期的某项持有至到期投资在本会计年度内出售或重分类为可供出售金融资产的金额，相对于该类投资在出售或重分类前的总额较大时，应当将该类投资的剩余部分重分类为可供出售金融资产，且在本会计年度及以后两个完整的会计年度内不得再将该金融资产划分为持有至到期投资。但是，下列情况除外：

出售日或重分类日距离该项投资到期日或赎回日较近（如到期前三个月内），市场利率变化对该项投资的公允价值没有显著影响；

根据合同约定的定期偿付或提前还款方式收回该投资几乎所有初始本金后，将剩余部分予以出售或重分类；

出售或重分类是由于证券公司无法控制、预期不会重复发生且难以合理预计的独立事项所引起。此种情况主要包括：

因被投资单位信用状况严重恶化，将持有至到期投资予以出售；

因相关税收法规取消了持有至到期投资的利息税前可抵扣政策，或显著减少了税前可抵扣金额，将持有至到期投资予以出售；

因发生重大证券公司合并或重大处置，为保持现行利率风险头寸或维持现行信用风险政策，将持有至到期投资予以出售；

因法律、行政法规对允许投资的范围或特定投资品种的投资限额作出重大调整，将持有至到期投资予以出售；

因监管部门要求大幅度提高资产流动性，或大幅度提高持有至到期投资在计算资本充足率时的风险权重，将持有至到期投资予以出售。

（三）可供出售金融资产

可供出售金融资产，是指初始确认时即被指定为可供出售的非衍生金融资产，包括：证券公司持有的对上市公司不具有控制、共同控制或重大影响的限售股权；证券公司持有的集合理财产品；直接投资形成的投资在被投资公司上市后，如对被投资公司不具有控制、共同控制或重大影响，于被投资公司股票上市之日将该项投资转作可供出售金融资产。

二、科目的设置及应用

证券公司自营业务的主要科目："交易性金融资产""持有至到期投资""可供出售金融资产"均为资产类科目；"持有至到期投资减值准备"为资产备抵科目；"公允价值变动损益""资产减值损失"为损益类科目。

（一）交易性金融资产

本科目核算企业持有的以公允价值计量且其变动计入当期损益的金融资产，包括为交易目的所持有的债券投资、股票投资、基金投资、权证投资等和直接指定为以公允价值计量且其变动计入当期损益的金融资产。衍生金融资产不在本科目核算。证券公司的代理承销证券，在本科目核算，也可以单独设置"代理承销证券"科目核算。

本科目应当按照交易性金融资产的类别和品种，分"成本""公允价值变动"进行明细核算。

交易性金融资产的主要账务处理：

取得交易性金融资产时，按交易性金融资产的公允价值，借记本科目（成本），按发生的交易费用，借记"投资收益"科目，按实际支付的金额，贷记"银行存款""存放中央银行款项"等科目。

在持有交易性金融资产期间收到被投资单位宣告发放的现金股利或债券利息，借记"银行存款"科目，贷记本科目（公允价值变动）。对于收到的属于取得交易性金融资产支付价款中包含的已宣告发放的现金股利或债券利息，借记"银行存款"科目，贷记本科目（成本）。

资产负债表日，交易性金融资产的公允价值高于其账面余额的差额，借记本科目（公允价值变动），贷记"公允价值变动损益"科目；公允价值低于其账面余额的差额，做相反的会计分录。

出售交易性金融资产时，应按实际收到的金额，借记"银行存款""存放中央银行款项"等科目，按该项交易性金融资产的成本，贷记本科目（成本），按该项交易性金融资产的公允价值变动，贷记或借记本科目（公允价值变动），按其差额，贷记或借记"投资收益"科目。同时，按该项交易性金融资产的公允价值变动，借记或贷记"公允价值变动损益"科目，贷记或借记"投资收益"科目。

本科目期末借方余额反映企业交易性金融资产的公允价值。

（二）公允价值变动损益

本科目核算企业在初始确认时划分为以公允价值计量且其变动计入当期损益的金融资产或金融负债（包括交易性金融资产或金融负债和直接指定为以公允价值计量且其变动计入当期损益的金融资产或金融负债），以及采用公允价值模式计量的投资性房地产、衍生工具、套期业务中公允价值变动形成的应计入当期损益的利得或损失。

本科目应当按照交易性金融资产、交易性金融负债、投资性房地产等进行明细核算。

公允价值变动损益的主要账务处理：

资产负债表日，企业应按交易性金融资产或采用公允价值模式计量的投资性房地产的公允价值高于其账面余额的差额，借记"交易性金融资产——公允价值变动""投资性房地产"科目，贷记本科目；公允价值低于其账面余额的差额，作相反的会计分录。

出售交易性金融资产或采用公允价值模式计量的投资性房地产时，应按实际收到的金额，借记"银行存款""存放中央银行款项"等科目，按其账面余额，贷记"交易性金融资产——成本、公允价值变动"科目或"投资性房地产——成本、公允价值变动"科目，贷记或借记"投资收益"科目。同时，按"交易性金融资产——公允价值变动"科目或"投资性房地产——成本、公允价值变动"科目的余额，借记或贷记本科目，贷记或借记"投资收益"科目。

资产负债表日，交易性金融负债的公允价值高于其账面余额的差额，借记本科目，贷记"交易性金融负债"科目；公允价值低于其账面价值的差额，作相反的会计分录。

出售交易性金融负债时，应按其账面余额，借记"交易性金融负债"等科目，按实际支付的金额，贷记"银行存款""存放中央银行款项""结算备付金"等科目，按其差额，贷记或借记"投资收益"科目。

同时，按"交易性金融负债——公允价值变动"科目的余额，借记或贷记本科目（公允价值变动），贷记或借记"投资收益"科目。

期末,应将本科目余额转入"本年利润"科目,结转后本科目无余额。

(三)持有至到期投资

本科目核算企业持有至到期投资的价值。证券公司委托银行或其他金融机构向其他单位贷出的款项,也在本科目核算。

本科目应当按照持有至到期投资的类别和品种,分"投资成本""溢折价""应计利息"科目进行明细核算。

持有至到期投资的主要账务处理:

取得的持有至到期投资,应按取得该投资的公允价值与交易费用之和,借记本科目(投资成本、溢折价),贷记"银行存款""存放中央银行款项""应交税费"等科目。

购入的分期付息、到期还本的持有至到期投资,已到付息期按面值和票面利率计算确定的应收未收的利息,借记"应收利息"科目,按摊余成本和实际利率计算确定的利息收入的金额,贷记"投资收益"科目,按其差额,借记或贷记本科目(溢折价)。

到期一次还本付息的债券等持有至到期投资,在持有期间内按摊余成本和实际利率计算确定的利息收入的金额,借记本科目(应计利息),贷记"投资收益"科目。

收到持有至到期投资按合同支付的利息时,借记"银行存款""存放中央银行款项"等科目,贷记"应收利息"科目或本科目(应计利息)。

收到取得持有至到期投资支付的价款中包含的已宣告发放债券利息,借记"银行存款"科目,贷记本科目(投资成本)。

持有至到期投资在持有期间按采用实际利率法计算确定的折价摊销额,借记本科目(溢折价),贷记"投资收益"科目;溢价摊销额,作相反的会计分录。

出售持有至到期投资时,应按收到的金额,借记"银行存款""存放中央银行款项"等科目,已计提减值准备的,贷记"持有至到期投资减值准备"科目,按其账面余额,贷记本科目(投资成本、溢折价、应计利息),按其差额,贷记或借记"投资收益"科目。

根据金融工具确认和计量准则将持有至到期投资重分类为可供出售金融资产的,应在重分类日按该项持有至到期投资的公允价值,借记"可供出售金融资产"科目,已计提减值准备的,借记"持有至到期投资减值准备"科目,按其账面余额,贷记本科目(投资成本、溢折价、应计利息),按其差额,贷记或借记"资本公积——其他资本公积"科目。

根据金融工具确认和计量准则将可供出售金融资产重分类为采用成本或摊余成本计量的金融资产,应在重分类日按可供出售金融资产的公允价值,借记本科目等科目,贷记"可供出售金融资产"科目。

本科目期末借方余额反映企业持有至到期投资的摊余成本。

(四)持有至到期投资减值准备

本科目核算企业持有至到期投资发生减值时计提的减值准备。

本科目应当按照持有至到期投资类别和品种进行明细核算。

资产负债表日,企业根据金融工具确认和计量准则确定持有至到期投资发生减值的,按应减记的金额,借记"资产减值损失"科目,贷记本科目。

已计提减值准备的持有至到期投资价值以后又得以恢复,应在原已计提的减值准备金额内,按恢复增加的金额,借记本科目,贷记"资产减值损失"科目。

本科目期末贷方余额,反映企业已计提但尚未转销的持有至到期投资减值准备。

（五）资产减值损失

本科目核算计提各项资产减值准备所形成的损失。

本科目可按资产减值损失的项目进行明细核算。

证券公司的应收款项、长期股权投资、持有至到期投资、固定资产、无形资产等资产发生减值的,按应减记的金额,借记本科目,贷记"坏账准备""长期股权投资减值准备""持有至到期投资减值准备""固定资产减值准备""无形资产减值准备""贷款损失准备"等科目。

在建工程、工程物资、生产性生物资产、商誉、抵债资产、损余物资、采用成本模式计量的投资性房地产等资产发生减值的,应当设置相应的减值准备科目,比照上述规定进行处理。

企业计提坏账准备、存货跌价准备、持有至到期投资减值准备、贷款损失准备等,相关资产的价值又得以恢复的,应在原已计提的减值准备金额内,按恢复增加的金额,借记"坏账准备""存货跌价准备""持有至到期投资减值准备""贷款损失准备"等科目,贷记本科目。

期末,应将本科目余额转入"本年利润"科目,结转后本科目无余额。

（六）可供出售金融资产

本科目核算企业持有的可供出售金融资产的价值,包括划分为可供出售的股票投资、债券投资等金融资产。证券公司接受委托采用全额承销方式承销的股票和债券等有价证券属于可供出售金融资产的,在本科目核算。

可供出售金融资产发生减值的,应在本科目设置"减值准备"明细科目进行核算,也可以单独设置"可供出售金融资产减值准备"科目进行核算。

本科目应当按照可供出售金融资产类别或品种进行明细核算。

可供出售金融资产的主要账务处理:

企业取得可供出售金融资产时,应按可供出售金融资产的公允价值与交易费用之和,借记本科目(成本),贷记"银行存款""存放中央银行款项""结算备付金""应交税费"等科目。

在持有可供出售金融资产期间收到被投资单位宣告发放的债券利息或现金股利,借记"银行存款"科目,贷记本科目(公允价值变动)。

对于收到的属于取得可供出售金融资产支付价款中包含的已宣告发放的债券利息或现金股利,借记"银行存款"科目,贷记本科目(成本)。

资产负债表日,可供出售金融资产的公允价值高于其账面余额的差额,借记本科目,贷记"资本公积——其他资本公积"科目;公允价值低于其账面余额的差额,做相反的会计分录。

根据金融工具确认和计量准则确定可供出售金融资产发生减值的,按应减记的金额,借记"资产减值损失"科目,贷记本科目(减值准备)。同时,按应从所有者权益中转出的累计损失,借记"资产减值损失"科目,贷记"资本公积——其他资本公积"科目。

已确认减值损失的可供出售债务工具在随后的会计期间公允价值上升的,应在原已计提的减值准备金额内,按恢复增加的金额,借记本科目,贷记"资产减值损失"科目。已确认减值损失的可供出售权益工具在随后的会计期间公允价值上升的,应在原已计提的减值准备金额内,按恢复增加的金额,借记本科目,贷记"资本公积——其他资本公积"科目。

企业根据准则将持有至到期投资重分类为可供出售金融资产的,应在重分类日按该项持有至到期投资的公允价值,借记本科目,已计提减值准备的,借记"持有至到期投资减值准备"科目,按其账面余额,贷记"持有至到期投资——投资成本、溢折价、应计利息"科目,按其差额,贷记或借记"资本公积——其他资本公积"科目。

根据金融工具确认和计量准则将可供出售金融资产重分类为采用成本或摊余成本计量的金融资产,应在重分类日按可供出售金融资产的公允价值,借记"持有至到期投资"等科目,贷记本科目。

出售可供出售金融资产时,应按实际收到的金额,借记"银行存款""存放中央银行款项"等科目,按可供出售金融资产的账面余额,贷记本科目,按其差额,贷记或借记"投资收益"科目。按原记入"资本公积——其他资本公积"科目的金额,借记或贷记"资本公积——其他资本公积"科目,贷记或借记"投资收益"科目。

本科目期末借方余额,反映企业可供出售金融资产的公允价值。

三、自营业务会计核算

(一)交易性金融资产

交易性金融资产的会计处理	初始计量	按公允价值计量 相关交易费用计入当期损益(投资收益) 已宣告但尚未发放的现金股利或已到付息期但尚未领取的利息,应当确认为应收项目
	后续计量	资产负债表日按公允价值计量,公允价值变动计入当期损益(公允价值变动损益)
	处　置	处置时,售价与账面价值的差额计入投资收益 将持有交易性金融资产期间公允价值变动损益转入投资收益

1. 取得交易性金融资产

借:交易性金融资产——成本(公允价值)
　　投资收益(发生的交易费用)
　　应收股利(已宣告但尚未发放的现金股利)
　　应收利息(已到付息期但尚未领取的利息)
　贷:结算备付金——自有

2. 持有期间的股利或利息

借:应收股利(被投资单位宣告发放的现金股利×投资持股比例)
　　应收利息(资产负债表日计算的应收利息)
　贷:投资收益

3. 资产负债表日公允价值变动

(1)公允价值上升。

借:交易性金融资产——公允价值变动
　贷:公允价值变动损益

(2) 公允价值下降。

借:公允价值变动损益
　　贷:交易性金融资产——公允价值变动

4. 出售交易性金融资产

借:结算备付金——自有
　　贷:交易性金融资产
　　　　投资收益(差额,也可能在借方)

同时:

借:公允价值变动损益(原计入该金融资产的公允价值变动)
　　贷:投资收益

或:

借:投资收益
　　贷:公允价值变动损益

【例3-1】 A证券公司于2015年12月5日从证券市场上购入B公司发行在外的股票20万股作为交易性金融资产,每股支付价款5元;2015年12月31日,该股票公允价值为110万元;2016年1月10日,A公司将上述股票对外出售,收到款项115万元存入银行。

要求:编制相关会计分录(忽略手续费)。

解:

2015年12月5日:

借:交易性金融资产——成本	1 000 000
贷:结算备付金——自有	1 000 000

2015年12月31日:

借:交易性金融资产——公允价值变动	100 000
贷:公允价值变动损益	100 000

2016年1月10日:

借:结算备付金——自有	1 150 000
公允价值变动损益	100 000
贷:交易性金融资产——成本	1 000 000
——公允价值变动	100 000
投资收益	150 000

(二) 持有至到期投资

持有至到期投资的会计处理	初始计量	面值计入持有至到期投资——成本 差额计利息调整(差额＝买价－利息－成本) 已宣告但尚未发放的现金股利或已到付息期但尚未领取的利息,应当确认为应收项目
	后续计量	按摊余法进行"利息调整"的摊销,确定投资损益
	处置	重分类时,公允价值与账面价值的差额计入资本公积 出售时,售价与摊余成本差额计入投资收益

$$\begin{matrix}期末摊余\\成本\end{matrix} = \begin{matrix}期初摊余\\成本\end{matrix} + \begin{matrix}本期计提的利息\\(期初摊余成本 \times 实际利率)\end{matrix} - \begin{matrix}本期收回\\利息和本金\end{matrix} - \begin{matrix}本期计提的\\减值准备\end{matrix}$$

1. 持有至到期投资的初始计量

借:持有至到期投资——成本(面值)
   应收利息(已到付息期但尚未领取的利息)
   持有至到期投资——利息调整(差额,也可能在贷方)
贷:结算备付金——自有

2. 持有至到期投资的后续计量

借:应收利息(分期付息债券按票面利率计算的利息)
   持有至到期投资——应计利息(到期时一次还本付息债券按票面利率计算的利息)
贷:投资收益(持有至到期投资摊余成本和实际利率计算确定的利息收入)
   持有至到期投资——利息调整(差额,也可能在借方)

3. 持有至到期投资重分类为可供出售金融资产

借:可供出售金融资产(重分类日公允价值)
贷:持有至到期投资
   资本公积——其他资本公积(差额,也可能在借方)

4. 出售持有至到期投资

借:结算备付金——自有
贷:持有至到期投资
   投资收益(差额,也可能在借方)

【例 3-2】 2015 年 1 月 1 日,A 证券公司支付价款 1 000 元(含交易费用),从活跃市场上购入某公司 5 年期债券,面值 1 250 元,票面利率 4.72%,按年支付利息(即每年 59 元),本金最后一次支付。合同约定,该债券的发行方在遇到特定情况时可以将债券赎回,且不需要为提前赎回支付额外款项。A 公司在购买该债券时,预计发行方不会提前赎回。A 公司将购入的该公司债券划分为持有至到期投资,且不考虑所得税、减值损失等因素。

要求:编制相关会计分录。

解:
在初始确认时先计算确定该债券的实际利率:
设该债券的实际利率为 r,则可列出如下等式:

$$59 \times (1+r)^{-1} + 59 \times (1+r)^{-2} + 59 \times (1+r)^{-3} + 59 \times (1+r)^{-4} + (59 + 1\,250) \times (1+r)^{-5} = 1\,000(元)$$

采用插值法,可以计算得出 $r=10\%$,据此可编出下表:

年 份	期初摊余成本(a)	实际利息(10%)(b)	现金流入(c)	期末摊余成本 ($d=a+b-c$)
2015 年	1 000	100	59	1 041
2016 年	1 041	104	59	1 086

(续表)

年　份	期初摊余成本(a)	实际利息(10%)(b)	现金流入(c)	期末摊余成本 ($d=a+b-c$)
2017 年	1 086	109	59	1 136
2018 年	1 136	114	59	1 191
2019 年	1 191	118	1 309	0

(1) 2015 年 1 月 1 日,购入债券。

借:持有至到期投资——成本　　　　　　　　　　　　　　　　　　1 250
　贷:结算备付金——自有　　　　　　　　　　　　　　　　　　　1 000
　　　持有至到期投资——利息调整　　　　　　　　　　　　　　　　250

(2) 2015 年 12 月 31 日,确认实际利息收入、收到票面利息。

借:应收利息　　　　　　　　　　　　　　　　　　　　　　　　　59
　　持有至到期投资——利息调整　　　　　　　　　　　　　　　　　41
　贷:投资收益　　　　　　　　　　　　　　　　　　　　　　　　100

借:结算备付金——自有　　　　　　　　　　　　　　　　　　　　59
　贷:应收利息　　　　　　　　　　　　　　　　　　　　　　　　59

(3) 2016 年 12 月 31 日,确认实际利息收入、收到票面利息。

借:应收利息　　　　　　　　　　　　　　　　　　　　　　　　　59
　　持有至到期投资——利息调整　　　　　　　　　　　　　　　　　45
　贷:投资收益　　　　　　　　　　　　　　　　　　　　　　　　104

借:结算备付金——自有　　　　　　　　　　　　　　　　　　　　59
　贷:应收利息　　　　　　　　　　　　　　　　　　　　　　　　59

(4) 2017 年 12 月 31 日,确认实际利息收入、收到票面利息。

借:应收利息　　　　　　　　　　　　　　　　　　　　　　　　　59
　　持有至到期投资——利息调整　　　　　　　　　　　　　　　　　50
　贷:投资收益　　　　　　　　　　　　　　　　　　　　　　　　109

借:结算备付金——自有　　　　　　　　　　　　　　　　　　　　59
　贷:应收利息　　　　　　　　　　　　　　　　　　　　　　　　59

(5) 2018 年 12 月 31 日,确认实际利息收入、收到票面利息等。

借:应收利息　　　　　　　　　　　　　　　　　　　　　　　　　59
　　持有至到期投资——利息调整　　　　　　　　　　　　　　　　　55
　贷:投资收益　　　　　　　　　　　　　　　　　　　　　　　　114

借:结算备付金　　　　　　　　　　　　　　　　　　　　　　　　59
　贷:应收利息　　　　　　　　　　　　　　　　　　　　　　　　59

(6) 2019 年 12 月 31 日,确认实际利息收入、收到票面利息和本金等。

借:应收利息 59
　　持有至到期投资——利息调整 59(250-41-45-50-55)
　　贷:投资收益 118

借:结算备付金——自有 59
　　贷:应收利息 59

借:结算备付金——自有 1 250
　　贷:持有至到期投资——成本 1 250

(三) 可供出售金融资产

可供出售金融资产的会计处理	初始计量	债券投资	按公允价值和交易费用之和计量(其中,交易费用在"可供出售金融资产——利息调整"科目核算) 已到付息期但尚未领取的利息,应当确认为应收项目
		股票投资	按公允价值和交易费用之和计量
	后续计量		资产负债表日按公允价值计量,公允价值变动计入所有者权益(资本公积——其他资本公积)
	持有至到期投资转换为可供出售金融资产		可供出售金融资产按公允价值计量,公允价值与账面价值的差额计入资本公积
	处置		处置时,售价与账面价值的差额计入投资收益 将持有可供出售金融资产期间产生的"资本公积——其他资本公积"转入"投资收益"

1. 企业取得可供出售金融资产

(1) 股票投资。

借:可供出售金融资产——成本(公允价值与交易费用之和)
　　应收股利(已宣告但尚未发放的现金股利)
　　贷:结算备付金——自有

(2) 债券投资。

借:可供出售金融资产——成本(面值)
　　应收利息(已到付息期但尚未领取的利息)
　　可供出售金融资产——利息调整(差额,也可能在贷方)
　　贷:结算备付金——自有

2. 资产负债表日计算利息

借:应收利息(分期付息债券按票面利率计算的利息)
　　可供出售金融资产——应计利息(到期时一次还本付息债券按票面利率计算的利息)
　　贷:投资收益(可供出售债券的摊余成本和实际利率计算确定的利息收入)
　　　　可供出售金融资产——利息调整(差额,也可能在借方)

3. 资产负债表日公允价值变动

(1) 公允价值上升。

借:可供出售金融资产——公允价值变动
　　贷:资本公积——其他资本公积

(2) 公允价值下降。

借:资本公积——其他资本公积
　　贷:可供出售金融资产——公允价值变动

4. 出售可供出售金融资产

借:结算备付金——自有
　　贷:可供出售金融资产
　　　资本公积——其他资本公积(转出的公允价值累计变动额,也可能在借方)
　　　投资收益(差额,也可能在借方)

【例3-3】 A证券公司于2015年12月5日从证券市场上购入B公司发行在外的股票20万股作为可供出售金融资产,每股支付价款5元;2015年12月31日,该股票公允价值为110万元;2016年1月10日,A公司将上述股票对外出售,收到款项115万元存入银行。

要求:编制相关会计分录。

解:

2015年12月5日:

| 借:可供出售金融资产——成本 | 1 000 000 |
| 　　贷:结算备付金——自有 | 1 000 000 |

2015年12月31日:

| 借:可供出售金融资产——公允价值变动 | 100 000 |
| 　　贷:资本公积——其他资本公积 | 100 000 |

2016年1月10日:

借:结算备付金——自有	1 150 000
资本公积——其他资本公积	100 000
贷:可供出售金融资产——成本	1 000 000
——公允价值变动	100 000
投资收益	150 000

(四) 金融资产减值减备

资产类别	计提减值准备	减值准备转回
持有至到期投资	发生减值时,应当将该金融资产的账面价值减记至预计未来现金流量现值,减记的金额确认为资产减值损失,计入当期损益	如有客观证据表明该金融资产价值已恢复,原确认的减值损失应当予以转回,计入当期损益(冲减资产减值损失)

(续表)

资产类别	计提减值准备	减值准备转回
可供出售金融资产	发生减值时,应当将该金融资产的账面价值减记至预计未来现金流量现值,原直接计入所有者权益的因公允价值下降形成的累计损失,也应当予以转出,计入当期损益	可供出售债务工具,在随后的会计期间公允价值已上升且客观上与原减值损失确认后发生的事项有关的,原确认的减值损失应当予以转回,计入当期损益(冲减资产减值损失)
		可供出售权益工具投资发生的减值损失,不得通过损益转回,公允价值上升计入资本公积

1. 持有至到期投资发生减值

(1) 发生减值时。

借:资产减值损失
　　贷:持有至到期投资减值准备

(2) 减值转回。

借:持有至到期投资减值准备
　　贷:资产减值损失

2. 可供出售金融资产发生减值

(1) 发生减值时。

借:资产减值损失
　　贷:资本公积——其他资本公积
　　　　可供出售金融资产——公允价值变动

(2) 可供出售债务工具原确认的减值损失转回。

借:可供出售金融资产——公允价值变动
　　贷:资产减值损失

可供出售权益工具投资发生的减值损失,不得通过损益转回,公允价值上升计入资本公积。

【例3-4】 2015年5月1日,A证券公司以每股15元(含已宣告股利0.2元)的价格购入甲公司发行的股票200万股,划分为可供出售金融资产。

(1) 2015年5月10日,收到上年现金股利400 000元。

(2) 2015年12月31日,该股票的市价13元。预计该股票的价格下跌是暂时的。

(3) 2016年,甲公司因违反相关证券法规,受查处,其股票的价格发生下挫。至2016年12月31日,该股票的市场价格下跌到每股6元。

(4) 2017年,甲公司整改完成,加之市场宏观面好转,股票价格有所回升,至12月31日,该股市价10元。

要求:编制相关会计分录。

解:

(1) 2015年5月1日购入股票。

借:可供出售金融资产——成本　　　　　　　　　　　　　　29 600 000
　　应收股利　　　　　　　　　　　　　　　　　　　　　　　　400 000
　　贷:结算备付金——自有　　　　　　　　　　　　　　　　　　30 000 000

(2) 2015 年 5 月 10 日确认现金股利。

借:结算备付金——自有　　　　　　　　　　　　　　　400 000
　　贷:应收股利　　　　　　　　　　　　　　　　　　　　400 000

(3) 2015 年 12 月 31 日确认股票公允价值变动。

借:资本公积——其他资本公积　　　　　　　　　　　　3 600 000
　　贷:可供出售金融资产——公允价值变动　　　　　　　3 600 000

(4) 2016 年 12 月 31 日,确认股票投资的减值损失。

借:资产减值损失　　　　　　　　　　　　　　　　　　17 600 000
　　贷:资本公积——其他资本公积　　　　　　　　　　　3 600 000
　　　　可供出售金融资产——公允价值变动　　　　　　14 000 000

(5) 2017 年 12 月 31 日确认股票价格上涨。

借:可供出售金融资产——公允价值变动　　　　　　　　8 000 000
　　贷:资本公积——其他资本公积　　　　　　　　　　　8 000 000

第四节　证券公司承销业务的核算

证券公司承销业务的主要科目是"代理承销证券"(资产类)和"代理承销证券款"(负债类)。

一、科目的设置及应用

(一) 代理承销证券

本科目核算证券公司以全额包销方式以承购价全部认购证券。

本科目应当按照委托单位和证券种类进行明细核算。

代理承销证券的主要账务处理:

(1) 先将证券全部认购,并向发行单位支付全部证券款项,按承购价借记本科目,贷记"银行存款"等科目。

(2) 将证券转售给投资者,承销价与承购价差计为手续费及佣金收入同,借记"银行存款",贷记本科目,差额计入"手续费及佣金收入——代理承销证券手续费收入"。

(3) 发行期结束,未售出的证券转为自营证券或长期股权投资,按承购价计入金融资产,借记"交易性金融资产""可供出售金融资产""持有至到期投资""长期股权投资"科目,贷记本科目。

本科目期末借方余额表示正处发行期全额包销证券余额,发行结束后本科目无余额:

(二) 代理承销证券款

本科目核算证券公司接受委托和采用余额承购包销方式或代销方式承销证券所形成的、应付证券发行人的承销资金。

本科目应当按照委托单位和证券种类进行明细核算。

承销无记名证券的主要账务处理：

（1）企业采用余额承购包销方式承销证券的，收到委托单位委托发行的证券时，应在备查簿中记录承销证券的情况。

（2）在约定的期限内售出证券时，应按承销价格，借记"银行存款"等科目，贷记本科目。

（3）承销期结束，将募集资金付给委托单位并收取手续费，应按承销价格，借记本科目，按实际支付给委托单位的金额，贷记"银行存款"科目，按应收取的手续费，贷记"手续费收入"科目；同时，冲销备查簿中登记的承销证券。

（4）承销期结束如有未售出的证券，采用余额承购包销方式承销证券的，按合同规定由企业认购，应按承销价格，借记"交易性金融资产""可供出售金融资产"等科目，贷记本科目；采用代销方式承销证券的，应将未售出的证券退还委托单位，并冲销备查簿中登记的承销证券。

承销记名证券的主要账务处理：

（1）企业通过证券交易所上网发行的，在证券上网发行日根据承销合同确认的证券发行总额，按承销价格，在备查簿中记录承销证券的情况。

（2）与证券交易所交割清算时，按网上实际发行数量和承销价格计算的承销款项减去上网费用后的余额，借记"结算备付金"等科目，按代垫委托单位上网费，借记"其他应收款——应收代垫委托单位上网费"科目，按实际承销的证券，贷记本科目。

（3）承销期结束，企业将承销证券款项交付委托单位并收取承销手续费和代垫上网费用时，按承销价格，借记本科目，按应收的代垫委托单位上网费，贷记"其他应收款——应收代垫委托单位上网费"科目，按应收取的承销手续费，贷记"手续费收入"科目，按实际支付的承销证券价款，贷记"结算备付金"等科目；同时，冲销备查簿中登记的承销证券。

（4）承销期结束如有未售出的证券，应当比照承销无记名证券的相关规定进行处理。

（5）企业通过柜台承销证券的账务处理，应当比照承销无记名证券进行处理。

本科目期末贷方余额反映企业承销证券但尚未支付给委托单位的款项余额。

二、承销业务会计核算

（一）全额包销

1. 先将证券全部认购，并向发行单位支付全部证券款项，按承购价

借：代理承销证券
　　贷：银行存款

2. 将证券转售给投资者，承销价与承购价差计为手续费及佣金收入

借：银行存款
　　贷：代理承销证券
　　　　手续费及佣金收入——代理承销证券手续费收入

3. 发行期结束,未售出的证券转为自营证券或长期股权投资,按承购价计入金融资产相关账户

借:交易性金融资产
　　可供出售金融资产
　　持有至到期投资
　　长期股权投资
　贷:代理承销证券

(二) 余额包销

采用余额承购包销方式代发行的证券:

(1) 收到委托单位委托发行的证券,在备查簿中记录承销证券的情况,不进行会计处理。

(2) 在约定的期限内售出,按承销价格。

借:银行存款
　贷:代理承销证券款

(3) 承销期结束,将募集资金付给委托单位并收取手续费。

借:代理承销证券款
　贷:银行存款
　　手续费及佣金收入——代理承销证券手续费收入

冲销备查簿中登记的承销证券。

(4) 未售出部分按规定由本公司认购,转为自营证券或长期投资,按承销价格计入金融资产。

借:交易性金融资产
　　可供出售金融资产
　　持有至到期投资
　　长期股权投资
　贷:代理承销证券款

(三) 代销

1. 采用代销方式网上发行证券

(1) 通过证券交易所上网发行的,在证券上网发行日根据承销合同确认证券发行总额,按承销价格,在备查簿中记录承销证券的情况。

(2) 网上发行结束后,与证券交易所交割清算,按网上实际发行数量和发行价格计算的发行款项减去上网费用。

借:结算备付金——自有
　　其他应收款项——应收代垫委托单位上网费
　贷:代理承销证券款

(3) 将发行证券款项交委托单位,并收取发行手续费和代垫上网费用。

借:代理承销证券款
　　　贷:其他应收款项——应收代垫委托单位上网费
　　　　　结算备付金——自有
　　　　　手续费及佣金收入——代理承销证券手续费收入

冲销备查簿中登记的承销证券。
（4）发行期结束,将未售出的代发行证券退还委托单位。

2. 柜台代销

（1）通过柜台代理发行证券,收到委托单位委托发行的证券,按约定的承销价格,在备查簿中记录承销证券的情况。

（2）证券售出,按承销价格。

　　借:银行存款
　　　贷:代理承销证券款

（3）将发行证券款项交委托单位,收取发行手续费。

　　借:代理承销证券款
　　　贷:银行存款
　　　　　手续费及佣金收入——代理承销证券手续费收入

（4）发行期结束,将未售出的代发行证券退还委托单位,冲销备查簿中登记的承销证券。

第五节　其他证券业务的核算

一、资产管理业务的核算

（一）科目的设置和应用

1. 代理业务资产

（1）本科目核算证券公司代理业务形成的,除以自身名义存放的货币资金以外的其他资产,如受托理财业务进行的证券投资。证券公司代理买卖证券、代理承销证券、代理兑付证券不在本科目核算。本科目委托单位进行明细核算。

（2）本科目应当按照有无风险和委托单位、资产管理类别(如定向、集合和专项资产管理业务),分"成本""已实现未结算损益"等科目进行明细核算。

（3）代理业务资产的主要账务处理。

证券公司用其他代理业务资金购买证券等时,借记本科目(投资成本),贷记"结算备付金——客户"等科目。将购买的证券卖出时,应按实际收到的金额,借记"存放中央银行款项""结算备付金——客户"等科目,按卖出证券的成本,贷记本科目(成本),按其差额,借记或贷记本科目(已实现未结算损益)。定期或在委托合同到期与委托客户进行结算时,按合同约定比例计算其他代理业务资产收益,并结转已实现未结算的损益,借记本科目(已实现未结算损益),按属于委托客户的收益,贷记"代理业务负债"科目,按属于企业的收益,贷记"手续费及佣金收入"科目。代理业务资产发生亏损时,应按损失金额,借记"代理业务负债"科目等,贷记本科目(已实现未结算损益)。

(4) 本科目期末借方余额,反映证券公司代理业务资产的价值。

2. 代理业务负债

(1) 本科目核算证券公司代理业务资金及代理业务资产发生的损失。

(2) 本科目按照资产管理类别进行明细核算。

(3) 代理业务负债的主要账务处理。

收到委托人的资金时,应按收到的金额,借记"存放中央银行款项""银行存款"等科目,贷记本科目。代理业务资产发生亏损时,应按损失金额,借记本科目等,贷记"代理业务资产"科目(已实现未结算损益)。代理业务资产取得收益时,借记"代理业务资产"科目,贷记本科目和"手续费及佣金收入"。

(4) 本科目期末贷方余额反映证券公司代理业务资金规模。

(二) 资产管理业务会计核算

1. 收到客户资金

借:银行存款——客户
　　贷:代理业务负债——定向(集合、专项)资产管理业务

2. 将客户资金划至中国证券登记结算公司资金交收账户

借:结算备付金——客户
　　贷:银行存款——客户

3. 用代理资金购入证券

借:代理业务资产——定向(集合、专项)资产管理业务——成本
　　贷:结算备付金——客户

4. 将代理购买的证券卖出

借:结算备付金——客户
　　贷:代理业务资产——定向(集合、专项)资产管理业务——成本
　　　　代理业务资产——已实现未结算损益

5. 定期或在委托合同到期与委托客户进行结算,按合同约定比例计算代理业务资产收益,并结转已实现未结算的损益

借:代理业务资产——已实现未结算损益
　　贷:代理业务负债——定向(集合、专项)资产管理业务(属于委托客户的收益)
　　　　手续费及佣金收入——资产管理业务(属于证券公司的收益)

若代理业务资产发生亏损:

借:代理业务负债——定向(集合、专项)资产管理业务
　　贷:代理业务资产——已实现未结算损益

6. 从证券登记结算公司转回代理资金

借:银行存款——客户
　　贷:结算备付金——客户

7. 按规定划转、核销或退还代理业务资金

借:代理业务负债——定向(集合、专项)资产管理业务
　　贷:银行存款——客户

【例3-5】 2015年6月1日A证券公司接受乙公司的委托为其进行资产管理,期限两个月,合同约定,A证券公司按收益的20%提成,6月1日收到乙公司汇入的资金500万元,6月5日A公司买入A股票300万元,交易费用1.5万元,7月20日卖出A股400万元,交易费用2万元。7月30日合同到期。

要求:编制相关会计分录。

解:

(1) 2015年6月1日收入乙公司汇入的500万元。

借:银行存款——客户　　　　　　　　　　　　　　　　　　5 000 000
　　贷:代理业务负债——定向资产管理业务　　　　　　　　　　　5 000 000

(2) 6月5日用代理资金购入证券。

借:代理业务资产——定向资产管理业务——成本　　　　　　　3 015 000
　　贷:结算备付金——客户　　　　　　　　　　　　　　　　　3 015 000

(3) 7月20日将代理购买的证券卖出。

借:结算备付金——客户　　　　　　　　　　　　　　　　　3 980 000
　　贷:代理业务资产——定向资产管理业务——成本　　　　　　3 015 000
　　　　代理业务资产——已实现未结算损益　　　　　　　　　　965 000

(4) 7月30日合同到期,按合同约定比例计算代理业务资产收益,并结转已实现未结算的损益。

借:代理业务资产——已实现未结算损益　　　　　　　　　　　965 000
　　贷:代理业务负债——定向资产管理业务　　　　　　　　　　　772 000
　　　　手续费及佣金收入——资产管理业务　　　　　　　　　　193 000

(5) 7月30日合同到期退还代理业务资金。

借:代理业务负债——定向资产管理业务　　　　　　　　　　　5 772 000
　　贷:银行存款——客户　　　　　　　　　　　　　　　　　　5 772 000

二、证券回购业务的核算

回购业务有质押式回购和买断式回购两种方式。

质押式回购是指交易双方以债券为权利质押所进行的短期资金融通业务。在质押式回购交易中,资金融入方(正回购方)在将债券出质给资金融出方(逆回购方)融入资金的同时,双方约定在将来某一日期由正回购方向逆回购方返还本金和按约定回购利率计算的利息,

逆回购方向正回购方返还原出质债券。

买断式回购是指债券持有人（正回购方）将债券卖给债券购买方（逆回购方）的同时，与买方约定在未来某一日期，由卖方再以约定价格从买方买回相等数量同种债券的交易行为。债券质押式回购是指债券持有人（正回购方）将债券质押给资金融出方的同时，与买方约定在未来某一日期，以约定的价格从资金融出方买回该债券。

买断式回购与质押式回购的主要区别：一是标的券的所有权归属不同，买断式逆回购方获得协议期间债券的所有权，在资金周转过程中还可将标的券另行正回购以便进行再融资，质押式回购正回购方仍拥有出质债券的所有权及利息收入，实质是一种短期抵押融资行为；二是买断式融资金额由期初买价决定，质押式融资金额由标准券折算比例决定；三是买断式融资成本由期末卖价决定，质押式融资成本由回购利率决定。

买断式回购虽有两次债券所有权的转移，但买断式回购本质上与质押式回购一样都属于融资业务，基于实质重于形式的会计原则，两者会计处理方式相同。

（一）科目的设置及应用

1. 买入返售金融资产

（1）本科目核算证券公司按返售协议约定先买入再按固定价格返售给卖出方的票据、证券、贷款等金融资产所融出的资金。

（2）本科目应当按照买入返售金融资产的类别和融资方进行明细核算。

（3）买入返售金融资产的主要账务处理：

证券公司根据返售协议买入金融资产时，应按实际支付的款项和交易费用之和，借记本科目，贷记"存放中央银行款项""结算备付金""银行存款"等科目。

资产负债表日，应按合同约定的名义利率计算确定的买入返售金融资产的利息收入金额，借记本科目，贷记"利息收入""投资收益"等科目。

收到支付的买入返售金融资产的利息、现金股利等，借记"存放中央银行款项""结算备付金""银行存款"等科目，贷记本科目、"应收股利"等科目。

合同约定的名义利率与实际利率差异较大的，应采用实际利率计算确定利息收入。

返售日，应按收到的返售价款，借记"存放中央银行款项""结算备付金""银行存款"等科目，按其账面余额，贷记本科目，按其差额，贷记"利息收入""投资收益"等科目。

在交易对方违约的情况下，如证券公司有权取得本应按固定价格返售的票据、证券、贷款等资产的，应按取得的该资产的公允价值，借记"交易性金融资产""贷款"等科目，按交易对方支付的履约保证金，借记"存放中央银行款项""结算备付金""银行存款"等科目，按其账面余额，贷记本科目，按其差额，借记或贷记"利息收入""投资收益"等科目。

因取得票据、证券、贷款等资产发生的交易费用，除划分为交易性金融资产以外，均应计入取得资产的初始确认金额。

（4）本科目期末借方余额反映证券公司买入的尚未到期返售金融资产余额。

2. 卖出回购金融资产款

（1）本科目核算证券公司按回购协议卖出票据、证券、贷款等金融资产所融入的资金。

（2）本科目应当按照卖出回购金融资产的类别和融资方进行明细核算。

（3）卖出回购金融资产款的主要账务处理：

证券公司根据回购协议卖出票据、证券、贷款等金融资产时，应按实际收到的金额，借记

"存放中央银行款项""结算备付金""银行存款"等科目,贷记本科目。

资产负债表日,应按实际利率计算确定的卖出回购金融资产的利息费用,借记"利息支出"科目,贷记本科目。

实际利率与合同约定的名义利率差异不大的,也可以采用合同约定的名义利率计算确定利息费用。

卖出回购金融资产协议到期时,按其账面余额,借记本科目,按实际支付的金额,贷记"存放中央银行款项""结算备付金""银行存款"等科目,按其差额,借记"利息支出"科目。

在交易对方违约的情况下,应按卖出回购金融资产款的账面余额,借记本科目,按交易对方支付的履约保证金,借记"存放中央银行款项""结算备付金""银行存款"等科目,回购协议卖出票据、证券、贷款等金融资产计提减值准备的,借记"坏账准备""贷款损失准备"等科目,按回购协议卖出票据、证券、贷款等金融资产的账面余额,贷记"交易性金融资产""可供出售金融资产""贷款"等科目,按其差额,借记或贷记"投资收益"等科目。

(4) 本科目期末借方余额反映证券公司卖出的尚未到期回购的金融资产款余额。

(二) 证券回购业务的核算

1. 买入返售证券业务的核算(融券业务)

(1) 根据返售协议买入金融资产。

借:买入返售金融资产
  贷:结算备付金(实际支付的款项和交易费用之和)

(2) 资产负债表日,按合同约定的名义利率计算确定的,买入返售金融资产的利息收入的金额。

借:买入返售金融资产
  贷:利息收入

(3) 返售日。

借:结算备付金(收到的返售价款)
  贷:买入返售金融资产(账面余额)
    利息收入

在交易对方违约的情况下,如企业有权取得金融资产的:

借:交易性金融资产(公允价值)
  结算备付金(交易对方支付的履约保证金)
  贷:买入返售金融资产(账面余额)
    利息收入

因取得金融资产发生的交易费用,除划分为交易性金融资产以外,均应计入取得资产的初始确认金额。

【例 3-6】 A 证券公司与 B 机构签订为期 2 个月的买断式回购合约,2015 年 3 月 1 日以 1 000 万元买入其持有的 06 国债 19,面值 1 000 万元,该债券票面利率 4%(假设每季末付息一次),到期以 1 020 万元返给 B,双方约定如果回购期间该国债发生利息支付则作为正回购方提前偿还的回购融入资金,从到期金额中扣除,按交易所规定 A 证券公司交纳保证金50万元。2015年3月31日债券付息10万,2015年4月1日,A证券公司将买入返售06国债19以1 000万元售出,并于4月20日以999万元购入该债券。不考虑交易费用。该买断式回购品种履约金比率5%。

要求:编制相关会计分录。

解:

(1) 2015年3月1日买入日,同时支付履约金。

借:买入返售金融资产　　　　　　　　　　　　　　　　　　　10 000 000
　　贷:结算备付金——自有　　　　　　　　　　　　　　　　　　　10 000 000
借:存出保证金　　　　　　　　　　　　　　　　　　　　　　　500 000
　　贷:结算备付金——自有　　　　　　　　　　　　　　　　　　　500 000

(2) 2015年4月1日卖出。

借:结算备付金　　　　　　　　　　　　　　　　　　　　　　　10 000 000
　　贷:交易性金融负债　　　　　　　　　　　　　　　　　　　　　10 000 000
　　表外登记:卖出待返售06国债19　　　　　　　　　　　　　　　10 000 000

(3) 4月20日终止确认该交易性金融负债。

借:交易性金融负债　　　　　　　　　　　　　　　　　　　　　10 000 000
　贷:结算备付金　　　　　　　　　　　　　　　　　　　　　　　9 990 000
　　　投资收益　　　　　　　　　　　　　　　　　　　　　　　　10 000

同时转销表外登记。

(4) 协议到期日,2015年5月1日。

借:结算备付金　　　　　　　　　　　　　　　　　　　　　　　10 100 000
　　贷:买入返售金融资产　　　　　　　　　　　　　　　　　　　　10 000 000
　　　利息收入　　　　　　　　　　　　　　　　　　　　　　　　100 000
借:结算备付金　　　　　　　　　　　　　　　　　　　　　　　500 000
　　贷:存出保证金　　　　　　　　　　　　　　　　　　　　　　　500 000

2. 卖出回购证券业务(融资业务)

(1) 根据回购协议卖出金融资产。

借:结算备付金——自有(实际收到的金额)
　　贷:卖出回购金融资产款

(2) 资产负债表日,按合同约定名义利率计算确定的卖出回购金融资产的利息费用。

借:利息支出
　　贷:卖出回购金融资产款

(3) 卖出回购金融资产协议到期。

借:卖出回购金融资产款(账面余额)
　　利息支出
　　贷:结算备付金——自有

在交易对方违约的情况下:

借:卖出回购金融资产款(账面余额)
　　结算备付金——自有(交易对方支付的履约保证金)
　　资产减值准备
　贷:交易性金融资产
　　　投资收益

【例3-7】 A证券公司持有1 000万元面值02国债(3) 010203 10年期,票面利率2.54%,市价101.2,标准券折算率0.98,因申购新股,2015年12月28日证券公司以质押式回购卖出,R007利率4%。(忽略交易费用),2016年1月4日回购到期。

要求:编制相关会计分录。

解:

(1) 卖出日。

借:结算备付金——自有　　　　　　　　　　　　　　　　9 800 000
　贷:卖出回购金融资产款　　　　　　　　　　　　　　　　9 800 000

(2) 资产负债表日。

借:利息支出　　　　　　　　　　　　　　　　　　　　　　3 267
　贷:卖出回购金融资产款　　　　　　　　　　　　　　　　3 267

利息支出 = 9 800 000 × 4% ÷ 360 × 3 ≈ 3 267(元)

(3) 协议到期日。

借:卖出回购金融资产款　　　　　　　　　　　　　　　　　9 803 267
　　利息支出　　　　　　　　　　　　　　　　　　　　　　4 356
　贷:结算备付金——自有　　　　　　　　　　　　　　　　9 807 623

结算备付金支出 = 9 800 000 + 9 800 000 × 4% ÷ 360 × 7 ≈ 9 807 623(元)

三、融资融券业务核算

(一) 科目的设置

融资融券业务会计核算使用的科目有:资产类"银行存款——融资专用""结算备付金——信用客户""贷款——客户名称——融资业务(融券业务)""可供出售金融资产——融券专用"等科目,负债类"代理买卖证券款——信用客户"科目。这些科目的具体应用前面都有介绍,这里不再重复。

(二) 融资融券业务会计核算

1. 融资业务

(1) 证券公司设立融资专用资金账户。

借:银行存款——融资专用
　贷:银行存款——自有

(2) 客户存入信用交易担保资金。

借:银行存款——信用客户
　贷:代理买卖证券款——信用客户

(3) 公司为客户在证券登记结算公司开设信用交易资金交收专户。

借:结算备付金——信用客户
　贷:银行存款——信用客户

(4) 按照协议[约定融资额度、期限、利率(费率)、保证金比例和维持担保比例等],向客户融资。

借:贷款——客户——融资业务
　贷:银行存款——融资专用

借:结算备付金——信用客户
　贷:代理买卖证券款——信用客户

(5) 信用交易客户每日证券交易资金清算。
如果买入证券成交总额大于卖出证券成交总额:

借:代理买卖证券款——信用客户
　贷:结算备付金——信用客户

借:手续费及佣金支出——代理买卖证券手续费支出
　　结算备付金——自有
　贷:手续费及佣金收入——代理买卖证券手续费收入

如果卖出证券成交总额大于买入证券成交总额:

借:结算备付金——信用客户
　贷:代理买卖证券款——信用客户

借:手续费及佣金支出——代理买卖证券手续费支出
　　结算备付金——自有
　贷:手续费及佣金收入——代理买卖证券手续费收入

(6) 逐日盯市制下,信用客户资产低于最低维持担保比例,客户补交。

借:银行存款——信用客户
　贷:代买卖证券款——信用客户

(7) 融资协议到期。

借:代理买卖证券款——信用客户
　贷:结算备付金——信用客户

借:银行存款——融资专用
　贷:贷款——客户——融资业务
　　利息收入——融资利息收入

(8) 协议到期,客户未能还清贷款,未归还部分计入应收款项。

借:银行存款——融资专户
　　应收款项——客户——融资业务
　贷:贷款——客户——融资业务
　　利息收入——融资利息收入

期末,对客户未能还清的应收款项计提减值准备:

借:资产减值损失——坏账准备
　　贷:坏账准备

【例 3-8】 B 客户是 A 证券公司的信用客户,2015 年 4 月 1 日,B 客户存入 50 万元保证金,以 50%融资保证金比例和 7.86%融资费率融入资金 100 万元,购买标的证券 C,期限 6 个月,逐日盯市制下,假设 2015 年 8 月 30 日客户需补交保证金 1 万元,2015 年 9 月 30 日 B 客户以 120 万元卖出证券 C,归还 A 证券公司本利。

要求:编制相关会计分录。

解:

(1) B 客户存入保证金。

借:银行存款——信用客户　　　　　　　　　　　　　　500 000
　　贷:代理买卖证券款——信用客户　　　　　　　　　　500 000

(2) 向 B 客户提供 100 万元融资。

借:贷款——客户——融资业务　　　　　　　　　　　1 000 000
　　贷:银行存款——融资专用　　　　　　　　　　　　1 000 000
借:结算备付金——信用客户　　　　　　　　　　　　1 000 000
　　贷:代理买卖证券款——信用客户　　　　　　　　　1 000 000

(3) 根据当日清算结果,信用客户为净买入 100 万元,需支付佣金等费用 5 000 元,A 证券公司需负担 2 000 元证管费。

借:代理买卖证券款——信用客户　　　　　　　　　　　100 500
　　贷:结算备付金——信用客户　　　　　　　　　　　　100 500
借:手续费及佣金支出——代理买卖证券手续费支出　　　　2 000
　　结算备付金——自有　　　　　　　　　　　　　　　　3 000
　　贷:手续费及佣金收入——代理买卖证券手续费收入　　　5 000

(4) 逐日盯市制下,2015 年 8 月 30 日信用客户资产低于最低维持担保比例 130%,客户补交保证金 1 万元。

借:银行存款——信用客户　　　　　　　　　　　　　　10 000
　　贷:代买卖证券款——信用客户　　　　　　　　　　　10 000

(5) 融资协议到期,B 客户以 120 万元卖出 C 证券,另支付佣金等 6 000 元,印花税 1 200 元,A 证券公司应负担证管费等 2 400 元。

借:结算备付金——信用客户　　　　　1 192 800 (1 200 000－6 000－1 200)
　　贷:代理买卖证券款——信用客户　　　　　　　　　　1 192 800
借:手续费及佣金支出——代理买卖证券手续费支出　　　　2 400
　　结算备付金——自有　　　　　　　　　　　　　　　　3 600
　　贷:手续费及佣金收入——代理买卖证券手续费收入　　　6 000

(6) B 客户归还融资本利。

借:代理买卖证券款——信用客户　　　　　　　　　　　1 039 300
　　贷:结算备付金——信用客户　　　　　　　　　　　　1 039 300

借:银行存款——融资专用　　　　　　　　　　　　　　　　　　　　1 039 300
　　贷:贷款——客户——融资业务　　　　　　　　　　　　　　　　　　1 000 000
　　　　利息收入——融资利息收入　　　　　　　　　　　　　　　　　　39 300

2. 融券业务核算

(1) 证券公司将拟向客户融出的证券存入融券专用证券账户。

借:可供出售金融资产——融券专用
　　贷:可供出售金融资产

(2) 按照协议(约定融券额度、期限、利率(费率)、保证金比例和维持担保比例等),向客户融券,证券公司通过非交易过户方式将拟融出证券过户至客户名下。

借:贷款——客户(转出日市值)
　　应收款项——融券价格变动(差额)
　　贷:可供出售金融资产——融券专用(账面值)

(3) 信用交易客户每日证券交易资金清算。

如果买入证券成交总额大于卖出证券成交总额:

借:代理买卖证券款——信用客户
　　贷:结算备付金——信用客户

借:手续费及佣金支出——代理买卖证券手续费支出
　　结算备付金——自有
　　贷:手续费及佣金收入——代理买卖证券手续费收入

如果卖出证券成交总额大于买入证券成交总额:

借:结算备付金——信用客户
　　贷:代理买卖证券款——信用客户

借:手续费及佣金支出——代理买卖证券手续费支出
　　结算备付金——自有
　　贷:手续费及佣金收入——代理买卖证券手续费收入

(4) 逐日盯市制下,融出证券市值发生变化。

市值增加:

借:贷款——客户——融券业务
　　贷:应收款项——融券价格变动

市值减少:

借:应收款项——融券价格变动
　　贷:贷款——客户——融券业务

逐日盯市制下,确认融出证券市值变化,贷款和应收款项合计必然等于可供出售金融资产融出日的账面值。

融出证券分红派息:

借:贷款——客户——融券业务
　　贷:投资收益

(5) 融券协议到期。

借:银行存款——融资专用(利息收入)
　　可供出售金融资产——融券专用(融出日账面值)
　贷:贷款——客户——融资业务(协议到期日账面值)
　　应收款项——客户——融资价格变动(协议到期日账面值)
　　利息收入——融资利息收入

(6) 协议到期,客户未能归还证券,未归还部分计入应收款项。

借:可供出售金融资产——融资专用(融出日账面值)
　　应收款项——客户——融资业务
　贷:贷款——客户——融资业务
　　利息收入——融资利息收入

期末,对客户未能还清的应收款项计提减值准备:

借:资产减值损失——坏账准备
　贷:坏账准备

【例3-9】 乙客户是甲证券公司的信用客户,2015年5月1日,B客户存入50万元保证金,以50%融券保证金比例和9.86%融券费率融入标的证券C10万股,100万元市值,标的证券C在甲证券公司的账面值为102万元,期限:6个月,逐日盯市制下,假设2015年8月30日客户需补交保证金1万元,2015年9月30日C证券发放股利10派5,2015年10月30日乙客户以90万元买回证券C,归还甲证券公司证券及利息。假定归还日贷款账面值为101万元,应收款项账面值为1万元。

要求:编制相关会计分录。

解:

(1) B客户存入保证金。

借:银行存款——信用客户　　　　　　　　　　　　　　500 000
　贷:代理买卖证券款——信用客户　　　　　　　　　　　　500 000

(2) 按照协议向客户融券,证券公司通过非交易过户方式将拟融出证券过户至客户名下。

借:贷款——客户B——融券业务　　　　　　　　　　　1 000 000
　　应收款项——融券价格变动　　　　　　　　　　　　　 20 000
　贷:可供出售金融资产——融券专用　　　　　　　　　　1 020 000

(3) 乙客户以100万元卖出C证券,支付佣金等5 000元,印花税1 000元,A证券公司应负担证管费等2 000元。

借:结算备付金——信用客户　　　　　994 000 (1 000 000－5 000－1 000)
　贷:代理买卖证券款——信用客户　　　　　　　　　　　 994 000
借:手续费及佣金支出——代理买卖证券手续费支出　　　　　2 000
　　结算备付金——自有　　　　　　　　　　　　　　　　　3 000
　贷:手续费及佣金收入——代理买卖证券手续费收入　　　　 5 000

（4）逐日盯市制下，2015年8月30日信用客户资产低于最低维持担保比例130%，客户补交保证金1万元。

借：银行存款——信用客户　　　　　　　　　　　　　　　　　　10 000
　　贷：代买卖证券款——信用客户　　　　　　　　　　　　　　　　10 000

逐日盯市制下，融出证券市值发生变化，如5月10日市值较前一日增加1万元：

借：贷款——客户——融券业务　　　　　　　　　　　　　　　　10 000
　　贷：应收款项——融券价格变动　　　　　　　　　　　　　　　　10 000

5月11日市值较前一日减少1.5万元：

借：应收款项——融券价格变动　　　　　　　　　　　　　　　　15 000
　　贷：贷款——客户——融券业务　　　　　　　　　　　　　　　　15 000

（5）2015年9月30日C证券发放股利10派5。

借：贷款——客户乙——融券业务　　　　　　　　　　　　　　　50 000
　　贷：投资收益　　　　　　　　　　　　　　　　　　　　　　　　50 000

（6）10月30日乙客户以90万元买入C证券，需支付佣金等费用4 500元，A证券公司需负担1 800元证管费。

借：代理买卖证券款——信用客户　　　　　　　　　　　　　　　904 500
　　贷：结算备付金——信用客户　　　　　　　　　　　　　　　　　904 500

借：手续费及佣金支出——代理买卖证券手续费支出　　　　　　　1 800
　　　结算备付金——自有　　　　　　　　　　　　　　　　　　　2 700
　　贷：手续费及佣金收入——代理买卖证券手续费收入　　　　　　4 500

（7）融券协议到期，乙客户还券付息。

借：银行存款——融资专用　　　　　　　　　　　　　　　　　　49 300
　　可供出售金融资产——融券专用　　　　　　　　　　　　　　1 020 000
　　贷：贷款——客户——融资业务　　　　　　　　　　　　　　　1 010 000
　　　　应收款项——客户——融资价格变动　　　　　　　　　　　10 000
　　　　利息收入——融资利息收入　　　　　　　　　　　　　　　49 300

逐日盯市制下，确认市值变化，贷款和应收款项合计必然等于可供出售金融资产融出日的账面值。

【知识链接】

1.《中华人民共和国证券法》中华人民共和国主席令第43号，2005年10月27日修订通过，自2006年1月1日起施行。

2.《客户交易结算资金管理办法》，中国证券监督管理委员会令第3号，自2002年1月1日起施行。

3.《证券公司监督管理条例》中华人民共和国国务院令第522号，2008年4月23日公布，自2008年6月1日起施行。

4.《关于证券公司证券自营业务投资范围及有关事项的规定》，中国证券监督管理委员会于2011年4月29日由公布,自2011年6月1日起施行。

5.《证券公司客户资产管理业务管理办法》,中国证券监督管理委员会于2012年10月18日公布,自公布之日起施行。2013年10月21日修订重新公布。

6.《企业会计准则》,财政部于2006年2月15日发布,自2007年1月1日起施行,2014年7月23日修改,重新公布。

7.《关于证券公司执行〈企业会计准则〉有关核算问题的通知》证监会计字〔2007〕34号。

8.《企业会计准则第22号——金融工具确认和计量》,财政部于2006年2月25日发布,2014年6月20日修订。

【关键术语】

经纪业务 自营业务 承销业务 资产管理业务 回购业务 融资融券业务

【问题思考】

1. 证券公司经纪业务核算应设置哪些账户?说明每个账户的使用?
2. 比较自营申购新股和代理客户申购新股的会计处理差异?
3. 交易性金融资产与可供出售金融资产在会计处理上的差异有哪些?
4. 为什么交易性金融资产不确认减值损失?
5. 为什么债务工具金融资产确认减值损失如有客观证据表明该金融资产价值已恢复,原确认的减值损失应当予以转回,而权益工具金融资产发生的减值损失,不得通过损益转回?
6. 如何计算持有至到期投资的摊余成本?可供出售的金融资产如果是债券,其公允价值变动影响其摊余成本吗?
7. 比较全额包销和代销会计处理差异。
8. 比较买断式回购与质押式回购的区别?
9. 什么是融资融券业务?
10. 证券公司开展融资融券业务需要在相关机构开立哪些账户?

扫二维码获得本章
习题及案例

第四章 信托投资公司业务核算

章前导引

教学目标

本章主要介绍信托的基础理论和信托投资公司的业务核算。通过学习,理解掌握信托存款与贷款业务的特点和核算手续,掌握委托存款与贷款业务的特点和核算手续,掌握信托投资与委托投资业务的特点和核算手续,了解其他信托业务的核算手续。

第一节 信托投资公司业务概述

一、信托业务的含义和特征

(一) 信托的含义

信托是指委托人基于对受托人的信任,将其财产权委托给受托人,由受托人按委托人的意愿以自己的名义,为受益人的利益或者特定目的,进行管理或者处分的行为。

信托是多边信用关系,信托行为的确立必须具备三方当事人:即委托人、受托人、受益人。

委托人是信托财产的所有者,他提出信托要求,是信托行为的起点。

受托人是有经营能力的信托机构,它通过自身经营的信托业务,满足委托人的要求,使受益人获利,它是信托行为的桥梁。

受益人是信托关系中得到实际利益的一方,他可以是委托人自身,也可以是委托人指定的第三者或不确定的多数人,或者同时为委托人和第三者,他是信托行为的终点。

广义的信托,是一种为了他人利益或特定目的管理财产的一项制度安排,即"受人之托,代人理财",包括商品信托和金融信托。本章所讲的信托业务是一种金融信托,是信托投资公司凭借自己的信用,以营业和收取报酬为目的,以受托人身份承诺信托和处理信托事务的经营行为。

(二) 信托的特征

信托的特征包括以下几个方面:

信托关系成立的基础是委托人对受托人的信任;

信托的对象是财产权,委托人将其合法所得财产权委托给受托人。这里的财产权包括民法中的物权、债权、知识产权及其他无形财产权;

信托的运作方式是受托人按委托人的意愿以自己的名义进行活动,受托人管理信托财产,必须恪尽职守,履行诚实、信用、谨慎、有效管理的义务;

信托以受益人的利益为特定目的,委托人与受益人可以是同一人,也可以不是同一人。

基于以上特征,信托关系有别于一般所说的委托、代理、交易、投资、债权债务关系,既有别于自有资产的管理,也有别于代理管理财产,成为一种具有严格条件和要求的财产管理方式。

二、信托业务的种类

信托业务可以依据不同的标准进行分类。

(一)按照信托目的的不同,分为公益信托和私益信托

公益信托,在英美法系中也被称为慈善信托,是委托人为促进社会公共利益,以整个社会或不确定多数人为受益人而设立的信托,如为促进社会福利事业、科学研究等而设立的社会福利基金、科学研究基金信托等。私益信托是委托人为实现私人利益,以委托人或特定第三者为受益人而设立的信托。

(二)按照受益人的不同,分为自益信托和他益信托

自益信托是委托人以自己为受益人而设立的信托。他益信托是委托人以自己以外的他人(第三者)为受益人而设立的信托。

(三)按照信托服务对象的不同,分为个人信托和法人信托

个人信托是指委托人(自然人)基于财产规划的目的,将其财产权转移给受托人,受托人依信托契约为受益人的利益或特定目的,管理或处分信托财产的信托业务。个人信托依设立时间可分为生前信托和遗嘱信托。生前信托是委托人在世时所设立,其信托目的包括财产规划、财产增值及税负的考虑;遗嘱信托是以遗嘱的方式设立,生效的日期是委托人发生继承事实的时间,其目的在于遗产的分配与管理。个人信托依业务内容可分为财产处理信托、财产监护信托、人寿保险信托和特定赠与信托等类型。

法人信托,又称为机构信托、公司信托或团体信托,是个人信托的对称。它是指委托人不是某个自然人,而是具备法人资格的单位或公司委托受托人办理的信托业务。现代法人信托发展迅速,在整个信托业的比重已超过发展较早的个人信托。

(四)按照信托标的物的不同,分为资金信托、实物信托、债权信托

资金信托,又称为金钱信托,是一种以货币资金为标的物的信托业务。实物信托是一种以动产、不动产为标的物的信托业务。债权信托是一种以债权凭证为标的物的信托业务,如代为清理和收付款项、代收人寿保险赔款等。

三、信托投资公司业务的内容

信托投资公司,是指依照《中华人民共和国公司法》和《信托投资公司管理办法》设立的主要经营信托业务的非银行金融机构。信托投资公司在我国金融体系中占有重要的地位,

在社会经济生活中发挥着重要的作用。根据《信托投资公司管理办法》的规定,信托投资公司可以申请经营的业务主要有信托类业务、代理类业务及其他业务。

(一) 信托类业务

信托投资公司可以申请经营的信托类业务包括资金信托业务;动产、不动产信托业务和有价证券等其他财产信托业务。

1. 资金信托业务

资金信托,类似于货币储蓄,它是指委托人基于对受托人的信任,将自己合法拥有的资金委托给受托人,由受托人按委托人的意愿以自己的名义,为受益人的利益或者特定目的管理、运用和处分的行为。资金信托业务是信托投资公司一项重要的信托业务,也是其理财的主要方式。资金信托按照委托人要求的不同,可以分为单独管理资金信托和集合资金信托。

单独管理资金信托是指按照委托人的要求,为其单独管理信托资金的资金信托。单独管理资金信托又可分为特定单独管理资金信托和指定单独管理资金信托。其中,特定单独管理资金信托由委托人指定资金的运用方法及标的,包括投资标的类别、名称、数量、时期、交易价格等,信托投资公司无决定权。其资金运用的范围包括:存放金融机构的存款或信托资金;投资国债或企业债券;投资短期票券;国内上市股票;国内证券投资信托基金;其他经主管机关核定的业务。指定单独管理资金信托由信托投资公司结合自身信托投资及开发业务专长,引导信托资金投资于政府编列预算执行的开发项目。

集合资金信托是指为了使信托资金达到一定的数额,采取将不同委托人的资金集合在一起管理的资金信托。按照接受委托的方式,集合资金信托业务又可分为两种:第一种是社会公众或者社会不特定人群作为委托人,以购买标准的、可流通的证券化合同作为委托方式,由受托人统一集合管理信托资金的业务;第二种是有风险识别能力、能自我保护并有一定的风险承受能力的特定人群或机构为委托人,以签订信托合同的方式作为委托方式,由受托人集合管理信托资金的业务。目前,我国信托投资公司没有开展第一种集合资金信托业务,《金融信托投资机构资金管理暂行办法》所规范的是第二种资金信托业务。集合资金信托按照信托计划的资金运用方向,可以分为以下几种类型。

(1) 证券投资信托。证券投资信托是指受托人接受委托人的委托,将信托资金按照双方的约定投资于证券市场的信托,主要有股票投资信托、债券投资信托和证券组合投资信托等。

(2) 组合投资信托。组合投资信托是指受托人根据委托人风险偏好,将债券、股票、基金、贷款、实业投资等金融工具,通过个性化的组合配比运作,对信托财产进行管理,使其有效增值的信托。

(3) 房地产投资信托。房地产投资信托是指受托人接受委托人的问题,将信托资金按照双方的约定,投资于房地产或房地产抵押贷款的信托。中小投资者提供房地产投资信托,可以以较小的资金投入获得大规模房地产投资的利益。

(4) 基础建设投资信托。基础建设投资信托是指信托公司作为受托人,根据拟投资基础投资项目的资金需要状况,在适当时期向社会(委托人)公开发行基础设施投资信托权证募集信托资金,并由受托人将信托资金按经批准的信托方案和国家有关规定投资于基础设施项目的一种资金信托。

(5) 贷款信托。贷款信托是指受托人接受委托人的委托,将委托人存入的资金,按信托计划中或其指定的对象、用途、期限、利率与金额等发放贷款,并负责到期收回贷款本息的一项金融业务。

(6) 风险投资信托。风险投资信托是指受托人接受委托人的问题,将委托人的资金,按照双方的约定,以高科技产业为投资对象,以追求长期收益为投资目标所进行的一种直接投资方式。

信托投资公司办理资金信托业务,应当与委托人签订信托合同和信托资金管理、运用风险申明书。申明书应载明下列主要内容:信托投资公司依据信托文件的约定管理、运用信托资金导致资金受到损失的,由信托财产承担;信托投资公司违背信托文件的约定管理、运用、处分信托资金导致信托资金受到损失的,由信托投资公司负责赔偿;人民银行规定的其他内容。

2. 动产信托业务

动产信托,又称为设备或动产设备信托,主要是以动产(主要指契约设备)的管理或处理为目的而设立的信托。即由设备的制造商和出售者作为委托人,将设备信托给受托人,同时将设备的所有权也转移给受托人,受托人发给委托人"信托受益权"证书,并将动产出租或出售给资金紧张的用户,委托人则将其"信托受益权"证书出售,以获得款项的一种信托业务。

动产信托的标的物通常是价格昂贵、资金需要量大的产品,主要有:车辆及其他运输工具,如铁路车辆、汽车、飞机、船舶等;机械设备,如电子计算机、设备器械;贵金属。

动产信托按对动产的不同处理方式,可以分为管理处分型、即时处分型和出租型三种。其中,管理处分型信托是动产信托最基本的一种形式。管理处分型信托是指信托投资公司将动产以出租的方式经营,信托终结时由使用单位购入的一种信托方式。在该种方式下,信托投资公司不仅负责动产设备的出租管理,而且还负责出售设备。即时处分型信托是指信托投资公司在接受信托的同时,以分期付款的方式将动产出售给用户。该种动产信托方式类似于抵押贷款。出租型信托是指由信托投资公司对动产设备进行适当的管理,并将动产设备出租给用户使用,所获收入扣除信托费用后作为信托收益交给受益人。该种动产信托方式与传统的设备租赁相似。

3. 不动产信托业务

不动产信托是指不动产所有权人(委托人),为了受益人的利益或特定目的,将不动产所有权转移给受托人,受托人依信托合同对不动产进行管理和处理的信托业务。

在不动产信托关系中,作为信托标的物的土地和房屋,不论是保管目的、管理目的或处理目的,委托人均应把其产权在设立信托期间转移给信托机构所有。不动产信托是信托机构经办的财产信托中最为复杂的一种业务。

不动产信托按照信托财产的类型,又可分为房地产信托(又称建筑物信托)和土地信托。其中,房地产信托是指信托机构接受委托经营、管理和处理的财产为房地产及相关财物的信托业务。它包括房地产信托存款、房地产信托贷款和房地产委托贷款。目前,我国房地产信托机构有两类,一类是专业银行设立的房地产信托机构,另一类是专业性的房地产信托投资公司。土地信托是土地所有者为了有效地利用土地获取收益,把土地委托给信托投资机构,信托投资机构按信托契约的规定,负责筹集建设资金,进行房屋建设,出租建筑物,进行管理维修,并向土地所有者支付收益的信托业务。土地信托可分为租赁型和分块出售型。

4. 有价证券信托业务

有价证券信托是指有价证券所有权人(委托人),为了受益人的利益或特定目的,将有价证券所有权转移给受托人,受托人依信托合同对有价证券进行管理或处理的信托业务。可以交付信托的有价证券包括政府债券、国内上市或未上市公司股票、公司债券、开放型与封闭型基金、国外有价证券以及经上级主管机关核定的其他有价证券。有价证券信托按信托目的,可分为管理有价证券信托和运用有价证券信托两种。管理有价证券信托是指有价证券所有人将证券信托给受托人,受托人代为保管证券、收受利息、缴纳增资股款、行使表决权等管理事宜的信托业务。运用有价证券信托是指有价证券所有人将证券信托给受托人,受托人不仅要代为管理证券,而且要代为运用证券以获取收益的信托业务。

（二）代理类业务及其他业务

代理业务是信托投资公司接受客户的委托,以代理人的身份,代为办理客户指定的经济事项的业务。在代理业务中,信托投资公司一般只发挥财务管理职能和信用服务职能,并不要求委托人转移其财产所有权。代理业务与信托业务相比,信托业务中的受托人拥有广泛的权限,而代理业务中代理人的权限则比较狭窄,仅以委托人所授事项为限;信托业务中的受托人所负责任较大,而代理业务中代理人的责任则较小;信托业务中的委托人一般不对受托人进行监督,而代理业务中代理人则必须接受委托人的监督。

信托投资公司经营的代理业务主要有:代理收付款业务、代理清偿债权债务业务、代理有价证券业务、代理保管业务、代理保险业务、担保签证业务等。

除上述业务外,信托投资公司还可从事租赁、咨询等其他业务。

四、信托业务会计核算的特点

（一）信托资产不属于信托投资公司(受托人)的资产和负债

信托资产包括信托投资公司因承诺信托而取得的财产,以及因进行信托资产的管理、运用、处分或者其他情形而取得的财产。信托财产不属于信托投资公司的固有财产,也不属于信托投资公司对受益人的负债;信托投资公司终止时,信托财产不属于其清算财产。

（二）信托资产与信托投资公司的自有资产分开管理和分别核算

信托投资公司的自有资产与信托资产应分开管理,分别核算。信托投资公司管理的不同类型的信托业务,应分别按项目设置信托业务明细账进行核算管理。

（三）信托资产运用和来源应进行明细核算

信托投资公司对不同信托资产来源和运用,应设置相应会计科目进行核算反映,来源类科目应按其类别、委托人等设置明细账;运用类科目应按其类别、使用人和委托人等设置明细账。信托投资公司对信托货币资金应设置专用银行账户予以反映。

（四）信托业务核算的会计主体具有多样性

会计核算的基本前提条件之一就是"会计主体"假设。因信托业务的灵活性、多样性和法律法规的规定,信托业务的会计主体往往不是一般意义上的法律主体,而是不同的信托产品或信托计划,抑或是单个或多个委托人或受益人。比如,《中国人民银行关于信托投资公司资金信托业务有关问题的通知》规定:"具有相同运用范围并被集合管理、运用、处分的信托资金,为一个集合信托计划。信托投资公司应当依信托资金运用范围的不同,为被集合管理、运用、处分的信托资金分别设立集合信托计划"。这种分别设立的集合信托计划就是该信托业务的会计主体。与其相关的信托资金、收入、费用等都应归集于不同集合信托计划名下反映、核算。

【知识链接】

信托投资公司的业务范围

信托投资公司,是指依照《中华人民共和国公司法》和《信托投资公司管理办法》设立的主要经营信托业务的金融机构。信托投资公司,可以申请受托经营下列部分或者全部本外币业务:资金信托业务;动产、不动产及其他财产的信托业务;法律、行政法规允许从事的投资基金业务,作为投资基金或者基金管理公司的发起人从事投资基金业务;企业资产的重组、购并及项目融资、公司理财、财务顾问等中介业务;经批准的国债、政策性银行债券、企业债券等的承销业务;代理财产的管理、运用和处分;代保管业务;信用鉴证、资信调查及经济咨询业务;以固有财产为他人提供担保;中国人民银行批准的其他业务。

信托投资公司管理、运用信托财产时,可以依照信托文件的规定,采取出租、出售、贷款、投资、同业拆放等方式进行。信托投资公司可以根据市场需要,按照信托目的、信托财产的种类或者对信托财产管理方式的不同设置信托业务品种。

第二节 信托存款与贷款业务的核算

一、信托存、贷款业务的意义

信托存款是信托机构按照委托人的要求,为特定目的吸收进来代为管理的资金,是信托机构经营业务的重要资金来源。根据不同的目的,信托存款有委托贷款保证金、委托投资保证金、单位信托存款、公益基金信托存款、劳保基金信托存款、个人特约信托存款等品种。

信托贷款是指受托人接受委托人的委托,将委托人存入的资金,按其(或信托计划中)指定的对象、用途、期限、利率与金额等发放贷款,并负责到期收回贷款本息的一项金融业务。信托贷款的性质、用途与银行贷款相似,但更灵活、方便、及时。信托贷款的用途主要是满足企业单位某些正当、合理而银行限于制度无法支持的资金需求。

信托存、贷款的特点是,每一笔具体的信托存款不与任何一笔具体的信托贷款相联系。委托人存入信托存款的唯一目的是获取收益率。信托机构发放信托贷款也只是从自己的利益考虑的,并独自地承担经营风险。

二、信托存、贷款核算的会计科目

(一)信托存款核算的会计科目

1."代理业务负债——信托存款"科目

本科目属于负债类科目,核算企业不承担风险的代理业务收到的款项。包括受托投资资金和受托贷款资金等。贷方反映吸收的信托存款,借方反映客户支付的信托存款,期末贷方余额反映实际信托存款余额。本科目应按存款客户设置明细科目。

2."应付利息"科目

本科目属于负债类科目,贷方反映应计提的存款利息,借方反映实际支付的存款利息,期末贷方余额反映应付未付利息。本科目应按存款客户设置明细科目。

3."营业费用——信托存款利息支出"科目

本科目属于损益类科目,借方反映预提的应付利息或实际支付的各项利息。会计期末应将本科目借方发生额从贷方转入"本年利润"科目借方,结转之后无余额。本科目应按存款种类设置明细科目。

(二)信托贷款核算的会计科目

1."贷款——信托贷款"科目

本科目属于资产类科目,核算信托项目管理运用、处分信托财产而持有的各项贷款。借方登记信托机构发放的信托贷款本金,贷方登记收回的信托贷款本金,期末借方余额表示发放的信托贷款的余额,具体分为期限不超过一年短期信托贷款和一年期以上的长期信托贷款。本科目应按贷款单位设置明细科目。

2."应收利息"科目

本科目属资产类科目,核算信托项目应收取的利息,包括债券投资、拆出资金、贷款、买入返售证券、买入返售信贷资产计提的利息等。借方登记信托机构应向借款单位收取的利息,贷方登记实际收回或预收的利息,期末借方余额表示应收未收利息。本科目应按往来客户设置明细科目。

3."利息收入"科目

本科目属权益类科目,贷方登记发生的各项贷款利息收入,期末贷方余额结转"本年利润"贷方,结转之后无余额。本科目应按往来客户设置明细科目。

三、信托存、贷款业务的核算

(一)信托存款业务的核算

1. 信托存款存入的核算

委托人要求存入信托存款,填写"存款委托书"后,信托机构应审查其资金来源,审查合乎规定后,与客户签订"信托存款协议书",写明信托存款金额、期限、信托受益支付方法、指定受益人、手续费率等,并由信托机构会计部门为其开立信托存款账户,将存款由委托人在银行的存款账户划转到信托机构银行账户上,信托机构相应签发存款凭证给委托人。

信托存款存入时,借记"银行存款(存放中央银行款项或吸收存款)"科目,贷记"代理业务负债——信托存款——××单位户"科目。

2. 信托存款计息的核算

信托存款一般为定期存款,原则上在期满后利随本清。同时在存期内根据权责发生制定期计提利息。

计息时,借记"利息支出——信托存款利息支出户"科目,贷记"应付利息——××单位户"科目。

3. 信托存款到期支取的核算

客户到期支取信托存款时,凭信托存款单向信托机构提取存款,并结清利息。客户如急需用款,也可提前支取信托存款,但应按活期存款利率计付利息。

到期支取时,借记"代理业务负债——××单位户"科目、"应付利息——××单位户"科目和"营业费用——信托存款利息支出户"科目,贷记"银行存款"等科目。

【例4-1】 2015年3月1日,华泰信托投资公司收到天河公司存入的信托存款800万元,存期1年,年利率3.5%,采取利随本清的方式。2016年3月1日,天河公司前来支取存款本金。

(1)华泰信托投资公司接受存款时,会计分录为:

借:银行存款　　　　　　　　　　　　　　　　　　　　　　　　8 000 000
　　贷:代理业务负债——信托存款——天河单位户　　　　　　　　　8 000 000

(2)2016年3月1日,华泰信托投资公司支付到期信托存款时,会计分录为:

借:代理业务负债——信托存款——天河单位户　　　　　　　　　8 000 000
　　营业费用——信托存款利息支出户　　　　　　　　　　　　　　280 000
　　贷:银行存款　　　　　　　　　　　　　　　　　　　　　　　8 280 000

(二)信托贷款业务的核算

1. 信托贷款发放的核算

借款单位向信托机构提出申请后,经信托机构审查认为符合贷款条件的,与借款单位签订"信托借款合同",并由借款人填写借款借据提交信托机构办理贷款发放手续。

发放信托贷款时,借记"贷款——××单位信托贷款户"科目,贷记"银行存款(或吸收存款)"科目。

2. 信托贷款的计息

信托贷款的利息按季收取。借款人无款支付或不足支付的,其不足支付部分作为应收利息处理。即借记"银行存款(或应收利息)"科目,贷记"利息收入——××利息收入户"科目。

3. 信托贷款收回的核算

信托贷款到期,收回本金。如贷款到期,借款人账户资金不足支付,不足部分转作逾期贷款并按规定比例计收罚息。

收回信托贷款时,借记"银行存款"科目,贷记"贷款——××单位信托贷款户"科目和"应收利息——××利息收入户"科目。

【例4-2】 2015年8月15日,华泰信托投资公司发放给天河公司信托贷款500万元,年利率6%,期限1年,采取贷款到期日利随本清的方式。

(1)华泰信托投资公司发放信托贷款时,会计分录为:

借:贷款——信托贷款——天河公司贷款户　　　　　　　　　　　5 000 000
　　贷:银行存款　　　　　　　　　　　　　　　　　　　　　　　5 000 000

(2)贷款到期,收回本息时,会计分录为:

借:银行存款 5 300 000
　　贷:贷款——信托贷款——天河公司贷款户 5 000 000
　　　　利息收入——信托贷款利息收入户 300 000

第三节 委托存款与贷款业务的核算

一、委托存款、贷款业务的意义

委托存款是指信托机构接受委托单位的委托,按指定的对象和用途,代为运用和管理交付的定额资金。委托存款是金融信托资金来源的一种形式,其实质是属于贷款基金性质的存款,是为相应委托贷款提供的保证金存款。

委托贷款是指由委托人提供合法来源资金,委托信托投资公司按照委托人指定的贷款对象、用途、金额、期限、利率等而发放的贷款,监督使用并协助收回的贷款业务。委托贷款的发放必须有与之对应的委托存款作为资金来源,并且贷款额不能超过存款额。信托机构对委托贷款能否达到预期收益以及到期能否收回不负任何经济责任。

二、委托存、贷款核算的会计科目

(一)委托存款核算的会计科目

1. "代理业务负债——委托存款"科目

本科目属于负债类科目,贷方反映公司代客户向指定的单位或项目进行贷款或投资而收到客户存入的款项,借方反映归还的委托资金,期末贷方余额反映尚未归还的委托存款资金。本科目应按存款客户设置明细账户。

2. "营业费用——委托存款利息支出"科目

本科目属于损益类科目,借方反映预提的应付利息或实际支付的各项利息。会计期末应将本科目借方发生额从贷方转入"本年利润"科目借方,结转之后无余额。本科目应按存款种类设置明细账户。

(二)委托贷款核算的会计科目

1. "代理业务资产——委托贷款"科目

本科目属于资产类科目,核算信托投资机构接受客户委托代理发放的贷款。借方反映委托贷款的发放,贷方反映委托贷款的收回,期末借方余额反映委托贷款实有额。本科目应按委托贷款单位设置明细账户。

2. "应付受益人收益"科目

本科目属于负债类科目,贷方反映借款人交来的应付给委托方的贷款利息(不含受托方按合同规定收取的手续费);借方反映交付给委托方的委托贷款利息,期末贷方余额反映已收回但尚未交给委托方的委托贷款利息。本科目应按委托单位设置明细账户。

3. "手续费及佣金收入"科目

本科目属于损益类科目,核算信托投资机构办理信托业务向客户收取的手续费,贷方反映各项手续费收入,期末将贷方余额结转到"本年利润"科目的贷方,结转后该科目无余额。

三、委托存、贷款业务的核算

(一) 委托存款业务的核算

1. 存入委托存款的核算

委托人与信托机构商定办理委托业务后,双方签订"委托存款协议书",标明存的资金来源、金额、期限及双方的责任等。信托机构根据协议书为委托人开立委托存款账户,并由委托人将委托存款资金存入到信托机构开立的银行账户里,信托机构则给委托人开出"委托存款单"。

存入委托存款时,借记"银行存款"科目,贷记"代理业务负债——××单位委托存款户"科目。

2. 委托存款计息的核算

委托存款在未发放委托贷款和进行委托投资前,信托机构应按季向委托人以银行同期活期存款利率计付利息。

计息时,借记"营业费用——××委托存款利息支出户"科目,贷记"应付利息——××单位委托存款户"科目。

3. 支取委托存款的核算

委托人可随时支取委托存款,但对委托存款的支取只限于委托存款余额与委托贷款余额的轧差数或者在委托贷款收回之后。

支取委托存款时,借记"代理业务负债——××单位委托存款户"科目,贷记"银行存款"科目。

【例4-3】 2015年3月1日,华泰信托投资公司接受天河公司委托存款300万元。
华泰信托投资公司的会计分录为:

借:银行存款 3 000 000
　　贷:代理业务负债——天河公司委托存款户 3 000 000

(二) 委托贷款业务的核算

1. 委托贷款的发放

委托人需向信托机构提出办理委托贷款的申请,在信托机构审查同意后与委托人签订"委托贷款合同"。委托人向信托机构交存委托基金,信托机构按委托人的要求发放贷款。

发放委托贷款时,信托机构应与借款人签订委托贷款合同,并由借款人填写借款借据一并提交信托机构。

信托机构发放贷款时,借记"代理业务资产——××单位委托贷款户"科目,贷记"银行存款"科目。

2. 收取手续费的核算

在委托贷款业务中,信托机构的收入为手续费收入。手续费率的高低根据信托机构承担责任的大小，按贷款额的一定比例确定。

如果在发放贷款时向委托人收取手续费，则应借记"银行存款"科目，贷记"手续费及佣金收入"科目。如果手续费按存贷利差的一定比例计算，通常在按季计算利息时一并收取，借记"银行存款"科目，贷记"应付账款——应付委托贷款利息户"科目和"手续费及佣金收入"科目。

3. 委托贷款到期收回的核算

委托贷款到期，由信托机构负责收回时，借记"银行存款"科目，贷记"代理业务资产——××单位委托贷款户"科目。如有到期未收回的委托贷款，信托机构应保留相应委托存款资金，待委托贷款全部收回后再全部归还。

4. 终止委托的核算

如果按协议规定在贷款收回后终止委托行为，信托机构应将委托存款及委托贷款利息划给委托人。借记"代理业务负债——××单位委托贷款户"科目、"应付账款——应付委托贷款利息户"科目，贷记"银行存款"科目。

【例 4-4】 华泰信托投资公司接受新华公司委托，发放给天河公司委托贷款 300 万元，贷款期限 1 年，年利率为 8%。双方约定，信托公司在发放贷款时按照贷款金额的 2‰ 收取手续费。

（1）华泰信托投资公司发放委托贷款时的会计分录为：

借：代理业务资产——天河公司委托贷款户　　　　3 000 000
　　贷：银行存款　　　　　　　　　　　　　　　　3 000 000

（2）收取手续费时：

借：银行存款　　　　　　　　　　　　　　　　　　60 000
　　贷：手续费及佣金收入　　　　　　　　　　　　　60 000

（3）贷款到期，代为收回本息时：

借：银行存款　　　　　　　　　　　　　　　　　3 240 000
　　贷：代理业务资产——天河公司委托贷款户　　　3 000 000
　　　　应付利息——新华公司　　　　　　　　　　　240 000

第四节　信托投资与委托投资的核算

一、信托投资与委托投资的意义

信托投资是指信托投资机构用自有资金及组织的资金进行的投资。信托投资以投资者身份直接参与对企业的投资及其经营成果的分配。信托投资包括短期信托投资和长期信托投资两大类。短期信托投资是指能够随时变现并且持有时间预期不超过一年的信托投资，包括股票、债券、基金等。长期信托投资是指短期信托投资以外的信托投资，包括长期股权投资和债权投资等。

委托投资是委托人将资金事先存入信托机构作为委托投资基金,委托信托机构向其指定对象进行投资,并对投资的使用情况、被投资单位的经营情况及利润分配等进行管理和监督的一种信托业务。委托投资既可以直接投资于企业,也可以购买股票、债券等有价证券。

信托投资与委托投资业务有两点不同。第一,信托投资的资金来源是信托投资公司的自有资金及各种信托资金;而委托投资的资金来源是与之相对应的委托人提供的投资保证金。第二,在信托投资过程中,信托投资公司直接参与投资企业经营成果的分配,并承担相应的风险;而对委托投资,信托公司则不参与投资企业的收益分配,只收取手续费,对投资效益也不承担经济责任。

二、信托投资与委托投资的会计科目

(一) 信托投资核算的会计科目

1. "交易性金融资产"科目

本科目属于资产类科目,核算信托企业为交易目的所持有的债券投资、股票投资、基金投资等交易性金融资产的公允价值。本科目期末借方余额反映企业拥有的交易性金融资产的公允价值。

2. "可供出售金融资产"科目

本科目属于资产类科目,核算信托企业持有的可供出售金融资产的公允价值。包括可供出售的债券投资、股票投资等金融资产。本科目按可供出售金融资产的类别和品种,分别按"成本""利息调整""应计利息""公允价值变动"等设置明细科目核算。本科目期末借方余额反映信托企业拥有的可供出售金融资产的公允价值。

3. "公允价值变动损益"科目

本科目属于损益类科目,核算信托企业因公允价值变动而形成的应计入当期损益的利得或损失。期末,应将本科目余额转入"本年利润"科目。结转之后本科目应无余额。

(二) 委托投资核算的会计科目

1. "代理业务资产——委托投资"科目

本科目属于资产类科目,核算信托投资机构接受客户委托代理客户进行的投资。借方反映委托投资的投出数额,贷方反映收回的投资,期末借方余额反映尚未收回的投资额。本科目应按委托单位和投资种类设置明细账户。

2. "其他收入——委托投资手续费收入"科目

本科目属于损益类科目,核算信托投资机构办理委托投资业务向客户收取的手续费。贷方反映各项手续费收入,期末将贷方余额结转到"本年利润"科目的贷方,结转后该科目无余额。

三、信托投资与委托投资业务的核算

(一) 信托投资业务的核算

1. 交易性金融资产的核算

(1) 取得交易性金融资产的核算。

信托机构为交易目的持有的股票投资、债券投资以及基金投资,通过"交易性金融资产"

科目核算。取得交易性金融资产时,按其公允价值,借记"交易性金融资产——成本"科目、"投资收益——交易费用"科目、按已到付息期但尚未领取的利息借记"应收利息"科目,如为股票,则应按已宣告但尚未发放的现金股利借记"应收股利"科目,贷记"银行存款"(或"存放中央银行款项"或"结算备付金")科目。

(2) 持有期间获得股利或利息的核算。

交易性金融资产持有期间被投资单位宣告发放的现金股利,或在资产负债表日按分期付息、一次还本债券投资的票面利率计算的利息。应借记"应收股利(或应收利息)"科目,贷记"投资收益"科目。

(3) 资产负债表日的计量核算。

资产负债表日,若交易性金融资产的公允价值高于其账面价值的差额,应借记"交易性金融资产——公允价值变动"科目,贷记"公允价值变动损益"科目。若公允价值低于其账面价值的差额,应作相反的会计分录。

(4) 出售交易性金融资产。

信托公司出售交易性金融资产时,应按实际收到的金额,借记"银行存款"(或"存放中央银行款项"或"结算备付金")科目,按账面价值贷记"交易性金融资产——成本"科目,按借贷方的差额,借记或贷记"投资收益"科目,同时将原计入该金融资产的公允价值变动转出,贷记或借记"公允价值变动损益"科目,贷记或借记"投资收益"科目。

【例4-5】 2015年7月华泰信托投资公司从深交所购入天河上市公司股票100万股,支付1 000万元,准备近期出售,列为交易性金融资产,另支付手续费5万元。2015年8月10日,天河公司宣告分派现金股利,每股1元,8月20日,华泰信托公司收到分派的现金股利。12月31日,华泰信托公司仍持有天河公司股票,公允价值为1 200万元。2016年1月5日以1 300万元出售该股票。

华泰信托公司的相关会计分录如下:

(1) 购入时:

借:交易性金融资产——成本	10 000 000
投资收益	50 000
贷:银行存款	10 050 000

(2) 宣告分派股利时:

借:应收股利	1 000 000
贷:投资收益	1 000 000

(3) 收到股利时:

借:银行存款	1 000 000
贷:应收股利	1 000 000

(4) 公允价值变动时:

借:交易性金融资产——公允价值变动	2 000 000
贷:公允价值变动损益	2 000 000

(5) 出售时：

借：银行存款　　　　　　　　　　　　　　　　　　　　　　　13 000 000
　　贷：交易性金融资产——成本　　　　　　　　　　　　　　　　10 000 000
　　　　　　　　　　——公允价值变动　　　　　　　　　　　　　 2 000 000
　　　　投资收益　　　　　　　　　　　　　　　　　　　　　　　 1 000 000
借：公允价值变动损益　　　　　　　　　　　　　　　　　　　　　 2 000 000
　　贷：投资收益　　　　　　　　　　　　　　　　　　　　　　　 2 000 000

2. 可供出售金融资产的核算

(1) 取得可供出售金融资产的核算。

信托机构取得可供出售的金融资产为股票投资的，按公允价值与交易费用之和，借记"可供出售金融资产——成本"科目，如果已支付的价款中包含了已宣告但尚未发放的现金股利，应借记"应收股利"，贷记"银行存款"（或"存放中央银行款项"或"结算备付金"）科目。

信托机构取得可供出售金融资产为债券投资的，应借记"可供出售金融资产——成本（面值）"科目、如果支付的价款中包含了已到付息期但尚未领取的利息，借记"应收利息"科目，贷记"银行存款"（或"存放中央银行款项"或"结算备付金"）科目。按借贷方差额，借记或贷记"可供出售金融资产——利息调整"科目。

(2) 资产负债表日的计量。

资产负债表日，可供出售债券为分期付息、一次还本债券投资的，应按票面利率计算确定的应收未收利息，借记"应收利息"科目，按可供出售债券的摊余成本和实际利率计算确定的利息收入贷记"投资收益"科目。按借贷方差额，借记或贷记"可供出售金融资产——利息调整"科目。

资产负债表日，可供出售债券为一次还本付息债券的，应按票面利率计算确定的应收未收利息，借记"可供出售金融资产——应计利息"科目，按可供出售债券的摊余成本和实际利率计算确定的利息收入，贷记"投资收益"科目。按借贷方差额，借记或贷记"可供出售金融资产——利息调整"科目。

资产负债表日，当可供出售金融资产为股票等权益工具投资（不含在活跃市场上没有报价、公允价值不能可靠计量的权益工具投资），且可供出售金融资产的公允价值高于其账面余额的差额，应借记"可供出售金融资产——公允价值变动"科目，贷记"资本公积——其他资本公积"科目。如果公允价值低于其账面余额的差额则做相反的会计分录。

(3) 资产负债表日发生减值的核算。

确定可供出售金融资产发生减值时，按减值的金额借记"资产减值损失"科目，贷记"资本公积——其他资本公积"科目，按借贷方差额，借记或贷记"可供出售金融资产——公允价值变动"科目。

对于已确认减值损失的可供出售金融资产，在随后的会计期间内公允价值已上升且客观上与确认原减值损失事项有关的，应按照原确认的减值损失，借"可供出售金融资产——公允价值变动"科目，贷记"资产减值损失"科目。

(4) 出售可供出售金融资产。

在出售可供出售金融资产时，应按实际收到的金额，借记"银行存款"（或"存放中央银行款项"或"吸收存款")科目,贷记"可供出售金融资产——成本"科目、"可供出售金融资产——公允价值变动"科目、"可供出售金融资产——利息调整"科目、"可供出售金融资产——应计利息"科目,按应从所有者权益中转出的公允价值累积变动额,借记或贷记"资本公积——其他资本公积",按其差额贷记或借记"投资收益"科目。

【例 4-6】 沿用[例 4-5]资料,如果 2015 年 7 月华泰信托投资公司从深交所购入天河上市公司股票 100 万股,准备近期出售,列为可供出售金融资产,其他相同。

华泰信托公司的相关会计分录如下:

(1) 购入时:

借:可供出售金融资产——成本　　　　　　　　　　　　　　10 050 000
　　贷:银行存款　　　　　　　　　　　　　　　　　　　　　10 050 000

(2) 宣告分派股利时:

借:应收股利　　　　　　　　　　　　　　　　　　　　　　1 000 000
　　贷:投资收益　　　　　　　　　　　　　　　　　　　　　1 000 000

(3) 收到股利时:

借:银行存款　　　　　　　　　　　　　　　　　　　　　　1 000 000
　　贷:应收股利　　　　　　　　　　　　　　　　　　　　　1 000 000

(4) 公允价值变动时:

借:可供出售金融资产——公允价值变动　　　　　　　　　　1 950 000
　　贷:资本公积——其他资本公积　　　　　　　　　　　　　1 950 000

(5) 出售时:

借:银行存款　　　　　　　　　　　　　　　　　　　　　　13 000 000
　　贷:可供出售金融资产——成本　　　　　　　　　　　　　10 050 000
　　　　　　　　　　　　——公允价值变动　　　　　　　　　1 950 000
　　　　投资收益　　　　　　　　　　　　　　　　　　　　　1 000 000
借:资本公积——其他资本公积　　　　　　　　　　　　　　　1 950 000
　　贷:投资收益　　　　　　　　　　　　　　　　　　　　　1 950 000

(二) 委托投资业务的核算

委托投资的收益全部归委托人所有,信托机构一般只收取一定比例的手续费,投资的风险也由委托人承担。

1. 取得委托投资的核算

信托机公司接受委托,收到委托资金对外投资时,应借记"银行存款"科目,贷记"代理业务负债——××单位委托存款户"科目;同时,借记"代理业务资产——委托投资——××投资单位户"科目,贷记"银行存款"科目。

2. 取得投资收益的核算

委托投资的资金分得的红利划到信托机构的银行账户,并转入委托人的委托存款账户时,借记"银行存款"科目,贷记"代理业务负债——××单位委托存款户"科目。

3. 收取手续费的核算

开办委托投资业务,信托机构收取手续费的核算与经办委托贷款业务收取手续费的核算相同。借记"银行存款"科目,贷记"手续费及佣金收入"。

【例 4-7】 华泰信托投资公司接受新华公司存入的资金 500 万元,投资给天河公司。信托公司按照投资金额的 2% 收取手续费。

(1)华泰信托投资公司收到投资款时,会计分录为:

借:银行存款　　　　　　　　　　　　　　　　　　　　　　5 000 000
　贷:代理业务负债——新华公司委托存款户　　　　　　　　　5 000 000

(2)对外投资时:

借:代理业务资产——委托投资——天河公司户　　　　　　　5 000 000
　贷:银行存款　　　　　　　　　　　　　　　　　　　　　　5 000 000

(3)收取手续费时:

借:银行存款　　　　　　　　　　　　　　　　　　　　　　100 000
　贷:手续费及佣金收入　　　　　　　　　　　　　　　　　　100 000

【知识链接】

公 益 信 托

公益信托,是指委托人为了不特定的社会公共利益设立的信托。公益信托设定的目的不是为特定受益人谋利,而是为促进社会公共的利益,故而受益人是社会公众中符合规定条件的人,是不特定的。信托投资公司可以依照《中华人民共和国信托法》的有关规定,接受为下列公益目的而设立的公益信托:救济贫困;救助灾民;扶助残疾人;发展教育、科技、文化、艺术、体育事业;发展医疗卫生事业;发展环境保护事业,维护生态环境;发展其他社会公益事业。

第五节　其他信托业务的核算

信托业务除了以上几节介绍的以外,还包括财产信托、投资基金信托、公益信托、拆出信托资金、代理、咨询、担保等业务。

一、财产信托

财产信托是委托人将自己的动产、房产以及知识产权等财产、财产权,委托信托投资公司按照约定的条件和目的,进行管理和处置。财产信托应按委托人、财产种类进行明细核算。

具体账务处理如下:

(1) 接受信托资产，编制会计分录如下：

借：固定资产
　　贷：代理业务负债

(2) 终止财产信托，编制会计分录如下：

借：代理业务负债
　　贷：固定资产

(3) 信托财产租赁，编制会计分录如下：

借：经营（或融资）租出固定资产
　　贷：固定资产

(4) 计提租金收入，编制会计分录如下：

借：应收经营（或融资）租赁款
　　贷：租赁收入

(5) 应付委托人收益，编制会计分录如下：

借：营业费用
　　贷：应付受益人收益

(6) 支付收益时，编制会计分录如下：

借：应付受益人收益
　　贷：银行存款

二、投资基金信托

投资基金信托是信托投资公司受托经办国家有关法规允许从事的投资基金业务，具体账务处理如下：

(1) 批准办理时，编制会计分录如下：

借：银行存款
　　贷：投资基金信托

(2) 终止时，编制会计分录如下：

借：投资基金信托
　　应付受益人收益
　　贷：银行存款

三、公益信托

公益信托是信托投资公司为公益目的而设立的信托。公益项目包括救济贫困，扶助残疾人，发展教育、科技、体育、文化、艺术事业，发展医疗卫生事业，维护生态环境，发展其他有利于社会的公共事业。

当信托投资公司办理公益信托业务时,按实际收到的金额或财产价值,编制会计分录如下:

借:银行存款
　　贷:公益信托

公益信托应按信托类别、委托人进行明细分类核算。

四、拆出信托资金

当信托投资公司拆出信托资金时,编制会计分录如下:

借:拆出资金——××单位户
　　贷:银行存款

收到拆出信托资金利息时,编制会计分录如下:

借:银行存款
　　贷:信托收入——拆出资金利息收入

收回拆出信托资金时,编制会计分录如下:

借:银行存款
　　贷:拆出资金——××单位户

五、代理、咨询、担保等业务

信托投资公司接受客户的委托,以代理人身份,代为办理其指定的经济事项的业务称为代理业务。代理业务不要求委托人转移其财产所有权,一般只发挥财务管理职能的信用服务。信托机构办理的代理类业务主要有,代理收付款业务、代理有价证券业务、代保管业务、代理保险业务、担保签证业务、代理会计事务业务等。

信托公司办理代理业务,在一定程度上会影响信托机构的资产负债情况,如代收、代付款项,要涉及公司银行账户的变动,担保业务也可能会形成公司的一项负债,即或有负债,因此有必要对这些业务进行核算。

(1) 当办理代理业务收取手续费时,编制会计分录如下:

借:银行存款
　　贷:其他收入——××业务收入

(2) 办理代付业务。当委托人拨来代付资金时,编制会计分录如下:

借:银行存款
　　贷:代理收付款项——代理付款——××单位户

办理代付业务,付出款项时,编制会计分录如下:

借:代理收付款项——代理付款——××单位户
　　贷:银行存款

(3) 代收业务。办理代收业务,代委托人收款时,编制会计分录如下:

借：银行存款
　　贷：代理收付款项——代理收款——××单位户

将款项交付委托人时，编制如下会计分录：

借：代理收付款项——代理收款——××单位户
　　贷：银行存款

（4）代保管业务。信托公司开办代保管业务所保管资产的所有权仍属委托者，应作为账外保管物品进行核算，进行备查登记。

（5）担保业务。信托机构办理担保业务，承担较大的风险，一旦被担保单位不能支付款项，信托机构就必须承担连带责任。因此，担保额形成信托机构的一项或有负债在资产负债表外披露。信托机构必须对此类或有负债加强管理，在备查簿中按担保类别逐笔登记期限、金额等。

发生担保赔付时，编制会计分录如下：

借：其他收入——其他信托收入
　　贷：银行存款

【关键术语】

信托　信托存款　信托贷款　信托投资

【问题思考】

1. 信托存款与委托存款有哪些异同点？
2. 信托贷款与委托贷款有哪些异同点？
3. 信托投资与委托投资有哪些异同点？

扫二维码获得本章习题及案例

第五章
期货公司业务的核算

教学目标

本章主要介绍期货公司经纪业务的会计核算,通过学习理解掌握期货经纪业务的基本内容、账户的设置及具体业务的会计核算,具备经纪业务核算技能。

第一节 期货公司业务概述

一、期货公司的含义和设立

期货公司是指依法设立的、接受客户委托、按照客户的指令、以自己的名义为客户进行期货交易并收取交易手续费的中介组织。

期货公司的设立,须经国务院期货监督管理机构批准,并在公司登记机关登记注册。未经国务院期货监督管理机构批准,任何单位或者个人不得设立或者变相设立期货公司,经营期货业务。根据 2013 年 7 月修订的《期货交易管理条例》第十六条的规定:申请设立期货公司,应当符合《中华人民共和国公司法》的规定,并具备下列条件:注册资本最低限额为人民币 3 000 万元;董事、监事、高级管理人员具备任职资格,从业人员具有期货从业资格;有符合法律、行政法规规定的公司章程;主要股东以及实际控制人具有持续盈利能力,信誉良好,最近 3 年无重大违法违规记录;有合格的经营场所和业务设施;有健全的风险管理和内部控制制度;国务院期货监督管理机构规定的其他条件。2014 年 10 月银监会发布《期货公司监督管理办法》,第十三条规定:"按照本办法设立的期货公司,可以依法从事商品期货经纪业务;从事金融期货经纪、境外期货经纪、期货投资咨询的,应当取得相应业务资格。从事资产管理业务的,应当依法登记备案。期货公司经批准可以从事中国证监会规定的其他业务。"即期货公司可从事的业务划分为公司成立即可从事的业务、需经核准业务、需登记备案业务以及经批准可以从事的其他业务等 4 个层次。

二、期货公司业务内容

(一)期货经纪业务

期货经纪业务是指期货公司接受客户的委托、代理客户进行期货交易的中间业务,这是期货公司最基本的业务。期货交易所实行会员制,只有成为期货交易所会员才能取得交易席位,即进行期货交易的操作资格。一般投资者不能直接进入场内进行交易,只能通过拥有席位的期货公司作为中介来完成交易。期货公司从事经纪业务,接受客户委托,以自己的名义为客户进行期货交易,交易结果由客户承担。

凡依法设立的期货公司,即可以从事商品期货经纪业务,从事金融期货经纪、境外期货经纪则应当取得相应业务资格。客户在期货公司开立账户,要出具合法有效的单位、个人身份证明或者其他证明材料。期货公司要建立交易指令委托管理制度,并与客户就委托方式和程序进行约定。期货公司按照客户委托下达交易指令,不得未经客户委托或者未按客户委托内容,擅自进行期货交易。期货公司不得向客户做获利保证;不得在经纪业务中与客户约定分享利益或者共担风险。期货公司应当在传递交易指令前对客户账户资金和持仓进行验证,按照时间优先的原则传递客户交易指令。期货公司在每日结算后为客户提供交易结算报告,客户可以通过期货保证金安全存管监控机构进行查询并按照期货经纪合同约定方式对交易结算报告内容进行确认。客户对交易结算报告有异议的,应当在期货经纪合同约定的时间内以书面方式提出,期货公司应当在约定时间内进行核实。客户未在约定时间内提出异议的,视为对交易结算报告内容的确认。期货公司应当制定并执行错单处理业务规则。期货公司应当按照规定为客户申请、注销交易编码。客户与期货公司的委托关系终止的,应当办理销户手续。期货公司不得将客户未注销的资金账号、交易编码借给他人使用。期货公司可以按照规定委托其他机构或者接受其他机构委托从事中间介绍业务。

期货公司经纪业务最为重要的一项制度是保证金制度,期货公司要向客户收取保证金,期货公司在依法批准的期货保证金存管银行开立期货保证金账户,期货公司存管的客户保证金应当全额存放在期货保证金账户和期货交易所专用结算账户内,客户向期货公司登记以本人名义开立的用于存取保证金的期货结算账户。期货公司和客户通过备案的期货保证金账户和登记的期货结算账户转账存取保证金。期货公司按照期货交易所规则,使用自有资金缴存结算担保金、结算准备金,并维持最低数额的结算准备金等专用资金,确保客户期货交易的正常进行和客户保证金的安全。客户在期货交易中违约造成保证金不足的,期货公司以风险准备金和自有资金垫付。期货公司根据期货交易所的结算结果对客户进行结算,并将结算结果按照与客户约定的方式及时通知客户。客户要及时查询并妥善处理自己的交易持仓。客户保证金不足时,应及时追加保证金或者自行平仓。客户未在期货公司规定的时间内及时追加保证金或者自行平仓的,期货公司应当将该客户的合约强行平仓,强行平仓的有关费用和发生的损失由该客户承担。

(二) 期货投资咨询

期货公司可以依法从事期货投资咨询业务,接受客户委托,向客户提供风险管理顾问、研究分析、交易咨询等服务。期货公司从事期货投资咨询业务,应当与客户签订服务合同,明确约定服务内容、收费标准及纠纷处理方式等事项。

期货公司及其从业人员从事期货投资咨询业务,不得有下列行为:向客户做获利保证;以虚假信息、市场传言或者内幕信息为依据向客户提供期货投资咨询服务;对价格涨跌或者市场走势做出确定性的判断;利用向客户提供投资建议谋取不正当利益;利用期货投资咨询活动传播虚假、误导性信息;以个人名义收取服务报酬;法律、行政法规和中国证监会规定禁止的其他行为。

(三) 资产管理业务

期货公司可以依法从事资产管理业务，接受客户委托，运用客户资产进行投资。投资收益由客户享有，损失由客户承担。期货公司从事资产管理业务，应当与客户签订资产管理合同，通过专门账户提供服务。期货公司可以依法从事下列资产管理业务：为单一客户办理资产管理业务；为特定多个客户办理资产管理业务。

资产管理业务的投资范围包括：期货、期权及其他金融衍生产品；股票、债券、证券投资基金、集合资产管理计划、央行票据、短期融资券、资产支持证券等；以及中国证监会认可的其他投资品种。

期货公司及其从业人员从事资产管理业务，不得有下列行为：以欺诈手段或者其他不当方式误导、诱导客户；向客户做出保证其资产本金不受损失或者取得最低收益的承诺；接受客户委托的初始资产低于中国证监会规定的最低限额；占用、挪用客户委托资产；以转移资产管理账户收益或者亏损为目的，在不同账户之间进行买卖，损害客户利益；以获取佣金或者其他利益为目的，使用客户资产进行不必要的交易；利用管理的客户资产为第三方谋取不正当利益，进行利益输送；法律、行政法规以及中国证监会规定禁止的其他行为。

第二节 期货公司经纪业务的核算

2006年2月财政部颁布新《企业会计准则》，2007年1月证监会下发的《关于期货经纪公司执行〈企业会计准则〉有关新旧衔接事宜的通知》，规定期货公司应按照《企业会计准则》和证监会的相关要求，于2007年6月30日之前将会计核算系统等调整到位。自2007年7月1日起，期货公司应按照新会计准则进行账务处理。2007年10月中国期货业协会发布《期货公司会计科目设置及核算指引》，对期货公司会计科目设置和核算进行了自律规定。中期协要求各会员单位在执行《企业会计准则》的相关会计核算业务中遵照《期货公司会计科目设置及核算指引》执行，如财政部等有关部门对期货公司会计核算另有明确规定的，从其规定。

一、科目的设置及应用

根据《期货公司会计科目设置及核算指引》，期货公司经纪业务设置的相关科目包括：

资产类："期货保证金存款""应收货币保证金""应收质押保证金""应收结算担保金""应收风险损失款""期货会员资格投资""期货风险准备金"。

负债类："应付货币保证金""应付质押保证金""应付手续费""应付期货投资者保障基金"。

所有者权益类："一般风险准备金"。

损益类："手续费收入""期货风险准备金支出""业务及管理费——监管费、年会费、席位使用费、客户服务费、提取期货投资者保障基金等"。

（一）期货保证金存款

本科目核算期货公司收到客户或分级结算制度下全面结算会员收到非结算会员缴存的货币保证金以及期货公司存入期货保证金账户的款项。

本科目可按银行存款账户进行明细核算。

期货保证金存款的主要账务处理：

期货公司收到客户或分级结算制度下全面结算会员收到非结算会员缴存的货币保证金时，按缴存的货币保证金金额，借记本科目，贷记"应付货币保证金"科目。

期货公司向客户或分级结算制度下全面结算会员向非结算会员划出货币保证金时，按划出的货币保证金金额，借记"应付货币保证金"科目，贷记本科目。

期货公司向期货保证金账户存入资金时，按存入的资金金额，借记本科目，贷记"银行存款"科目。期货公司从期货保证金账户划回资金时，按划回的资金金额，借记"银行存款"科目，贷记本科目。

本科目期末借方余额，反映期货公司收到客户或分级结算制度下，全面结算会员收到非结算会员缴存的货币保证金金额，以及存入期货保证金账户的款项。

（二）应收货币保证金

本科目核算期货公司向期货结算机构（指期货交易所或分级结算制度下的特别结算会员和全面结算会员，下同）划出的货币保证金，以及期货业务盈利形成的货币保证金。

本科目可按期货结算机构进行明细核算。

应收货币保证金的主要账务处理：

期货公司向期货结算机构划出货币保证金时，按划出的货币保证金金额，借记本科目，贷记"期货保证金存款"科目。

期货公司从期货结算机构划回货币保证金时，按划回的货币保证金金额，借记"期货保证金存款"科目，贷记本科目。

期货公司收到期货结算机构划回的货币保证金利息时，按划回的利息金额，借记本科目，贷记"利息收入"科目。

客户或非结算会员期货合约实现盈利时，期货公司按结算单据列明的盈利金额，借记本科目，贷记"应付货币保证金"科目。客户或非结算会员期货合约发生亏损时，期货公司按期货结算机构结算单据列明的亏损金额，借记"应付货币保证金"科目，贷记本科目。

期货公司代理买方客户进行期货实物交割的，按支付的交割货款金额（商品期货实物交割的金额含增值税额，下同），借记"应付货币保证金"科目，贷记本科目。

期货公司代理卖方客户进行期货实物交割的，按收到的交割货款金额，借记本科目，贷记"应付货币保证金"科目。

期货公司向期货结算机构支付代收的手续费时，按划转的手续费金额，借记"应付手续费"科目，贷记本科目。

期货公司收到期货结算机构返还的手续费时，按收到返还的手续费金额，借记本科目，按应返还给客户或非结算会员的金额，贷记"应付手续费"科目，按期货公司应收的金额，贷记"手续费收入"科目。

期货公司向期货结算机构交纳杂项费用时，按支付的有关费用金额，借记"业务及管理费"科目,贷记"银行存款"、本科目等科目。

本科目期末借方余额,反映期货公司从期货结算机构尚未收回的货币保证金金额。

(三)应收质押保证金

本科目核算期货公司代客户或非结算会员向期货交易所办理有价证券充抵保证金业务形成的可用于期货交易的保证金。

本科目可按期货交易所或实行分级结算制度下的特别结算会员和全面结算会员名称进行明细核算。

应收质押保证金的主要账务处理:

全员结算制度下,期货公司代客户向期货交易所办理有价证券充抵保证金业务的,应当分情况进行会计处理:

客户委托期货公司向期货交易所提交有价证券办理充抵保证金业务时,期货公司按期货交易所核定的充抵保证金金额,借记本科目,贷记"应付质押保证金"科目;

有价证券价值发生增减变化,期货交易所相应调整核定的充抵保证金金额时,期货公司按调整增加数,借记本科目,贷记"应付质押保证金"科目;按调整减少数,借记"应付质押保证金"科目,贷记本科目;

期货交易所将有价证券退还给客户时,期货公司按期货交易所核定的充抵保证金金额,借记"应付质押保证金"科目,贷记本科目;

客户到期不能及时追加保证金,期货交易所处置有价证券时,期货公司按期货交易所核定的充抵保证金金额,借记"应付质押保证金"科目,贷记本科目。按处置有价证券所得款项金额,借记"应收货币保证金"科目,贷记"应付货币保证金"科目。

分级结算制度下,全面结算会员和交易结算会员代客户直接向期货交易所办理有价证券充抵保证金业务的,会计处理参照前述规定。

非结算会员代客户向期货交易所办理有价证券充抵保证金业务的,应当分情况进行处理:

非结算会员代客户通过特别结算会员或全面结算会员向期货交易所申请办理有价证券充抵保证金业务时,非结算会员按期货交易所核定的充抵保证金金额,借记本科目(特别结算会员或全面结算会员),贷记"应付质押保证金"科目。

全面结算会员按期货交易所核定的充抵保证金金额,借记本科目(期货交易所),贷记"应付质押保证金"科目;

有价证券价值发生增减变化,期货交易所相应调整核定的充抵保证金金额时,非结算会员按调整增加数,借记本科目(特别结算会员或全面结算会员),贷记"应付质押保证金"科目;按调整减少数,借记"应付质押保证金"科目,贷记本科目(特别结算会员或全面结算会员);

期货交易所将有价证券退还给客户时,非结算会员按期货交易所核定的充抵保证金金额,借记"应付质押保证金"科目,贷记本科目(特别结算会员或全面结算会员)。

全面结算会员按期货交易所核定的充抵保证金金额,借记"应付质押保证金(非结算会员)"科目,贷记本科目(期货交易所);

客户到期不能及时追加保证金,期货交易所处置有价证券时,非结算会员按期货交易所核定的充抵保证金金额,借记"应付质押保证金"科目,贷记本科目(特别结算会员或全面结算会员)。按处置有价证券所得款项金额,借记"应收货币保证金(特别结算会员或全面结算会员)"科目,贷记"应付货币保证金"科目。

全面结算会员按期货交易所核定的充抵保证金金额,借记"应付质押保证金"科目,贷记本科目(期货交易所)。按处置有价证券所得款项金额,借记"应收货币保证金"科目,贷记"应付货币保证金(非结算会员)"科目。

本科目期末借方余额,反映期货公司尚未收回的有价证券充抵保证金业务形成的可用于期货交易的保证金。

(四)应收结算担保金

本科目核算分级结算制度下结算会员(包括全面结算会员和交易结算会员,下同)按照规定向期货交易所缴纳的结算担保金。

本科目可按期货交易所进行明细核算。

应收结算担保金的主要账务处理:

结算会员向期货交易所划出结算担保金时,按划出的结算担保金额,借记本科目,贷记"银行存款"科目。

结算会员从期货交易所划回结算担保金时,按划回的结算担保金额,借记"银行存款"科目,贷记本科目。

结算会员收到期货交易所划回的结算担保金利息时,按期货交易所划回的利息金额,借记"银行存款"科目,贷记"利息收入"科目。

结算会员的结算担保金被期货交易所动用抵御其他违约会员的风险时,结算会员按期货交易所分摊的金额,借记"其他应收款"科目,贷记本科目;同时结算会员应按向期货交易所追加的结算担保金,借记本科目,贷记"银行存款"科目。

期货交易所向违约会员追索成功后,结算会员按收回金额中应享有的份额,借记本科目,贷记"其他应收款"科目。被动用的结算担保金最终确定无法收回时,结算会员应按确定无法收回的金额,借记"业务及管理费"科目,贷记"其他应收款"科目。

结算会员划回多余的结算担保金,按划出的结算担保金额,借记"银行存款",贷记本科目。

本科目期末借方余额,反映结算会员尚未从期货交易所收回的结算担保金额。

(五)应收风险损失款

本科目核算期货公司为客户垫付尚未收回的风险损失款。

本科目可按客户进行明细核算。

应收风险损失款的主要账务处理:

期货公司代客户向期货结算机构垫付罚款时,按垫付的罚款金额,借记本科目,贷记"应收货币保证金"科目。

期货公司从客户货币保证金中划回垫付的罚款支出时,按划回的罚款金额,借"应付货币保证金"科目,贷记本科目。

客户因自身原因造成的风险损失,按客户货币保证金余额,借记"应付货币保证金"科目,按期货公司代为垫付的款项金额,借记本科目,贷记"应收货币保证金"科目。

客户期货业务发生穿仓时,期货公司应首先全额冲销客户的保证金,在客户以货币保证金交易的情况下,按冲销的保证金金额,借记"应付货币保证金"科目,贷记"应收货币保证金"科目;在客户以质押保证金交易的情况下,借记"应付质押保证金"科目,贷记"应收质押保证金"科目;按期货公司代为垫付的款项金额,借记本科目,贷记"应收货币保证金""银行存款""应收结算担保金""其他应付款"等科目。

期货公司向客户收回垫付的风险损失款时,按收回垫付的风险损失款金额,借记"银行存款"科目,贷记本科目。

期货公司按规定核销难以收回垫付的风险损失款时,按核销的风险损失款金额,借记"期货风险准备金"科目,贷记本科目。

本科目期末借方余额,反映期货公司为客户垫付尚未收回的风险损失款。

(六) 期货会员资格投资

本科目核算期货公司为取得会员制期货交易所会员资格以交纳会员资格费形式对期货交易所的投资。

本科目可按期货交易所进行明细核算。

期货会员资格投资的主要账务处理:

期货公司为取得会员制期货交易所会员资格交纳会员资格费时,按交纳的会员资格费金额,借记本科目,贷记"银行存款"科目。

期货公司转让或被取消上述会员资格,按收到的转让款项或期货交易所实际退还的会员资格费金额,借记"银行存款"科目,按期货公司会员资格投资的账面价值,贷记本科目,按其差额,借记或贷记"投资收益"科目。

本科目期末借方余额,反映期货公司对会员制期货交易所的会员资格投资。

(七) 应付货币保证金

本科目核算期货公司收到客户或分级结算制度下全面结算会员收到非结算会员缴存的货币保证金,以及期货业务盈利形成的货币保证金。

本科目可按客户或分级结算制度下非结算会员进行明细核算。

应付货币保证金的主要账务处理:

期货公司收到客户或分级结算制度下,全面结算会员收到非结算会员划入的货币保证金时,按划入的货币保证金金额,借记"期货保证金存款"科目,贷记本科目。

期货公司向客户或分级结算制度下全面结算会员向非结算会员划出货币保证金时,按划出的货币保证金金额,借记本科目,贷记"期货保证金存款"科目。

客户期货合约实现盈利时,期货公司按期货结算机构结算单据列明的盈利金额,借记"应收货币保证金"科目,贷记本科目。客户期货合约发生亏损时,期货公司按期货结算机构结算单据列明的亏损金额,借记本科目,贷记"应收货币保证金"科目。

期货公司代理买方客户进行期货实物交割的,按支付的交割货款金额(商品期货实物交割金额含增值税额,下同),借记本科目,贷记"应收货币保证金"科目。

期货公司代理卖方客户进行期货实物交割的,按收到的交割货款金额,借记"应收货币保证金"科目,贷记本科目。

期货公司因错单合约平仓产生的亏损,按结算单据列明的金额,借记"期货风险准备金"科目,贷记本科目。

期货公司因错单合约平仓实现的盈利,按结算单据列明的金额,借记本科目,贷记"营业外收入"科目。

期货公司向客户或分级结算制度下,全面结算会员向非结算会员收取手续费时,按收取的手续费金额,借记本科目,按期货结算机构享有的手续费金额,贷记"应付手续费"科目,按自身享有的手续费金额,贷记"手续费收入"科目。

本科目期末贷方余额,反映期货公司尚未支付的货币保证金金额。

(八) 应付质押保证金

本科目核算期货公司代客户向期货交易所办理有价证券充抵保证金业务而形成的可用于期货交易的保证金。

本科目可按客户(或分级结算制度下非结算会员)和有价证券类别进行明细核算。

应付质押保证金的主要账务处理:

全员结算制度下,期货公司代客户向期货交易所办理有价证券充抵保证金业务的,应当分情况进行会计处理:

客户委托期货公司向期货交易所提交有价证券办理充抵保证金业务时,期货公司按期货交易所核定的充抵保证金金额,借记"应收质押保证金",贷记本科目。

有价证券价值发生增减变化,期货交易所相应调整核定的充抵保证金金额时,期货公司按调整增加数,借记"应收质押保证金"科目,贷记本科目;按调整减少数,借记本科目,贷记"应收质押保证金"科目。

期货交易所将有价证券退还给客户时,期货公司按期货交易所核定的充抵保证金金额,借记本科目,贷记"应收质押保证金"科目。

客户到期不能及时追加保证金,期货交易所处置有价证券时,期货公司按期货交易所核定的充抵保证金金额,借记本科目,贷记"应收质押保证金"科目;按处置有价证券所得款项金额,借记"应收货币保证金"科目,按垫付的款项金额,借记"应收风险损失款"科目,贷记"应付货币保证金"科目。

分级结算制度下,全面结算会员和交易结算会员代客户向期货交易所办理有价证券充抵保证金业务的,会计处理参照前述(一)的规定。

非结算会员代客户向期货交易所办理有价证券充抵保证金业务的,应当分情况进行处理:

非结算会员代客户通过特别结算会员或全面结算会员向交易所申请办理有价证券充抵保证金业务时,非结算会员按期货交易所核定的充抵保证金金额,借记"应收质押保证金(特别结算会员或全面结算会员)",贷记本科目。

全面结算会员按期货交易所核定的充抵保证金金额,借记"应收质押保证金(期货交易所)科目",贷记本科目。

有价证券价值发生增减变化,期货交易所相应调整核定的充抵保证金金额时,非结算会员按调整增加数,借记"应收质押保证金(特别结算会员或全面结算会员)",贷记本科目;按调整减少数,借记本科目,贷记"应收质押保证金(特别结算会员或全面结算会员)"。

期货交易所将有价证券退还给客户时,非结算会员按期货交易所核定的充抵保证金金额,借记本科目,贷记"应收质押保证金(特别结算会员或全面结算会员)"。

全面结算会员按期货交易所核定的充抵保证金金额,借记本科目(非结算会员),贷记

"应收质押保证金(期货交易所)"科目。

客户到期不能及时追加保证金,期货交易所处置有价证券时,非结算会员按期货交易所核定的充抵保证金金额,借记本科目,贷记"应收质押保证金(特别结算会员或全面结算会员)"科目,按处置有价证券所得款项金额,借记本科目(特别结算会员或全面结算会员),贷记"应付货币保证金"科目。

全面结算会员按期货交易所核定的充抵保证金金额,借记本科目,贷记"应收质押保证金(期货交易所)"科目,按处置有价证券所得款项金额,借记"应收货币保证金"科目,贷记"应付货币保证金(非结算会员)"科目。

本科目期末贷方余额,反映期货公司代客户向期货交易所办理有价证券充抵保证金业务形成的可用于期货交易的保证金金额。

(九)应付手续费

本科目核算期货公司为期货结算机构代收尚未支付的手续费。

本科目可按期货结算机构进行明细核算。

应付手续费的主要账务处理:

期货公司向客户或分级结算制度下全面结算会员向非结算会员收取手续费时,按收取的手续费金额,借记"应付货币保证金"科目,按期货结算机构享有的手续费金额,贷记本科目,按自身享有的手续费金额,贷记"手续费收入"科目。

期货公司向期货结算机构支付代收的手续费时,按支付的手续费金额,借记本科目,贷记"应收货币保证金"科目。

期货公司收到期货结算机构减收的手续费时,按减收的手续费金额,借记本科目,贷记"手续费收入"科目。

本科目期末贷方余额,反映期货公司为期货结算机构代收尚未支付的手续费。

(十)期货风险准备金

本科目核算期货公司按规定提取的期货风险准备金。

期货风险准备金的主要账务处理:

期货公司按规定以手续费收入的一定比例提取期货风险准备金时,按提取的期货风险准备金额,借记"期货风险准备金支出"科目,贷记本科目。

期货公司因自身原因造成的损失,按应由当事人负担的金额,借记"其他应收款"科目,按应由期货公司负担的金额,借记本科目,按应向期货结算机构或客户划转的金额,贷记"应收货币保证金""应付货币保证金"等科目。

期货公司按规定核销难以收回垫付的风险损失款时,按核销的风险损失款金额,借记本科目,贷记"应收风险损失款"科目。

本科目期末贷方余额,反映期货公司提取的期货风险准备金额。

(十一)应付期货投资者保障基金

本科目核算期货公司按规定提取的期货投资者保障基金。

期货投资者保障基金的主要账务处理:

期货公司按规定提取期货投资者保障基金时,按提取的期货投资者保障基金额,借记"业务及管理费"科目,贷记本科目。

实际缴纳期货投资者保障基金时,借记本科目,贷记"应收货币保证金"科目。

本科目期末贷方余额,反映期货公司提取的期货投资者保障基金。

(十二) 一般风险准备金

本科目核算期货公司按规定从税后利润提取的一般风险准备金。

一般风险准备金的主要账务处理:

期货公司按规定以本年实现净利润的一定比例提取一般风险准备金时,按提取的一般风险准备金金额,借记"利润分配"科目,贷记本科目。

期货公司发生风险损失,期货风险准备金不足以弥补的,差额部分冲减一般风险准备金时,借记"一般风险准备金"科目,贷记"应收风险损失款"等科目;仍不足的部分,直接计入当期损益,借记"业务及管理费"科目,贷记"应收风险损失款"等科目。

本科目期末贷方余额,反映期货公司从税后利润中提取的一般风险准备金。

(十三) 手续费收入

本科目核算期货公司向客户收取的交易手续费、代理结算手续费、交割手续费和有价证券充抵保证金业务手续费收入,以及期货公司收到期货交易所返还、减收的手续费收入。

本科目可按交易手续费、代理结算手续费、交割手续费、有价证券充抵保证金业务手续费、交易所手续费返还、交易所手续费减免等类别进行明细核算。

手续费收入的主要账务处理:

期货公司向客户或分级结算制度下全面结算会员向非结算会员收取手续费时,按收取的手续费金额,借记"应付货币保证金"科目,按期货结算机构享有的手续费金额,贷记"应付手续费"科目,按自身享有的手续费金额,贷记本科目。

期末,应将本科目的余额转入"本年利润"科目,结转后本科目无余额。

(十四) 期货风险准备金支出

本科目核算期货公司按规定以手续费收入的一定比例提取的期货风险准备金。

提取期货风险准备金的主要账务处理:

期货公司按规定以手续费收入的一定比例提取期货风险准备金时,按提取的期货风险准备金金额,借记本科目,贷记"期货风险准备金"科目。

期末,应将本科目的余额转入"本年利润"科目,结转后本科目无余额。

二、期货经纪业务的核算

(一) 期货会员资格投资

期货公司为取得会员制期货交易所会员资格缴纳会员资格费时,按缴纳的会员资格费金额:

借:期货会员资格投资
　　贷:银行存款

期货公司转让或被取消上述会员资格:

借:银行存款(实际退还的会员资格费金额)
　　贷:期货会员资格投资(账面价值)
　　　　投资收益(差额,或借记)

【例 5-1】 2015年3月1日君安期货公司按甲期货交易所的章程规定向该交易所支付会员资格费100万元,取得该交易所的会员资格。经营一段时间后决定出让在甲交易所的会员资格,报经交易所理事会审核批准后,2016年6月1日与受让方协商作价为105万元。转让手续已办理完毕,并收到受让方支付的转让价款。

要求:编制相关会计分录。

解:(1) 2015年3月1日取得该交易所的会员资格。

借:期货会员资格投资　　　　　　　　　　　　　　　　　　　　　1 000 000
　　贷:银行存款　　　　　　　　　　　　　　　　　　　　　　　　　　　1 000 000

(2) 2016年6月1日 转让会员资格。

借:银行存款　　　　　　　　　　　　　　　　　　　　　　　　　　1 050 000
　　贷:期货会员资格投资　　　　　　　　　　　　　　　　　　　　　　　1 000 000
　　　　投资收益　　　　　　　　　　　　　　　　　　　　　　　　　　　　50 000

(二) 交纳各项费用及缴纳期货投资者保障基金

交纳监管费、年会费、席位使用费、客户服务费等:

借:业务及管理费
　　贷:银行存款(或交存保证金)

缴纳期货投资者保障基金时:

借:应付期货投资者保障基金
　　贷:应收货币保证金

【例 5-2】 君安期货公司2015年1月1日向期货交易所交纳当年5万元席位使用费及30万元期货投资者保障基金。

要求:编制相关会计分录。

解:2015年1月1日交纳席位使用费期货投资者保障基金:

(1) 借:业务及管理费　　　　　　　　　　　　　　　　　　　　　　　50 000
　　　　贷:银行存款　　　　　　　　　　　　　　　　　　　　　　　　　　50 000

(2) 借:应付期货投资者保障基金　　　　　　　　　　　　　　　　　　300 000
　　　　贷:应收货币保证金　　　　　　　　　　　　　　　　　　　　　　300 000

(三) 向期货结算机构划出货币保证金、收到利息及支付手续费

期货公司向期货结算机构划出货币保证金时,按划出的货币保证金金额:

借:应收货币保证金
　　贷:期货保证金存款

期货公司从期货结算机构划回货币保证金时,编制相反会计分录。

期货公司收到期货结算机构划回的货币保证金利息时,按划回的利息金额:

借:应收货币保证金
　　贷:利息收入

期货公司向期货结算机构支付代收的手续费时,按划转的手续费金额:

借:应付手续费
　　贷:应收货币保证金

期货公司收到期货结算机构返还的手续费时,按收到返还的手续费金额:

借:应收货币保证金
　　贷:应付手续费(应返还给客户或非结算会员的金额)
　　　　手续费收入(期货公司应收的金额)

【例 5-3】 2015 年 12 月 20 日君安期货公司向期货结算机构划出货币保证金 500 万、同时收到利息结算单,利息额为 2 万元,当日向期货结算机构支付手续费 2 万元。

要求:编制相关会计分录。

解:(1)期货公司向期货结算机构划出货币保证金时,按划出的货币保证金金额:

借:应收货币保证金　　　　　　　　　　　　　　　　　　　　　　5 000 000
　　贷:期货保证金存款　　　　　　　　　　　　　　　　　　　　　5 000 000

(2)期货公司收到期货结算机构划回的货币保证金利息时,按划回的利息金额:

借:应收货币保证金　　　　　　　　　　　　　　　　　　　　　　　　20 000
　　贷:利息收入　　　　　　　　　　　　　　　　　　　　　　　　　20 000

(3)期货公司向期货结算机构支付代收的手续费时,按划转的手续费金额:

借:应付手续费　　　　　　　　　　　　　　　　　　　　　　　　　　20 000
　　贷:应收货币保证金　　　　　　　　　　　　　　　　　　　　　20 000

(四)接受客户委托向期货交易所提交有价证券充抵保证金

向期货交易所提交有价证券办理充抵保证金业务时:

借:应收质押保证金
　　贷:应付质押保证金

期货交易所退回有价证券,分录与上相反。

有价证券价值发生增减变化:

增加时:

借:应收质押保证金
　　贷:应付质押保证金

减少时:会计分录与上相反。

客户到期不能及时追加保证金,期货交易所处置有价证券时:

借:应付质押保证金
　　贷:应收质押保证金

按处置有价证券所得款项金额:

借:应收货币保证金
　　贷:应付货币保证金

【例 5-4】 2015 年 6 月 30 日君安期货公司代客户向期货交易所办理有价证券充抵保

证金业务，期货交易所核定的充抵保证金金额为30万元，第二日有价证券价值发生变动，期货交易所相应调整核定的充抵保证金金额为30.2万元，交易完成后，期货交易所退回有价证券，所核定的充抵保证金金额为30.5万元。

要求：编制相关会计分录。

解：（1）向期货交易所提交有价证券办理充抵保证金业务时：

借：应收质押保证金　　　　　　　　　　　　　　　　　　　　　　　　300 000
　　贷：应付质押保证金　　　　　　　　　　　　　　　　　　　　　　　　300 000

（2）有价证券价值增加：

借：应收质押保证金　　　　　　　　　　　　　　　　　　　　　　　　2 000
　　贷：应付质押保证金　　　　　　　　　　　　　　　　　　　　　　　　2 000

（3）期货交易所退回有价证券：

借：应收质押保证金　　　　　　　　　　　　　　　　　　　　　　　　305 000
　　贷：应付质押保证金　　　　　　　　　　　　　　　　　　　　　　　　305 000

（五）以自有资金划出结算担保金、收取利息及结算担保金的使用

向期货交易所划出结算担保金时：

借：应收结算担保金
　　贷：银行存款

从期货交易所划回结算担保金时，会计分录相反。

收到期货交易所划回的结算担保金利息时：

借：银行存款
　　贷：利息收入

结算担保金被期货交易所动用抵御其他违约会员的风险时，按期货交易所分摊的金额：

借：其他应收款
　　贷：应收结算担保金

同时结算会员应按向期货交易所追加的结算担保金：

借：应收结算担保金
　　贷：银行存款

交易所向违约会员追索成功后，按收回金额中应享有的份额：

借：应收结算担保金
　　贷：其他应收款

被动用的结算担保金最终确定无法收回时，应按确定无法收回的金额：

借：业务及管理费
　　贷：其他应收款

【例5-5】 2015年1月3日君安期货公司以自有资金划出结算担保金300万、季末

2015年3月31日收取利息8 000元,2015年6月30由于其他会员违约,造成的风险损失期货交易所分摊给君安期货公司为5万元,君安期货公司追加5万元结算担保金,2015年9月30日最终确定被动用的结算担保金无法收回。

要求:编制相关会计分录。

解:(1) 2015年1月3日向期货交易所划出结算担保金时:

借:应收结算担保金　　　　　　　　　　　　　　　　　　　　　　　3 000 000
　　贷:银行存款　　　　　　　　　　　　　　　　　　　　　　　　　　3 000 000

(2) 2015年3月31日收到期货交易所划回的结算担保金利息时:

借:银行存款　　　　　　　　　　　　　　　　　　　　　　　　　　　8 000
　　贷:利息收入　　　　　　　　　　　　　　　　　　　　　　　　　　　8 000

(3) 2015年6月30日结算担保金被期货交易所动用抵御其他违约会员的风险时,按期货交易所分摊的金额:

借:其他应收款　　　　　　　　　　　　　　　　　　　　　　　　　　50 000
　　贷:应收结算担保金　　　　　　　　　　　　　　　　　　　　　　　　50 000

同时结算会员应按向期货交易所追加的结算担保金:

借:应收结算担保金　　　　　　　　　　　　　　　　　　　　　　　　50 000
　　贷:银行存款　　　　　　　　　　　　　　　　　　　　　　　　　　　50 000

2015年9月30日最终确定被动用的结算担保金无法收回:

借:业务及管理费　　　　　　　　　　　　　　　　　　　　　　　　　50 000
　　贷:其他应收款　　　　　　　　　　　　　　　　　　　　　　　　　　50 000

(六)收取客户货币保证金

期货公司收到客户或分级结算制度下全面结算会员收到非结算会员缴存的货币保证金时,按缴存的货币保证金金额:

借:期货保证金存款
　　贷:应付货币保证金

期货公司向客户或分级结算制度下全面结算会员向非结算会员划出货币保证金时,会计分录相反。

期货公司向期货保证金账户存入资金时,按存入的资金金额:

借:期货保证金存款
　　贷:银行存款

期货公司从期货保证金账户划回资金时,按划回的资金金额,会计分录相反。

(七)结算盈亏

客户或非结算会员期货合约实现盈利时,期货公司按结算单据列明的盈利金额:

借:应收货币保证金
　　贷:应付货币保证金

客户或非结算会员期货合约发生亏损时,会计分录相反。

(八) 实物交割

期货公司代理买方客户进行期货实物交割的,按支付的交割货款金额(商品期货实物交割的金额含增值税额,下同):

借:应付货币保证金
　　贷:应收货币保证金

期货公司代理卖方客户进行期货实物交割的,分录相反。

【例 5-6】 2015 年 5 月 9 日君安期货公司收到客户货币保证金 100 万元,当日客户期货合约实现盈利时 10 万元,2015 年 9 月 9 日期货合约到期,君安期货公司代理买方客户进行期货实物交割,支付的交割货款金额为 2 000 万元。

要求:编制相关会计分录。

解:(1) 2015 年 5 月 9 日收到客户货币保证金:

借:期货保证金存款　　　　　　　　　　　　　　　　　　　1 000 000
　　贷:应付货币保证金　　　　　　　　　　　　　　　　　　　1 000 000

(2) 2015 年 5 月 9 日结算盈亏:

借:应收货币保证金　　　　　　　　　　　　　　　　　　　　100 000
　　贷:应付货币保证金　　　　　　　　　　　　　　　　　　　　100 000

(3) 2015 年 9 月 9 日实物交割:

借:应付货币保证金　　　　　　　　　　　　　　　　　　　20 000 000
　　贷:应收货币保证金　　　　　　　　　　　　　　　　　　20 000 000

(九) 代理客户交纳罚款

期货公司代客户向期货结算机构垫付罚款时,按垫付的罚款金额:

借:应收风险损失款
　　贷:应收货币保证金

期货公司从客户货币保证金中划回垫付的罚款支出时,按划回的罚款金额:

借:应付货币保证金
　　贷:应收风险损失款

客户因自身原因造成的风险损失,按客户货币保证金余额:

借:应付货币保证金(客户货币保证金余额)
　　应收风险损失款(期货公司代为垫付的款项金额)
　　贷:应收货币保证金

客户期货业务发生穿仓时,期货公司应首先全额冲销客户的保证金,在客户以货币保证金交易的情况下,按冲销的保证金金额:

借:应付货币保证金
　　贷:应收货币保证金

在客户以质押保证金交易的情况下：

借：应付质押保证金
　　贷：应收质押保证金

然后按期货公司代为垫付的款项金额：

借：应收风险损失款
　　贷：应收货币保证金（或银行存款、应收结算担保金、其他应付款等）

期货公司向客户收回垫付的风险损失款时，按收回垫付的风险损失款金额：

借：银行存款
　　贷：应收风险损失款

期货公司按规定核销难以收回垫付的风险损失款时，按核销的风险损失款金额：

借：期货风险准备金
　　贷：应收风险损失款

（十）向客户收取手续费

期货公司向客户或分级结算制度下全面结算会员向非结算会员收取手续费时：

借：应付货币保证金（按收取的手续费金额）
　　贷：应付手续费（按期货结算机构享有的手续费金额）
　　　　手续费收入（按自身享有的手续费金额）

（十一）提取期货风险准备和期货投资者保障基金

期货公司按规定以手续费收入的一定比例提取期货风险准备金时，按提取的期货风险准备金额：

借：期货风险准备金支出
　　贷：期货风险准备金

期货公司按规定以本年实现净利润的一定比例提取一般风险准备金时：

借：利润分配
　　贷：一般风险准备

期货公司按规定提取期货投资者保障基金时：

借：业务及管理费
　　贷：应付期货投资者保障基金

【例5-7】 2015年12月31日君安期货公司按规定以手续费收入的5％提取期货风险准备金30万元，提取期货投资者保障基金15万元，按本年实现净利润的10％提取一般风险准备金80万元。

要求：编制相关会计分录。

解：（1）2015年12月31日提取期货风险准备金：

借：期货风险准备金支出　　　　　　　　　　　　　　　　　　　　300 000
　　贷：期货风险准备金　　　　　　　　　　　　　　　　　　　　　　300 000

（2）提取期货投资者保障基金时：

借：业务及管理费　　　　　　　　　　　　　　　　　　　　　150 000
　　贷：应付期货投资者保障基金　　　　　　　　　　　　　　　150 000

（3）提取一般风险准备：

借：利润分配　　　　　　　　　　　　　　　　　　　　　　　800 000
　　贷：一般风险准备　　　　　　　　　　　　　　　　　　　　800 000

【知识链接】

1．《期货交易管理条例》中华人民共和国国务院令第489号，于2007年3月6日公布，自2007年4月15日起施行。

2．《期货公司监督管理办法》中国证券监督管理委员会令第110号，于2014年10月29日公布，自公布之日起施行。

3．《企业会计准则》，由财政部于2006年2月15日发布，自2007年1月1日起施行，在2014年7月23日修改，重新公布。

4．《期货公司会计科目设置及核算指引》，由中国期货业协会于2007年10月发布。

【关键术语】

期货公司　　期货经纪业务　　账户设置　　会计核算

【问题思考】

1．期货经纪业务核算应设置哪些账户？说明每个账户的使用？
2．期货公司应如何计提准备？如何进行账务处理？
3．期货公司向期货交易所划出货币保证金、收取利息及支付手续费的处理？
4．期货公司代客户或非结算会员向期货交易所办理有价证券充抵保证金业务，形成的可用于期货交易的保证金的业务处理？
5．期货公司代理客户交纳罚款的会计处理？

扫二维码获得本章
习题及案例

第六章
基金管理公司业务的核算

章前导引

教学目标

本章主要介绍证券投资基金的基础理论和基金管理公司的业务核算。通过学习了解证券基金的概念、分类、当事人,理解掌握证券基金募集、申购、赎回及投资的会计核算。

第一节 基金管理公司业务概述

一、证券投资基金的概念与种类

（一）证券投资基金的概念

证券投资基金是一种利益共享、风险共担的集合证券投资方式,即通过发行基金单位,集中投资者的资金,由基金托管人托管,由基金管理人管理和运用资金,从事股票、债券等金融工具投资,并将投资收益按基金投资者的投资比例进行分配的一种间接投资方式。证券投资基金具有以下特征。

1. **集合理财、专业管理**

基金将众多投资者的资金集中起来,委托基金管理人进行共同投资,表现出一种集合理财的特点。通过汇集众多投资者的资金,积少成多,有利于发挥资金的规模优势,降低投资成本。基金由基金管理人进行投资管理和运作,基金管理人一般拥有大量的专业投资研究人员和强大的信息网络,能够更好地对证券市场进行全方位的动态跟踪与深入分析。将资金交给基金管理人管理,使中小投资者也能享受到专业化的投资管理服务。

2. **组合投资、分散风险**

为降低投资风险,一些国家的法律通常规定基金必须以组合投资的方式进行投资运作。从而使"组合投资、分散风险"成为基金的一大特色。中小投资者由于资金量小,一般无法通过购买数量众多的股票来分散投资风险。基金通常会购买几十种甚至上百种股票,投资者购买基金就相当于用很少的资金购买了一篮子股票。在多数情况下,某些股票价格下跌造成的损失可以用其他股票价格上涨产生的盈利来弥补,因此,可以使中小投资者充分享受到组合投资、分散风险的好处。

3. 利益共享、风险共担

证券投资基金实行利益共享、风险共担的原则。基金投资者是基金的所有者。基金的投资收益在扣除由基金承担的费用后的盈余全部归基金投资者所有,并依据各投资者所持有的基金份额比例进行分配。为基金提供服务的基金托管人、基金管理人只能按规定收取一定比例的托管费或管理费,并不参与基金收益的分配。

4. 严格监管、信息透明

为切实保护投资者的利益,增强投资者对基金投资的信心,各国(地区)基金监管机构都对基金业实行严格的监管,对各种有损于投资者利益的行为进行严厉的打击,并强制基金进行及时、准确、充分的信息披露。在这种情况下,严格监管与信息透明也就成为基金的另一个显著特点。

5. 独立托管、保障安全

基金管理人员负责基金的投资操作,本身并不参与基金财产的保管,基金财产的保管由独立于基金管理人员的基金托管人负责,这种相互制约、相互监督的制衡机制为投资者的利益提供了重要的保障。

(二)证券投资基金的种类

证券投资基金可以按照不同的标准进行分类。

1. 按基金运作方式分为封闭式基金和开放式基金

(1)封闭式基金是指基金发起人在设立基金时,限定了基金的发行总额,在初次发行达到了预定的发行计划后,基金即宣告成立,并进行封闭,在封闭期内基金单位总数固定不变的一种基金。其中,基金的封闭期是指基金的存续期,即基金从成立之日起到结束之日止的整个期间。

封闭式基金单位可以在证券交易所或者柜台市场公开转让,其转让价格由市场供求决定,价格波动较大。

(2)开放式基金是指基金发行总额不固定,基金单位总数随时增减,投资者可以根据其投资决策需要,随时在基金管理公司指定的直销或代销机构申购或赎回基金单位的一种基金。开放式基金不在证券交易所上市交易,其申购或赎回基金单位的价格以基金单位对应的资产净值为基础计算。

运作开放式基金随时面临投资者赎回基金的压力,因此,基金管理人需持有较大金额流动性和变现能力强的资产,以备支付,这在一定程度上限制了其进行长期投资,使其投资理念相对短期化。

2. 按组织形态分为契约型基金和公司型基金

(1)契约型基金,也称为信托型基金,是指通过信托契约的形式向投资者发行受益凭证募集资金而组建的投资基金。一般由基金管理人(基金管理公司)、基金托管人(商业银行)和基金受益人(投资者)三方签订信托契约,基金管理人负责基金信托资产的经营与管理操作,基金托管人负责基金信托资产的保管和处置,投资成果由基金受益人享有。契约型基金是一种不具备法人资格的虚拟公司,如代理投资机构。

(2)公司型基金是指以公司形式组建,通过发行基金股份募集资金而组建的投资基金。公司型基金本身就是投资公司,是具有法人资格的经济实体。公司型基金成立后,通常委托特定的基金管理公司负责基金资产的经营与管理操作,基金资产的保管则委托给基金托管人。

基金持有人既是基金投资者又是公司股东,按照公司章程的规定,享有一定的权利并履行相应的义务。

美国的基金多为公司型基金,我国香港、台湾地区以及英国、日本多为契约型基金。我国《证券投资基金法》所规定的基金属于契约型基金。

3. 按投资对象分为股票基金、债券基金、货币市场基金、期货基金、期权基金、指数基金和认股权证基金等

(1) 股票基金是指以股票作为投资对象的投资基金,包括普通股基金和优先股基金。优先股基金是一种可以获得稳定收益、风险较小的股票基金,其投资对象以各公司发行的优先股为主,收益主要来自股利收入;普通股基金以追求资本利得和长期资本增值为投资目标,风险要较优先股基金高。股票基金是最主要的基金品种,其主要功能是将大众投资者的小额资金集中起来,投资于不同的股票组合。

(2) 债券基金是指以债券作为投资对象的投资基金,其规模稍小于股票基金。债券基金基本上属于收益型投资基金,一般会定期派息,具有低风险且收益稳定的特点。

(3) 货币市场基金是指以 1 年期以下的国库券、银行大额可转让存单、商业票据等货币市场短期有价证券作为投资对象的投资基金。货币市场基金的投资风险小,投资安全性和流动性高,投资成本低。

(4) 期货基金是指以各类期货品种作为主要投资对象的投资基金。期货是一种合约,只需一定的保证金(一般为 5%～10%)即可买进合约。期货可以用来套期保值,也可以以小博大。如果预测准确,短期能够获得很高的投资回报;如果预测不准,遭受的损失也很大。期货具有高风险、高收益的特点,因此,期货基金也是一种高风险的基金。

(5) 期权基金是指以能分配股利的股票期权作为投资对象的投资基金。期权也是一种合约,是指在一定时期内按约定的价格买入或卖出一定数量的某种投资标的的权利。如果市场价格变动有利,期权持有者就会行使期权;反之,则放弃期权。作为对这种权利占有的代价,期权购买者需要向期权出售者支付一笔期权费(即为期权的价格)。期权基金的风险较小,适合于收入稳定的投资者。

(6) 指数基金是指以某种证券市场的价格指数作为投资对象的投资基金。

(7) 认股权证基金是指以认股权证作为投资对象的投资基金。

4. 按投资风险与收益的不同分为成长型基金、收入型基金和平衡型基金

(1) 成长型基金是指以资本长期增值为投资目标的投资基金,其投资对象主要是市场中有较大升值潜力的小公司股票和一些新兴行业的股票。这类基金一般很少分红,经常将投资所得的股息、红利和盈利进行再投资,以实现资本增值。

(2) 收入型基金是指以追求基金当期收入为投资目标的投资基金,其投资对象主要是那些绩优股、债券、可转让大额定期存单等收入比较稳定的有价证券。收入型基金一般把所得的利息、红利都分配给投资者。

(3) 平衡型基金是指既追求长期资本增值,又追求当期收入的投资基金,其投资对象主要是债券、优先股和部分普通股。在投资组合中,优先股和债券一般占资产总额的 25%～50%,其余的为普通股投资。平衡型基金的风险和收益介于成长型基金和收入型基金之间。

5. 按资本来源与运用地域的不同分为国际基金、海外基金、国内基金、国家基金和区域基金等

(1) 国际基金是指资本来源于国内,并投资于国外市场的投资基金。
(2) 海外基金也称为离岸基金,是指资本来源于国外,并投资于国外市场的投资基金。
(3) 国内基金是指资本来源于国内,并投资于国内市场的投资基金。
(4) 国家基金是指资本来源于国外,并投资于某一特定国家的投资基金。
(5) 区域基金是指投资于某个特定地区的投资基金。

6. 按投资对象货币种类分为美元基金、日元基金和欧元基金等

(1) 美元基金是指投资于美元市场的投资基金。
(2) 日元基金是指投资于日元市场的投资基金。
(3) 欧元基金是指投资于欧元市场的投资基金。

二、证券投资基金的当事人

尽管从不同角度可以把基金细分为多种类别,但基金都具有以下5方面的当事人:基金发起人、基金持有人、基金管理人、基金托管人和基金承销人。

(一) 基金发起人

基金发起人是指发起设立基金的机构,它在基金的设立过程中起着重要作用。国外基金的发起人大多数为有实力的金融机构,可以是一个也可以是多个。在我国,基金的主要发起人为按照国家有关规定设立的证券公司、信托投资公司及基金管理公司,基金发起人的数目为两个以上。根据《证券投资基金管理暂行办法》及中国证监会的有关规定,基金发起人的主要职责包括以下3方面:

(1) 制定有关法律文件并向主管机关提出设立基金的申请,筹建基金。基金发起人应对拟设立的基金进行策划,如确定基金的主要投向、基金的类型、基金的存续期以及基金的募集规模等;代表基金持有人与基金管理人、基金托管人签订基金契约,约定基金各方当事人的权利、义务;制作招募说明书等管理机关要求的文件;确定发行方案,选定销售机构;向主管机关提出设立申请,并报送有关文件;设立申请获得批准后,进行公告。

(2) 认购或持有一定数量的基金单位。基金发起人需在募集基金时认购一定数量的基金单位,并在基金存续期内保持一定的持有比例,从而使基金发起人与基金持有人的利益结成一体,保证基金发起人以维护投资人的合法权益作为其行为准则,不从事有损于投资者利益的活动,以切实保护投资者的利益。

(3) 基金不能成立时,基金发起人需承担基金募集费用,将已募集的资金并加计银行活期存款利息在规定时间内退还基金认购人。

由于基金发起人对基金的设立有重大影响,因此,一些国家和地区对发起人应具备的条件都有较为严格的要求。我国《证券投资基金管理暂行办法》规定,我国基金主要发起人为按照国家有关规定设立的证券公司、信托投资公司及基金管理公司。基金发起人必须具备以下条件:

(1) 基金发起人必须拥有雄厚的资本实力,每个发起人的实收资本不少于3亿元人民币;基金的主要发起人有3年以上从事证券投资的经验及连续盈利的记录,但基金管理公司

除外。
(2) 基金发起人有健全的组织机构和管理制度,财务状况良好,经营行为规范。
(3) 有符合要求的经营场所、安全防范措施和与业务有关的其他设施。
(4) 有明确可行的基金发行计划。
(5) 中国证监会规定的其他有关条件。

契约型基金的发起人在基金成立后一般成为该基金的管理人,或组建一家专门的基金管理公司来管理该基金;在公司型基金中,发起人是基金管理公司的主体,通过发行股票募集资金,股东即为基金持有人。

(二) 基金持有人

基金持有人,又称为基金投资人或基金受益人,是基金单位或基金受益凭证的持有人,可以是自然人,也可以是法人。基金持有人是基金资产的最终所有人,其权利包括本金受偿权、收益分配权及参与持有人大会行使表决权。

按照我国《证券投资基金管理暂行办法》的规定,基金持有人享有如下权利:
(1) 出席或者委派代表出席基金持有人大会。
(2) 取得基金收益。
(3) 监督基金经营情况,获取基金业务及财务状况的资料。
(4) 申购、赎回或者转让基金单位。
(5) 取得基金清算后的剩余资产。
(6) 基金契约规定的其他权利。

基金持有人应当履行下列义务:
(1) 遵守基金契约。
(2) 交纳基金认购款项及规定的费用。
(3) 承担基金亏损或者终止的有限责任。
(4) 不从事任何有损基金及其他基金持有人利益的活动。

基金持有人通过基金持有人大会行使表决权。基金持有人大会由全体基金单位持有人或委托代表参加,主要讨论有关基金持有人利益的重大事项,如修改基金契约、提前终止基金、更换基金托管人、更换基金管理人、延长基金期限、变更基金类型以及召集人认为要提交基金持有人大会讨论的其他事项。

(三) 基金管理人

基金管理人是指具有专业的投资知识与经验,根据法律、法规及基金章程或基金契约的规定,经营管理基金资产,谋求基金资产的不断增值,以使基金持有人收益最大化的机构。在不同的国家,基金管理人有不同的称谓,英国称为投资管理公司,美国称为基金管理公司,日本称为投资信托公司。

按照我国有关规定,基金管理人享有如下权利:
(1) 按基金契约及其他有关规定,运作和管理基金资产。
(2) 获取基金管理人报酬。
(3) 依照有关规定,代表基金行使股东权利。
(4)《证券投资基金管理暂行办法》、基金契约以及法律法规规定的其他权利。

基金管理人的义务主要有以下方面：
(1) 按照基金契约的规定运用基金资产投资并管理基金资产。
(2) 及时、足额向基金持有人支付基金收益。
(3) 保存基金的会计账册、记录 15 年以上。
(4) 编制基金财务报告，及时公告，并向中国证监会报告。
(5) 计算并公告基金资产净值及每一基金单位资产净值。
(6) 基金契约规定的其他职责。

(四) 基金托管人

基金托管人是基金资产的保管人与名义持有人。为了保证基金资产的安全，按照资产管理和资产保管分开的原则运作基金，基金设有专门的基金托管人保管基金资产。

基金托管人应为基金开设独立的基金资产账户，负责款项收付、资金划拨、证券清算、分红派息等，所有这些，基金托管人都是按照基金管理人的指令行事，而基金管理人的指令也必须通过基金托管人来执行。

在外国，对基金托管人的任职资格都有严格的规定，一般都要求由商业银行及信托投资公司等金融机构担任，并有严格的审批程序。在我国，根据《证券投资基金管理暂行办法》的规定，只有工商银行、农业银行、中国银行、建设银行、交通银行 5 家商业银行符合托管人的资格条件。

基金托管人的权利主要有以下方面：
(1) 保管基金的资产。
(2) 监督基金管理人的投资运作。
(3) 获取基金托管费用。

基金托管人的义务主要包括以下方面：
(1) 保管基金资产。
(2) 保管与基金有关的重大合同及有关凭证。
(3) 负责基金投资于证券的清算交割，执行基金管理人的投资指令，负责基金名下的资金往来。

(五) 基金承销人

基金承销人是基金管理人的代理人，代表基金管理人与基金持有人进行基金单位的买卖活动。基金承销人一般由商业银行、证券公司、信托投资公司或保险公司担任，也可以由基金管理人进行直接销售。

在美国，大多数开放式基金的发行都是通过经纪商批发，再由他们零售给投资者。有些大的投资基金还设有自己的基金销售公司。在日本，基金的承销公司则为指定的证券公司。在我国，封闭式基金的发行一般仍由证券公司作为发行协调人，基金获准上市交易后，也由证券公司代理基金的买卖、交割和收益分配。

三、证券投资基金的运行程序

证券投资基金的运行程序包括发起和设立、发行或赎回基金、投资管理、信息披露、收益分配等几个方面。

发起和设立基金,应由基金发起人向国务院证券监督管理机构提出设立基金申请,并提交申请报告、基金合同草案、基金托管协议草案、招募说明书草案及有关证明文件等,经国务院证券监督管理机构审查核准后方可设立。

发行基金即向投资者出售基金,出售基金可以由基金发起人自己办理,也可委托经国务院证券监督管理机构认定的其他机构代为办理。发行基金期间募集的资金应当存入专门账户,在基金发行行为结束前,任何人不得动用。投资人缴纳认购基金单位的款项时,基金合同成立。基金募集期限届满,封闭式基金募集的基金份额总额达到核准规模的80%以上,开放式基金募集的基金份额总额超过核准的最低募集份额总额,并且基金份额持有人人数符合国务院证券监督管理机构规定的,基金管理人应当自募集期限届满之日起10日内聘请法定验资机构验资,自收到验资报告之日起10日内,向国务院证券监督管理机构提交验资报告,办理基金备案手续,并予以公告,同时,基金合同生效。赎回基金即为基金管理人应投资者要求买回基金单位。

基金管理人运用基金资产进行证券投资,应当采用资产组合的方式。资产组合的具体方式和投资比例,依照《中华人民共和国证券投资基金法》和国务院证券监督管理机构的规定在基金合同中约定。基金资产应当投资于上市交易的股票、债券以及国务院证券监督管理机构规定的其他证券品种。

信息披露是指基金管理人为了使投资者及时了解基金的运作情况,按照规定披露有关基金信息。按照规定,基金管理人应按期公布季度投资组合报告、中期报告、年度报告,并且每天还要公布开放式基金上一工作日的基金单位净值。

收益分配是指基金管理人对运用基金所产生的收益,按照契约规定进行分配。在基金运作过程中,必然会产生收益,发生费用,形成基金损益。基金管理人必须严格按照基金契约规定计算基金收益、费用并进行收益分配。

四、证券投资基金会计核算的特点

(一) 会计主体是证券投资基金

证券投资基金会计主体是基金会计中比较有特色的一个问题,它既基于传统会计主体概念而产生,又发展了传统会计主体的概念。我国《证券投资基金会计核算办法》对此作出规定:基金管理公司对所管理的基金应当以基金为会计核算主体,独立建账、独立核算,保证不同基金之间在名册登记、账户设置、资金划拨、账簿记录等方面相互独立。

一般来说,会计主体是一个经济组织,它不仅有特定的组织机构和人员,还有独立的法人财产。而基金的会计主体仅仅表现为一项"基金资产",其各项运作和功能只能由基金契约的各方当事人按照基金契约的约定代为行使。在会计上,仍然以一个"基金资产"为主体独立地计算盈亏并对外编制报表。一般企业的会计主体与会计责任的承担者在形式上是一致的,即企业本身既是会计核算的主体,也是承担会计责任的主体。而对于基金,其会计主体与会计责任的承担者完全分离,即基金是会计主体,基金管理人和保管人分别承担不同的会计责任。

界定这一会计主体的意义在于:一是将证券投资基金的管理主体即基金管理公司的经营活动与证券投资基金的投资管理活动区别开来;二是将基金管理公司管理的不同基金之

间的投资管理活动区别开来。

(二) 会计分期细化到日

传统的会计分期一般以年度、半年、季度和月份为单位,分期反映会计主体的财务状况。但对于证券投资基金来说,这种期间的划分远远不能满足投资者的需要。因此,从及时性要求出发,基金会计期间的划分必然更加细化,即以周甚至日为核算披露期间。

目前,我国的基金会计核算均已细化到日。例如,开放式基金的申购和赎回逐日进行,逐日计算债券利息、银行存款利息等,逐日预提或待摊影响基金份额净值小数点后第5位的费用,逐日对基金资产进行估值确认,货币市场基金一般每日结转损益等。

(三) 基金单位净值需要估值与公告

基金作为一个独立的会计主体,与其他会计主体一样,有资产、负债、收入和费用。但作为一个特殊的会计主体,基金资产(主要表现为市场中可流通的各种有价证券的市值总额和银行存款)又有自己独特的表现方式——基金单位净值。基金单位净值是指某一时点上某一基金每一单位实际代表的价值,它是基金单位买卖价格的计算依据,也是衡量一只基金经营业绩的主要指标。基金管理公司应于估值日计算基金净值和基金单位净值,并按国家有关规定予以公告。计算公式如下:

$$基金净值 = 基金资产 - 基金负债$$
$$基金单位净值 = 基金净值 \div 基金单位总份额$$

(四) 基金资产通过估值以公允价值计价

由于证券投资基金主要投资于证券市场,其市场价格可实时获得。为满足投资者进行基金投资的信息需求,基金采用公允价值进行资产计价。对此我们首先考虑资产的组成部分,再确定每一项资产的具体计价方式:

$$总资产 = 现金和银行存款 + 股票价值 + 债券价值 + 其他有价证券价值$$

其中,银行存款、现金虽然也可视为投资的一种形式,但它们是以货币形式存在的,将货币作为计价尺度,其价值固定,无需进行估值。而就其他几类资产而言,基金管理公司应当按照下列估价原则对基金资产进行估值。

(1) 任何上市流通的有价证券,以其估值日在证券交易所挂牌的市价(平均价或收盘价)估值;估值日无交易的,以最近交易日的市价估值。

(2) 未上市的股票应分以下情况进行处理:

配股和增发新股,按估值日在证券交易所挂牌的同一股票的市价估值;

首次公开发行的股票,按成本估值。

(3) 配股权证,从配股除权日起到配股确认日止,按市价高于配股价的差额估值;如果市价低于配股价,不估值。

(4) 如有确凿证据表明按上述方法进行估值不能客观反映其公允价值,基金管理公司应根据具体情况与基金托管人商定后,按最能反映公允价值的价格估值。

(5) 如有新增事项,按国家最新规定估值。

值得注意的是,净资产估值与投资估值是有区别的。投资估值是评估投资资产买卖时可能产生的差额,其增减源于资本变动,在直接改变原资产价值的同时,列入未实现资本利

第六章　基金管理公司业务的核算

得,在实际出售时得以实现。而净资产估值不仅包括投资估值,还包括计算所有应计提的收入和应支付的费用,如银行存款和债券的利息、应付管理费、应付保管费,将它们分别确认为独立的资产或负债的同时,确认为当期收入和当期费用,而不是作为未实现资本利得入账。

【知识链接】

设立基金管理公司应当具备的条件

我国《证券投资基金管理暂行办法》规定,申请设立基金管理公司必须经中国证监会审查批准,应当具备如下条件:

(1) 主要发起人为按照国家有关规定设立的证券公司、信托投资公司。
(2) 主要发起人经营状况良好,最近3年连续盈利。
(3) 每个发起人实收资本不少于3亿元。
(4) 拟设立的基金管理公司的最低实收资本为1 000万元。
(5) 有明确可行的基金管理计划。
(6) 有合格的基金管理人才。
(7) 中国证监会规定的其他条件。

第二节　基金募集、申购与赎回的核算

一、基金募集

(一) 基金募集概述

基金的募集是指基金管理公司根据有关规定向中国证监会提交募集申请文件、发售基金份额和募集基金的行为。基金的募集一般要经过申请、核准、发售和基金合同生效4个步骤。

基金募集期间募集的资金应当存入专门账户,在基金募集行为结束前任何人不得动用。根据证监会计字〔2007〕11号文的相关规定,暂存于以公司名义开立的直销账户或清算总账户中,经注册登记系统确认的认购款和申购款等资金孳生的利息或利差属于基金资产。

待募集期限届满,符合以下条件的,基金管理人应当自募集期限届满之日起10日内聘请法定验资机构验资,并自收到验资报告起10日内向中国证监会提交备案申请和验资报告,办理基金的备案手续:封闭式基金需满足募集的基金份额总额达到核准规模的80%以上,基金份额持有人不少于200人的要求;开放式基金需满足募集份额总额不少于2亿份,基金募集金额不少于2亿元人民币,基金份额持有人不少于200人的要求。

中国证监会自收到基金管理人的验资报告和基金备案材料之日起3个工作日内予以书面确认。自中国证监会书面确认之日起,基金备案手续办理完毕,基金合同生效。基金管理人应当在收到中国证监会确认文件的次日发布基金合同生效公告。

基金募集期限届满,不满足有关募集要求的基金募集失败,基金管理人应承担以下责任:以固有财产承担因募集行为而产生的债务和费用;在基金募集期限届满后 30 日内返还投资者已缴纳的款项,并加计银行同期存款利息。

(二) 基金募集的会计核算

1. 会计科目的设置及主要账务处理

(1) 会计科目的设置。

为了正确反映基金募集的情况,应设置"实收基金"科目进行会计核算。

"实收基金"科目属于所有者权益类科目,用于核算对外发行基金份额所募集和申购的总金额在扣除平准金分摊部分后的余额。对分级/类基金等特定基金品种,本科目可按不同级/类基金等设置明细账,进行明细核算。本科目的期末贷方余额反映对外发行基金份额所对应的金额。

(2) 主要账务处理。

基金募集结束,在基金合同生效日,按投资者投入的金额,借记"银行存款"等科目,贷记"实收基金"科目。对封闭式基金,实际收到的金额中包括了额定募集费用与实际发生募集费用的差额。

2. 不同种类基金募集的会计核算

在基金募集期内购买基金份额的行为通常被称为"基金的认购"。

(1) 开放式基金。

开放式基金的认购。

投资人认购开放式基金,一般通过基金管理人或管理人委托的商业银行、证券公司等经国务院证券监督管理机构认定的其他机构办理。认购开放式基金通常分开户、认购和确认 3 个步骤。

开放式基金的认购方式。开放式基金的认购采取金额认购的方式,即投资者在办理认购时,认购申请中不是直接填写需要认购多少份基金份额,而是填写需要认购多少金额的基金份额,基金注册登记机构在基金认购结束后,再按基金份额的认购价格,将申请认购基金的金额换算成投资人应得的基金份额。

开放式基金的认购费率和收费模式。《证券投资基金销售管理办法》规定,开放式基金的认购费率不得超过认购金额的 5%。在具体实践中,基金管理人会针对不同的基金类型和认购金额设置不同的认购费率。我国股票基金的认购费率大多在 1%~1.5%,债券基金的认购费率通常在 1%以下,货币市场基金一般不收取认购费。

基金份额的认购通常采用前端收费和后端收费两种模式。前端收费是指在认购基金份额时就支付认购费用的付费模式;后端收费是指在认购基金份额时不收费,在赎回基金份额时才支付认购费用的收费模式。后端收费模式设计的目的是为了鼓励投资者长期持有基金,所以后端收费的认购费率一般设计为随着基金份额持有时间的延长而递减,持有至一定时间后认购费率可降为零。

开放式基金认购份额的计算。为统一规范基金认购费用及认购份额的计算方法,更好地保护基金投资者的合法权益,中国证监会于 2007 年 3 月对认购费用及认购份额的计算方法进行了统一规定。根据规定,基金认购费率将统一以净认购金额为基础收取,计算公式为:

净认购金额 = 认购金额÷(1+认购费率)
认购费用 = 净认购金额×认购费率 = 认购金额－净认购金额
认购份额 = (净认购金额＋认购利息)÷基金份额面值

其中,"认购金额"是指投资人在认购申请中填写的认购金额总额;"认购费率"是指与投资人认购金额对应的认购费率;"认购利息"是指认购款项在基金合同生效前产生的利息。

【例 6-1】 某投资人投资 1 万元认购基金,认购资金在募集期间产生的利息为 3 元,其对应的认购费率为 1.2%,基金份额面值为 1 元,计算其认购费用及认购份额。

净认购金额 = 10 000÷(1+1.2%) = 9 881.42(元)
认购费用 = 9 881.42×1.2% = 118.58(元)
认购份额 = (9 881.42＋3)÷1 = 9 884.42(份)

投资人投资 10 000 元认购基金,认购费用为 118.58 元,可得到基金份额为 9 884.42 份。

开放式基金募集的会计核算。

【例 6-2】 A 基金在基金募集期募集的净销售额为 767 319 308.57 元,认购款项在基金验资确认日之前产生的银行利息共计 300 779.58 元。按照每份基金份额 1 元计算,设立募集期募集的有效份额为 767 319 308.57 份,利息结转的基金份额为 300 779.58 份,两项共计 767 620 088.15 份,已全部记入投资者基金账户,归投资者所有。本次基金募集期间所发生的律师费和会计师费等费用从基金募集费用中列支,不另从基金资产支付。与本基金有关的法定信息披露费按有关规定列支。(认购费用扣除支付给销售机构的相关费用后的净额作为基金管理公司收取的认购费,作为手续费收入来处理。)

基金募集结束,在基金合同生效日,基金会计根据会计师提供的有关基金成立的验资报告将基金份额和基金资产入账,确认实际募集的金额,编制会计分录如下:

借:银行存款　　　　　　　　　　　　　　　　767 620 088.15
　　贷:实收基金　　　　　　　　　　　　　　　　767 620 088.15

(2) 封闭式基金。

封闭式基金的认购。

封闭式基金的发售方式主要有网上发售和网下发售两种。

网上发售是指通过与证券交易所系统联网的全国各地的证券营业部向公众发售基金份额的发售方式。

网下发售是指通过基金管理人指定的营业网点和承销商的指定账户向机构或者个人投资者发售基金份额的发售方式。

封闭式基金的认购价格一般采用 1 元基金份额面值加计 0.01 元发售费用的方式加以确定。

封闭式基金募集的会计核算。

封闭式基金在募集时,实际收到的金额中包括额定募集费用与实际发生募集费用的差额。

封闭式基金事先确定发行总额,在封闭期内基金单位总数不变。基金成立时,实收基金按实际收到的基金单位发行总额入账。基金发行费收入扣除相关费用后的结余作为其他收入处理。

基金募集发行期结束,按照实际收到的金额,借记"银行存款"科目;按基金单位发行总额,贷记"实收基金"科目;按其差额,贷记"其他收入"科目。

【例 6-3】 封闭式基金 K 基金共有 20 亿份基金单位,由发起人认购 6 000 万份基金单位,其余 194 000 万份基金单位于 2015 年 3 月 23 日通过深圳证券交易所以上网定价方式发行,发行价为 1.01 元(含 0.01 元发行费用)。基金的发行和募集工作已于 2015 年 3 月 27 日结束。2015 年 3 月 27 日,K 基金发起人公告 K 基金成立。公开发行的 19.4 亿基金单位和发起人认购的 6 000 万份基金单位共计 20 亿元已于 3 月 27 日全部划至本基金的托管人中国工商银行"K 基金专户",本基金的管理人南方基金管理有限公司正式管理本基金。

假设 K 基金发行费收入扣除相关费用后的余额为 500 万元。K 基金成立时应编制的会计分录如下:

借:银行存款　　　　　　　　　　　　　　　　　　　　　 2 005 000 000.00
　　贷:实收基金　　　　　　　　　　　　　　　　　　　　　2 000 000 000.00
　　　　其他收入　　　　　　　　　　　　　　　　　　　　　　　5 000 000.00

二、开放式基金的申购与赎回

(一) 开放式基金申购和赎回概述

1. 概念

投资者在开放式基金合同生效后申请购买基金份额的行为通常被称为基金的申购。赎回是指基金份额持有人要求基金管理人购回其所持有的开放式基金份额的行为。

一般情况下,申购期购买基金的费率要比认购期高。认购期购买的基金份额一般要经过封闭期才能赎回,而申购的基金份额在申购成功后的第二个工作日就能赎回。

2. 申购、赎回的原则

目前,开放式基金所遵循的申购、赎回的主要原则为:

(1) "未知价交易"原则。

投资者在申购、赎回基金份额时并不能及时获知买卖的成交价格。申购、赎回价格只能以申购、赎回日交易时间结束后基金管理人公布的基金份额净值为基准进行计算,这一点与股票、封闭式基金等金融产品按"已知价"原则进行买卖不同。

(2) "金额申购、份额赎回"原则。

该原则即申购以金额申请,赎回以份额申请。基金管理人可根据基金运作的实际情况依法对上述原则进行调整。在新规则开始实施前,基金管理人必须依照《证券投资基金信息披露管理办法》的有关规定在指定媒体上公告。

基金管理人不得在基金合同约定之外的日期或者时间办理基金份额的申购、赎回或者转换。投资人在基金合同约定之外的日期或时间提出申购、赎回或者转换申请的,其基金份额申购、赎回的价格为下次办理基金份额申购、赎回时所在开放日的价格。

3. 申购份额与赎回金额的计算

(1) 申购份额的计算。

按中国证监会 2007 年 3 月《关于统一规范证券投资基金认(申)购费用及认(申)购份额计算方法有关问题的通知》的规定,基金申购费用与申购份额的计算公式如下:

$$净申购金额 = 申购金额 \div (1 + 申购费率)$$
$$申购金额 = 净申购金额 \times 申购费率$$
$$申购份额 = 净申购金额 \div 申购当日基金份额净值$$

当申购费用为固定金额时,申购份额的计算方法如下:

$$净申购金额 = 申购金额 - 固定金额$$
$$申购份额 = 净申购金额 \div T日基金份额净值$$

(2) 赎回金额的计算。

赎回金额的计算公式为:

$$赎回总金额 = 赎回份数 \times 赎回日基金份额净值$$
$$赎回费用 = 赎回总金额 \times 赎回费率$$
$$赎回金额 = 赎回总金额 - 赎回费用$$

4. 申购、赎回的费用及销售服务费

(1) 申购费用。

投资者在办理开放式基金申购时,一般需要缴纳申购费,但申购费率不得超过申购金额的5%。与认购费一样,申购费可以采用在基金份额申购时收取的前端收费方式,也可以采用在赎回时从赎回金额中扣除的后端收费方式。基金产品同时设置前端收费模式和后端收费模式的,其前端收费的最高档申购费率应低于对应的后端收费的最高档申购费率。

基金管理人可以对选择前端收费方式的投资人,根据其申购金额适用不同的前端申购费率标准。基金管理人可以对选择后端收费方式的投资人,根据其持有期限适用不同的后端申购费率标准。对于持有期低于3年的投资人,基金管理人不得免收其后端申购费用。

基金销售机构通过互联网、电话、移动通信等非现场方式实现自助交易的,经与基金管理人协商一致,可以对自助交易前端申购费用实行一定的优惠。货币市场基金及中国证监会规定的其他品种除外。

一般情况下,基金的申购费用由申购人承担,主要用于所申购基金的市场推广、销售、注册登记等各项费用,不列入基金财产。

(2) 赎回费用。

投资者在办理开放式基金的赎回时,一般需要缴纳赎回费,货币市场基金及中国证监会规定的其他品种除外。赎回费率不得超过基金份额赎回金额的5%。赎回费总额的25%归入基金财产,其余部分用于支付注册登记费等相关手续费。

基金管理人可以根据基金份额持有人持有基金份额的期限适用不同的赎回费标准。通常,持有时间越长,适用的赎回费率越低。

(3) 销售服务费。

基金管理人可以从开放式基金财产中计提销售服务费。例如,对于不收取申购费(认购费)、赎回费的货币市场基金,基金管理人可以依照相关规定从基金财产中持续计提一定比例的销售服务费。

(二) 开放式基金份额的转换和非交易过户

1. 开放式基金份额的转换

开放式基金份额的转换是指投资者将其所持有的某一只基金份额转换为另一只基金份

额的行为。基金转换业务所涉及的基金,必须是由同一基金管理人管理的、在同一注册登记机构注册登记的基金。

基金的转换业务可视为从一只基金赎回份额,我们称之为"转出";同时,申购另外一只基金的基金份额,我们称为"转入"。基金转换转入的基金份额可赎回的时间为 $T+2$ 日。

投资者采用"份额转换"的原则提交申请,即在销售机构以"份额"为单位提交转换申请,以转出和转入基金申请当日的份额净值为基础计算转入份额。

由于不同基金的申购费率与赎回费率不同,基金份额持有人进行基金份额转换的,基金管理人应当按照转出基金的赎回费用,加上转出与转入基金申购费用补差的标准收取费用。当转出基金申购费率低于转入基金申购费率时,费用补差为按照转出基金金额计算的申购费用差额;当转出基金申购费率高于转入基金申购费率时,不收取费用补差。

基金转换业务相比较赎回基金份额后再进行基金申购,时间成本和交易费用都较低。

开放式基金份额转换的会计核算参照基金申购、赎回的会计核算内容。

2. 开放式基金的非交易过户

开放式基金的非交易过户是指不采用申购、赎回等交易方式,将一定数量的基金份额按照一定规则从某一投资者基金账户转移到另一投资者基金账户的行为,主要包括继承、捐赠、司法强制执行和经注册登记机构认可的其他情况下的非交易过户。

办理非交易过户必须提供基金注册登记机构要求提供的相关资料。对于符合条件的非交易过户申请,按基金注册登记机构的规定办理,并按基金注册登记机构规定的标准收费。

(三)开放式基金申购和赎回的会计核算

1. 会计科目的设置及主要账务处理

(1)会计科目的设置。

① "实收基金"科目。为了正确反映基金申购和赎回情况,在账务处理上应设置"实收基金"科目进行会计核算。

② "损益平准金"科目。本科目核算非利润转化而形成的损益平准项目,如申购、转换转入、赎回、转换转出款中所含的未分配利润和公允价值变动损益。本科目可按损益平准金的种类进行明细核算,分"已实现"和"未实现"明细科目进行明细核算。

(2)主要账务处理。

① 基金申购或转入确认日。按基金申购款或基金转入款,借记"应收申购款"等科目;按实收基金的余额占基金净值的比例,对基金申购款或转换转入款中含有的实收基金,贷记"实收基金"科目;按基金申购款或转换转入款与实收基金的差额,借记或贷记"损益平准金"科目。

对于"损益平准金"科目,按利润分配(未分配利润)未实现部分的余额占基金净值的比例,记入本科目下的"未实现"明细科目,已实现部分记入本科目下的"已实现"明细科目。

② 基金赎回或转换转出确认日。按实收基金的余额占基金净值的比例,对基金赎回款或转换转出款中含有的实收基金,借记"实收基金"科目;按基金赎回款或转换转出款与实收基金的差额,借记"损益平准金"科目;按应付基金份额持有人赎回款或转换转出款,贷记"应付赎回款"等科目;按赎回费或转换转出费中的基本手续费部分,贷记"应付赎回费"科目;按赎回费或转换转出费扣除基本手续费后的余额部分,贷记"其他收入"科目。

对于"损益平准金"科目,按利润分配(未分配利润)未实现部分的余额占基金净值的比例,记入本科目下的"未实现"明细科目,已实现部分记入本科目下的"已实现"明细科目。

2. 开放式基金申购、赎回的会计核算

每日日终,注册登记中心以电子文件和书面文件的方式将当日确认的申购、赎回申请信息发送至基金会计。基金会计根据注册登记中心的书面文件复核已确认的申购、赎回申请信息,复核无误后,通过基金估值核算系统生成申购、赎回业务凭证。基金会计在账务处理结束、基金估值核算系统生成"证券投资基金估值表"并与托管行账务核对无误后,将当日的基金单位净值以电子文件和书面文件的方式通知注册登记中心,书面文件由注册登记中心相关操作人员复核确认后传真至基金会计,由基金会计存档备案。

(1) 基金申购业务。

对于基金申购业务,由注册登记经办员按日制作基金交易确认数据汇总表,并于T+1日(申购次日)将有效申购数量和金额汇总提交给基金会计和托管银行。T+1日上午,基金会计接收注册登记经办员发送的基金交易确认数据汇总表,据此确认基金资产和权益,按申购份额进行账务处理。T+2日上午,基金会计接收注册登记经办员发送的资金清算通知单和托管银行的入账凭证,确认申购资金到账后,对申购业务进行账务处理。

【例 6-4】 A 基金为开放式基金。12 月 13 日,基金会计收到基金注册登记中心提供的 12 月 12 日的基金日交割汇总表。汇总表显示申购申请成功应确认的金额为 352 159.92 元,该款项已于 12 月 14 日到账。申购当日的基金净值为 2.54 元,利润分配(未分配利润)未实现部分的余额占利润分配总额的比例为 0.56。要求:编制 A 基金的相关会计分录。

计算 12 月 12 日的申购份额。

$$\text{申购份额} = \frac{\text{净申购金额}}{\text{申购当日基金份额净值}} = \frac{352\ 159.92}{2.54} = 138\ 645.64(份)$$

计算损益平准金的金额。

$$\text{损益平准金} = \text{净申购金额} - \text{申购份额} = 352\ 159.92 - 138\ 645.64$$
$$= 213\ 514.28(元)$$
$$\text{未实现部分} = 213\ 514.28 \times 0.56 = 119\ 564(元)$$
$$\text{已实现部分} = 213\ 514.28 - 119\ 568 = 93\ 946.28(元)$$

12 月 13 日,确认 12 月 12 日的应收申购款。

借:应收申购款	352 159.92
贷:实收基金	138 645.64
损益平准金——未实现	119 568.00
损益平准金——已实现	93 946.28

12 月 14 日,基金收到 12 月 12 日的申购款。

借:银行存款	352 159.92
贷:应收申购款	352 159.92

(2) 基金赎回业务。

投资者提交赎回申请成交后,基金管理人应通过销售机构按规定向投资者支付赎回款项。对一般基金而言,基金管理人应当自受理基金投资者的有效赎回申请之日起 7 个工作日内支付赎回款项。

单个开放日基金净赎回申请超过基金总份额的10%时,为巨额赎回。单个开放日的净赎回申请,是指该基金的赎回申请与基金转换中,该基金的转出申请之和扣除当日发生的该基金申购申请,及基金转换中该基金的转入申请之和后得到的余额。出现巨额赎回申请时,基金管理人可以根据基金当时的资产组合状况,决定接受全额赎回或者部分延迟赎回。

对于基金赎回业务,由注册登记经办员按日制作基金交易确认数据汇总表,并于T+1日赎回次日将有效赎回数量和金额汇总提交给基金会计和托管银行。如果出现巨额赎回,T+1日上午基金会计接收注册登记经办员发送的基金交易预处理表和异常业务处理通知书,填写巨额赎回通知单,通过加密传真及时通知托管银行做好巨额赎回准备。T+1日上午,基金会计接收注册登记经办员发送的基金交易确认数据汇总表,据此作减少权益与增加负债的账务处理。T+3日上午,基金会计接收注册登记经办员发送的资金清算通知单,根据通知单上的赎回款金额填写划款指令书,经登记结算部经理复核、公司领导签发后盖公司公章,通过加密传真向托管银行发送划款指令书,划出赎回款。收到银行划款凭证后,对赎回业务进行账务处理。

【例6-5】 A基金为开放式基金。12月13日,基金会计收到基金注册登记中心提供的12月12日的基金日交割汇总表。汇总表显示赎回申请成功应确认的基金份额为10 000份,赎回费率为0.5%(假设归基金资产的比例为25%,其余部分用来支付注册登记等相关手续费),该赎回款项已于12月14日划出。申购当日的基金净值为2.54元,利润分配(未分配利润)未实现部分的余额占利润分配总额的比例为0.56。

要求:编制A基金的相关会计分录。

计算12月12日的赎回总金额。

赎回总金额 = 赎回份额 × 申购当日基金份额净值 = 10 000 × 2.54 = 25 400(元)

计算赎回费用。

赎回费用 = 赎回总金额 × 赎回费率 = 25 400 × 0.5% = 127(元)
归基金资产的赎回费用 = 127 × 0.25 = 31.75(元)
注册登记费等相关手续费 = 127 × 0.75 = 95.25(元)

计算赎回金额。

赎回金额 = 赎回总金额 − 赎回费用 = 25 400 − 127 = 25 273(元)

计算损益平准金的金额。

损益平准金 = 赎回总金额 − 赎回份额 = 25 400 − 10 000 = 15 400(元)
未实现部分 = 15 400 × 0.56 = 8 624(元)
已实现部分 = 15 400 − 8 624 = 6 776(元)

12月13日,确认12月12日的应付赎回款。

借:实收基金	10 000.00
损益平准金——未实现	8 624.00
——已实现	6 776.00
贷:应付赎回款	25 273.00
应付赎回费	95.25
其他收入	31.75

12月14日,基金划出12月12日的赎回款并收到划款凭证。

借:应付赎回款　　　　　　　　　　　　　　　　　　　25 273.00
　　应付赎回费　　　　　　　　　　　　　　　　　　　　　95.75
　贷:银行存款　　　　　　　　　　　　　　　　　　　　25 368.25

【知识链接】

基金净值和基金单位资产净值

基金资产净值是指在某一基金估值时点上,对全部基金资产进行估值的总市值扣除总负债以后的余额,即基金单位持有人的权益。对基金资产进行估值的过程就是按照公允价值计算基金资产价值的过程。基金单位资产净值是每一基金单位所代表的基金资产的净值,应当按照开放日闭市后基金资产净值除以当日基金单位的余额数量计算。基金单位资产净值的计算公式为:

$$基金单位资产 =(总资产-总负债)\div 基金单位总数$$

公式中:总资产是指基金所持有的所有资产,包括银行存款、清算备付金、交易保证金、各种股票、债券及其他有价证券等,按照当日的公允价值进行计算;总负债指基金在运作过程中所形成的各种应付款项、短期借款等;基金单位总数指开放日发行在外的基金单位的余额数量。

第三节 证券投资业务的核算

一、基金的投资对象及相关规定

(一)基金的投资对象

基金的投资对象是指经中国证监会批准允许基金投资的各类金融工具,包括股票、债券、权证和货币市场工具4大类。其中,货币市场工具又主要包括:现金;1年以内(含1年)的银行定期存款、大额存单;剩余期限在397天以内(含397天)的债券;期限在1年以内(含1年)的债券回购;期限在1年以内(含1年)的中央银行票据;剩余期限在397天以内(含397天)的资产支持证券。

(二)基金投资的相关规定

1. 一般规定

(1) 不同类别基金投资对象的规定。基金的投资对象较多、范围较广,且不同类别的基金在基金资产投资上有较大区别,因此,基金管理公司应根据基金合同和基金招募说明书所载明的基金类别进行基金资产的投资。其具体内容为:如果是股票基金,则60%以上的基金资产投资于股票;如果是债券基金,则80%以上的基金资产投资于债券;如果是货币市场基金,则基金资产仅投资于货币市场工具;如果基金资产投资于股票、债券和货币市场工具,并且股票投资和债券投资的比例不符合60%和80%的规定的,为混合基金。另外,如果基金名称显示有投资方向的,应当有80%以上的非现金基金资产属于投资方向确定的内容。

(2) 基金财产投资不得发生的情形。根据2004年中国证监会令第21号《证券投资基金运作管理办理办法》第31条的规定,基金管理人运用基金财产进行证券投资,不得有下列情形:第一,一只基金持有一家上市公司的股票,其市值超过基金资产净值的10%;第二,同一基金管理人管理的全部基金持有一家公司发行的证券超过该证券规模的10%;第三,基金财产参与股票发行申购,单只基金所申报的金额超过该基金的总资产,单只基金所申报的股票数量超过拟发行股票公司本次发行股票的总量;第四,违反基金合同关于投资范围、投资策略和投资比例等的约定;第五,中国证监会规定禁止的其他情形;第六,完全按照有关指数的构成比例进行证券投资的基金品种可以不受上述第一项和第二项规定的比例限制。

(3) 基金投资组合比例的规定。基金管理人应当自基金合同生效之日起6个月内使基金的投资组合比例符合基金合同的有关约定。因证券市场波动、上市公司合并、基金规模变动等基金管理人之外的因素致使基金投资不符合《证券投资基金运作管理办理办法》第31条第一款第一项和第二项规定的比例或者基金合同约定的投资比例的,基金管理人应当在10个交易日内进行调整。

2. 货币市场基金投资的规定

(1) 禁止投资的规定。货币市场基金不得投资于以下金融工具:股票、可转换债券、剩余期限超过397天的债券、信用等级在AAA级以下的企业债券以及中国证监会、中国人民银行禁止投资的其他金融工具。货币市场基金投资组合的平均剩余期限不得超过180天。

(2) 基金财产投资不得发生的情形。根据《货币市场基金管理暂行规定》《中国证监会关于证券投资基金投资资产支持证券有关事项的通知》等其他相关规定,货币市场基金的投资组合应当符合下列规定:第一,投资于同一公司发行的短期企业债券的比例不得超过基金资产净值的10%;第二,存放在具有基金托管资格的同一商业银行的存款不得超过基金资产净值的30%,存放在不具有基金托管资格的同一商业银行的存款不得超过基金资产净值的5%;第三,在全国银行间债券市场债券正回购的资金余额不得超过基金资产净值的40%;第四,单只证券投资基金持有的同一(指同一信用级别)资产支持证券的比例不得超过该资产支持证券规模的10%,单只证券投资基金投资于同一原始权益人的各类资产支持证券的比例不得超过该基金资产净值的10%,货币市场基金投资的资产支持证券的信用评级应不低于国内信用评级机构评定的AAA级或相当于AAA级的信用级别;第五,中国证监会、中国人民银行规定的其他比例限制。

二、证券基金投资业务使用的会计科目

(一)"股票投资"科目

"股票投资"科目属于资产类科目,用于核算股票投资的实际成本和价值变动(估值增值或减值),并可按股票的种类,分"成本"和"估值增值"科目进行明细核算。本科目期末借方余额反映基金持有的各类股票的公允价值。

(二)"债券投资"科目

"债券投资"科目属于资产类科目,用于核算债券投资的实际成本和价值变动(估值增值

或减值），本科目可按债券的种类，分"成本"和"估值增值"科目进行明细核算。本科目期末借方余额反映基金持有的各类债券的公允价值。

（三）"结算备付金"科目

"结算备付金"科目属于资产类科目，用于核算为证券交易的资金交割与交收而存入证券登记结算机构的款项。将款项存入证券登记结算机构，借记本科目；从证券登记结算机构收回资金，贷记本科目。本科目应按不同证券登记结算机构，如上海证券中央登记结算公司、深圳证券登记结算有限公司等设置明细账，进行明细核算。本科目期末借方余额反映存入证券登记结算机构尚未使用的款项。

（四）"证券清算款"科目

"证券清算款"科目属于资产类科目，用于核算因买卖证券、回购证券、申购新股、配售股票等业务而发生的，应与证券登记结算机构办理资金清算的款项。本科目应按不同证券登记结算机构，如上海证券中央登记结算公司、深圳证券登记结算有限公司等设置明细账，进行明细核算。本科目所属明细科目贷方余额反映尚未支付的证券清算款，在资产负债表负债方的"应付证券清算款"项目反映。

（五）"交易费用"科目

"交易费用"科目属于损益类科目，用于核算进行股票、债券、资产支持证券、基金、权证等交易过程中发生的交易费用。期末，应将本科目的借方余额全部转入"本期利润"科目，结转后本科目应无余额。

交易费用是指可直接归属于取得或处置某项基金资产或承担某项基金负债的新增外部成本，包括支付给交易代理机构的规费、佣金、代征的税金及其他必要的可以正确估算的支出。回购的交易费用和货币市场基金采用摊余成本法核算的投资交易所发生的交易费用应作为取得成本，计入相关基金资产或基金负债的价值。

进行股票、债券、资产支持证券、基金、权证等交易过程中产生的费用，在发生时按照确定的金额，借记本科目和有关科目，贷记有关科目。

（六）"应付交易费用"

"应付交易费用"科目属于负债类科目，核算因证券交易而应支付的交易费用，即应支付给券商的佣金。

因证券交易而应支付的交易费用，借记相关科目，贷记本科目和相关科目。实际支付交易费用时，借记本科目，贷记"银行存款"科目。

本科目的期末贷方余额反映尚未支付的交易费用。

此外，还有"应收股利""卖出回购金融资产款""卖出回购证券支出"等科目，这里不再具体阐述。

三、证券投资业务的账务处理

（一）股票投资的核算

1. 买入股票

股票投资按成交日应支付的成交总额确认为一项资产（即股票投资），将投资所发生的相关费用确认为交易费用。资金交收日，由托管银行按实际支付的价款与证券登记结算机构进行清算，并将资金清算对账单加密传真至管理人。对于买入股票的业务，管理人需要编制交易买入和资金交收的会计分录。

在交易日，按股票的公允价值借记"股票投资（成本）"科目，按应付的相关费用借记"交易费用"科目，按应支付的证券清算款贷记"证券清算款"科目，按应付的交易费用贷记"应付交易费用"等科目。

在资金交收日，按实际交收的证券清算款，借记"证券清算款"科目，贷记"银行存款""结算备付金"等科目。

【例 6-6】 A 基金在 2015 年 6 月 30 日持有 ZSYH 股票 15 873 434 股，股票的公允价值为 355 723 655.94 元，成本为 298 455 111.78 元。2015 年 7 月 5 日以每股 17.05 元的价格买入该股票 85 万股。该笔交易所支付的交易费用包括过户费、经手费、证管费及交易佣金，具体费率如表 6-1 所示。

表 6-1 上交所股票交易费用表

费种	股票交易费率(‰)	费用计算公式
印花税	1	卖成交金额×税率
过户费	0.5	买卖成交数量×费率
经手费	0.087	买卖成交金额×费率
证管费	0.04	买卖成交金额×费率
交易佣金	0.8（与券商协商得到）	买卖成交金额×费率

股票买入清算金额 = 买成交金额 + 过户费 + 经手费 + 证管费
股票卖出清算金额 = 卖成交金额 - 印花税 - 过户费 - 经手费 - 证管费 - 交易佣金

交易清算过程中，因该笔交易所发生的经手费、证管费、过户费、印花税和风险基金由登记公司根据当天的成交记录计算，并于第二个工作日在结算备付金账户中扣除；而该笔交易所产生的交易佣金，基金按与券商签订的席位租用协议计算。交易佣金每月末按券商进行统计，按季度支付；支付时，应扣除交易所收取的风险基金。

(1) 该笔交易的交易费用包括：

过户费 = 85 万股 × 0.5‰ = 425(元)
经手费 = 85 万股 × 17.05 元/股 × 0.087‰ = 1 260.85(元)
证管费 = 85 万股 × 17.05 元/股 × 0.04‰ = 579.7(元)
交易佣金 = 85 万股 × 17.05 元/股 × 0.8‰ = 11 594(元)
交易费用总额 = 425 + 1 260.85 + 579.7 + 11 594 = 13 859.55(元)

(2) 股票成本 = 85 万股 × 17.05 元/股 = 1 449.25(万元)

(3) 买入股票证券清算款 = 买成交金额 + 过户费 + 经手费 + 证管费
= 14 492 500 + 425 + 1 260.85 + 579.7
= 14 494 765.55(元)

(4) 交易日 2015 年 7 月 5 日的会计分录：

借：股票投资（成本） 14 492 500.00
　　交易费用 13 859.55
　贷：证券清算款 14 494 765.55
　　应付交易费用 11 594.00

基金进行证券交易时，资金于第二个工作日进行清算。基金会计每天编制可用头寸表时，应当将应收、应付的结算资金进行调整，且应对交易资金的结算进行核对。

(5) 资金交收日 2015 年 7 月 6 日的会计分录：

借：证券清算款 14 494 765.55
　贷：结算备付金 14 494 765.55

(6) 在交易所上市的股票以其估值日的收盘价估值；估值日无交易的，且最近交易日后经济环境未发生重大变化的，以最近交易日的收盘价估值；若经济环境发生重大变化，可参考类似投资品种的现行市价及重大变化因素，调整最近交易市价，确定公允价值；在交易所上市不存在活跃市场的证券，采用估值技术确定公允价值。

2. 申购新股

(1) 股票如果是通过交易所网上发行的，按实际支付的申购款，借记"证券清算款"科目，贷记"结算备付金"科目；申购新股中签时，按确认的中签金额，借记"股票投资"科目，贷记"证券清算款"科目；收到退回余款（未中签部分），借记"结算备付金"科目，贷记"证券清算款"科目。

(2) 如果是通过网下发行的，按实际预交的申购款，借记"其他应收款"或"证券清算款"科目，贷记"银行存款"科目。申购新股确认日，如果实际确认的申购新股金额小于已经预交的申购款，按实际确认的申购新股金额，借记"股票投资"科目，贷记"其他应收款"或"证券清算款"科目；收到退回余款，借记"银行存款"科目，贷记"其他应收款"或"证券清算款"科目。如果实际确认的申购新股金额大于已经预交的申购款，按实际确认的申购新股金额，借记"股票投资"科目，贷记"其他应收款"或"证券清算款"科目；补付申购款时，按实际的余额，借记"其他应收款"或"证券清算款"科目，贷记"银行存款"科目。

3. 卖出股票

在卖出股票的成交日，结转卖出股票的投资成本，并核算应付券商佣金，按与应收卖出股票的证券清算款的差额确认股票买卖收益；在资金交收日，由托管银行按实际交收的价款与证券登记结算机构进行清算，并将资金清算对账单加密传真至基金管理人。基金管理人在交易日和资金交收日按以下规定进行会计处理。

在交易日，按应收取的证券清算款借记"证券清算款"科目，按应付的相关费用借记"交易费用"科目，按结转的股票投资成本、估值增值或减值贷记"股票投资"科目（成本）、贷记或借记"股票投资"科目（估值增值），按应付的交易费用贷记"应付交易费用"等科目，按其差额贷记或借记"投资收益（股票投资收益）"科目；同时，将原计入该卖出股票的公允价值变动损益转出，借记或贷记"公允价值变动损益"科目，贷记或借记"投资收益（股票投资收益）"科目。卖出股票的成本按移动加权平均法逐日结转。

在资金交收日，按实际收到的证券清算款，借记"银行存款"或"结算备付金"等科目，贷记"证券清算款"科目。

【例 6-7】 沿用[例 6-6]。2015 年 8 月 25 日,A 基金持有的 ZSYH 股票每股的公允价值为 22.1 元。8 月 26 日,A 基金以每股 22.2 元的价格卖出该股票 50 万股。

要求:编制相关会计分录。

(1) 股票投资成本:

$$\text{卖出股票的单位成本} = (298\,455\,111.78 + 14\,492\,500)/(15\,873\,434 + 850\,000)$$
$$= 18.71(元/股)$$

$$\text{卖出股票应结转的成本} = 18.71 \times 500\,000 = 9\,355\,000(元)$$

(2) 8 月 25 日股票的公允价值:

$$\text{股票的公允价值} = (15\,873\,434 + 850\,000) \times 22.1 = 369\,587\,891.4(元)$$

$$\text{该股票的公允价值变动损益} = \text{公允价值} - \text{买入股票成本总额}$$
$$= 369\,587\,891.4 - (298\,455\,111.78 + 14\,492\,500)$$
$$= 56\,640\,279.62(元)$$

(3) 卖出股票应转销的公允价值变动损益 $= 56\,640\,279.62 \times (500\,000/16\,723\,434)$
$$= 1\,693\,440.46(元)$$

(4) 8 月 26 日,股票卖出成交总额 $= 500\,000 \times 22.2 = 11\,100\,000(元)$

(5) 该笔交易的交易费用包括:

$$\text{印花税} = 11\,100\,000 \times 1‰ = 11\,100(元)$$
$$\text{过户费} = 50\,万股 \times 0.5‰ = 250(元)$$
$$\text{经手费} = 50\,万股 \times 22.2\,元/股 \times 0.087‰ = 965.7(元)$$
$$\text{证管费} = 50\,万股 \times 22.2\,元/股 \times 0.04‰ = 444(元)$$
$$\text{交易佣金} = 50\,万股 \times 22.2\,元/股 \times 0.8‰ = 8\,880(元)$$
$$\text{交易费用总额} = 11\,100 + 250 + 965.7 + 444 + 8\,880 = 21\,639.7(元)$$

(6) 证券清算款 = 卖成交金额 − 印花税 − 过户费 − 经手费 − 证管费 − 交易佣金
$$= 11\,100\,000 - 21\,639.7$$
$$= 11\,078\,360.3(元)$$

(7) 交易日 2015 年 8 月 26 日的会计分录:

借:证券清算款	11 075 360.30
交易费用	21 639.70
贷:股票投资(成本)	9 355 000.00
股票投资(估值增值)	1 693 440.46
应付交易费用	8 880.00
投资收益(股票投资收益)	39 679.54
借:公允价值变动损益	1 693 440.46
贷:投资收益(股票投资收益)	1 693 443.46

(8) 资金交收日的会计分录:

借:结算备付金	11 075 360.30
贷:证券清算款	11 075 360.30

(二) 债券投资的核算

与股票投资不同,债券投资需要由基金会计进行相应的债券信息维护,才能对债券投资进行正确核算。基金公司的投资交易部门应将当日成交的债券信息(包括债券名称、债券代码、利率、久期、起息日与到期日等)交于基金会计,基金会计复核后维护至基金估值核算系统,维护信息经基金会计负责人复核后生效。数据读取完成以后,基金会计根据读取的交易数据进行会计处理,系统将自动生成有关交易所债券买卖的业务凭证。债券业务凭证制作完成以后,基金会计应与集中交易室提供的债券成交表核对,以确保数据接收和会计处理的正确。

另外需要注意的是,债券计息起始日是债券发行后的第一个计息起始日,计息终止日是债券存续期结束前的最后一个计息终止日,该日起的第二天不再计提利息。

1. 买入上市债券应于成交日确认债券投资

债券投资按成交日债券的公允价值入账,作为债券的成本;支付的全部价款中包含债券起息日或上次除息日至购买日止的利息,应作为应收利息单独核算,不构成债券投资成本,记入"应收利息"科目;按应付的相关费用,借记"交易费用"科目;按应付的交易费用,贷记"应付交易费用"科目。

借:债券投资(成本)
  应收利息(若有)
  交易费用
 贷:证券清算款
   应付交易费用(券商佣金,若有)

资金交收日,由托管银行按实际支付的价款与证券登记结算机构进行清算,并将资金清算对账单加密传真至基金管理人。

借:证券清算款
 贷:银行存款或结算备付金

【**例 6-8**】 A 基金为非货币型基金,2015 年 6 月 30 日,该基金以每张 99.05 元的价格买入 B 公司当年 1 月 1 日发行的某债券 5 000 手(人民币 1 000 元面值债券为 1 手,1 手为 10 张)。该债券面值 100 元,票面利率为 5‰(已扣除所得税的影响),每年付息一次。该笔交易支付的交易费用包括经手费和证管费,分别按成交金额的 0.000 001(最高不超过每笔 100 元)和 0.000 01 收取。

要求:编制 A 基金买入债券的会计分录。

(1) 交易日,计算交易费用并确认债券投资。

债券成交金额 = $5\,000 \times 10 \times 99.05 = 4\,952\,500$(元)
债券成交日应计利息 = $5\,000 \times 10 \times 100 \times 5\% \times 181/365 = 123\,972.6$(元)

该债券计息开始日 1 月 1 日至购买日 6 月 30 日共 181 天。

经手费 = $(4\,952\,500 + 123\,972.6) \times 0.000\,001 = 5.08$(元)
证管费 = $(4\,952\,500 + 123\,972.6) \times 0.000\,01 = 50.76$(元)
交易费用总额 = $5.08 + 50.76 = 55.84$(元)
买入债券证券清算款 = 买成交金额 + 经手费 + 证管费 + 应计利息
        = $4\,952\,500 + 5.08 + 50.76 + 123\,972.6$
        = $5\,076\,528.44$(元)

借：债券投资（成本）　　　　　　　　　　　　　　　　4 952 500.00
　　　应收利息　　　　　　　　　　　　　　　　　　　　123 972.60
　　　交易费用　　　　　　　　　　　　　　　　　　　　　　　55.84
　　贷：证券清算款　　　　　　　　　　　　　　　　　　5 076 528.44

（2）资金交收日的会计分录：

借：证券清算款　　　　　　　　　　　　　　　　　　　5 076 528.44
　　贷：结算备付金　　　　　　　　　　　　　　　　　　5 076 528.44

2. 卖出上市债券

卖出债券交易日编制如下会计分录：

借：证券清算款（在交易日按应收或实收的金额）
　　交易费用（按应付的相关费用、佣金、证管费和税费）
　　贷：债券投资（成本）
　　　　债券投资（估值增值）
　　　　应收利息（若有）
　　　　应付交易费用（券商佣金，若有）
　　　　投资收益（债券投资收益，或在借方）

卖出债券的成本按移动加权平均法逐日结转，同时将原计入卖出债券的公允价值变动损益转出。

借：公允价值变动损益
　　贷：投资收益（债券投资收益）

资金交收日，按实际交收的证券清算款入账，编制会计分录如下：

借：结算备付金
　　贷：证券清算款

【例6-9】 沿用[例6-8]。2015年9月30日，A基金以每张100.25元的价格卖出6月30日买入的该债券5 000手。该债券的估值增值为1元/张，估值增值金额共计50 000元。该笔交易支付的交易费用包括经手费和证管费，分别按成交金额的0.000 001（最高不超过每笔100元）和0.000 01收取。

要求：编制A基金的相关会计分录。

（1）交易日，计算交易费用并确认债券投资。

　　　　债券成交金额 = 5 000 × 10 × 100.25 = 5 012 500（元）
　　　　债券成交日应计利息 = 5 000 × 10 × 100 × 5‰ × 273/365 = 186 986.3（元）
　　　　经手费 = (5 012 500 + 186 986.3) × 0.000 001 = 5.2（元）
　　　　证管费 = (5 012 500 + 186 986.3) × 0.000 01 = 51.99（元）
　　　　交易费用总额 = 5.2 + 51.99 = 57.19（元）
　　　　卖出证券清算款 = 卖成交金额 − 经手费 − 证管费 + 应计利息
　　　　　　　　　　　 = 5 012 500 − 5.2 − 51.99 + 186 986.3
　　　　　　　　　　　 = 5 199 429.11（元）

借：证券清算款　　　　　　　　　　　　　　　　　　　　5 199 429.11
　　交易费用　　　　　　　　　　　　　　　　　　　　　　　 57.19
　贷：债券投资（成本）　　　　　　　　　　　　　　　　　4 952 500.00
　　　债券投资（估值增值）　　　　　　　　　　　　　　　　50 000.00
　　　应收利息　　　　　　　　　　　　　　　　　　　　　186 986.30
　　　投资收益　　　　　　　　　　　　　　　　　　　　　 10 000.00
借：公允价值变动损益　　　　　　　　　　　　　　　　　　 50 000.00
　贷：投资收益（债券投资收益）　　　　　　　　　　　　　 50 000.00

（2）资金交收日的会计分录：

借：结算备付金　　　　　　　　　　　　　　　　　　　　5 199 429.11
　贷：证券清算款　　　　　　　　　　　　　　　　　　　5 199 429.11

【知识链接】

其他金融产品投资

基金除了投资于股票和固定收益证券（包括债券和资产支持证券）以外，还可以投资于其他金融产品。其他金融产品包括权证、银行定期存款和基金等。

【关键术语】

封闭式基金　开放式基金　基金募集　申购　赎回　股票投资　债券投资

【问题思考】

1. 证券投资基金的种类主要分为哪几种？
2. 证券投资基金主要有哪几个方面的当事人？

扫二维码获得本章
习题及案例

第七章
租赁公司业务的核算

章前导引

教学目标

本章主要介绍租赁公司的租赁类别及各类租赁方式的账务处理。通过学习理解租赁的基本定义和分类,特别是融资租赁业务和经营租赁业务的相关概念和判断标准;掌握融资租赁业务和经营租赁业务中出租人(即租赁公司)的会计核算方法并将其应用到实际案例分析中。

第一节 租赁业务概述

一、租赁的概念及特征

(一)租赁的概念

租赁,是一种历史悠久的经济交易形式。从字面意义上来解释,"租"包含两层意义:其一,出代价暂用别人的物品;其二,收取一定的代价把物品借予他人使用。"赁"也做"赁金",即"租"的行为中所提及的租金。因此,"租赁"实质上是出租人和承租人之间因某资产的使用权签订契约,从而形成的借贷关系。CAS21 号租赁准则将租赁定义为:"在约定的期间内,出租人将资产使用权让与承租人,以获取租金的协议。"

凡是当事人需要取得对方资产的临时使用、收益而无需取得所有权,并且该物不是消耗物时,都可以适用租赁。根据 CAS21 号准则规定,以经营租赁方式租出的土地使用权和建筑物,以及电影、录像、剧本、文稿、专业和版权等项目的许可使用协议不适用于租赁准则。

租赁协议形成的契约关系中,一般涉及三个当事人:出租人,承租人和供货商。由承租人向出租人提出租赁需求,出租人根据承租人的意愿购入资产并将其出租予承租人。在租赁期间,资产所有权归出租人,而使用权则暂时交予承租人,出租人定时收取租金,承租人定时支付租金,供货商则根据承租人的特定要求提供相应的资产给出租人。

(二)租赁的特征

租赁与买卖,赠与等一般的经济交易业务相比,具有以下特点。

1. 租赁资产的所有权与使用权相分离

租赁的主要目的是融通资产,对出租人来说,它是一种金融投资的新手段,对承租人来说,它是一种筹措设备资产的新方式。一般情况下,企业购买一项资产,既取得资产的所有权又拥有资产的使用权,同时享有及承担因使用该资产所产生的风险和报酬。而通过租赁契约,企业无需购买资产即可获得一项资产的使用权。租赁期间,出租人始终拥有资产的所有权,承租人只获得相关资产的使用权。因此,租赁是转移资产使用权,而不是转移资产的所有权。

2. 租赁具有临时性

承租人对租入资产的使用权仅限于租赁规定时间内,且按照我国《合同法》规定,当事人约定的租赁期限不得超过 20 年,超过 20 年的,超过部分无效。因此,承租人对资产的使用权并不是永久性的。

3. 租赁合同为双方有偿合同

租赁交易中,承租人必须支付相应的对价即租金来获得资产的使用权,租金是融通资产的代价,具有贷款本息的性质,采用分期支付的结算方式来完成。

4. 租赁方式灵活多样化

租赁协议限制条款较少,租赁方式灵活,出租人可以根据承租人的特殊需求签订租赁协议。例如,对相关资产的具体要求,开始支付租金的时间,选择融资租赁或者经营租赁的方式,租赁时间的长短,是否有租赁优惠,租赁期满时对相关资产的处置等。

二、租赁的分类

租赁的方式和结构千变万化,他们有许多相似之处,却有本质的不同。由于租赁分类涉及法律纠纷、财务处理、税收政策、金融管制等与国家经济命脉相关的许多政策领域,应该对租赁进行多角度分类,以便科学的界定和正确的认识各租赁形态的区别,便于主管部门科学地对行业进行管理,便于法院在处理租赁纠纷案件时公正的判案,便于税务部门合理的制定税收政策,便于行业主管监管行业经营方向向健康方面发展。

租赁可以从不同的角度进行分类。从租赁的目的来看,可以分为融资租赁和经营租赁;从交易的方式来看,可以分为直接租赁、售后回租、杠杆租赁和转租赁等;从征税的角度来看,可以分为正式租赁和租购式租赁。

(一) 融资租赁和经营租赁

根据 CAS21 号准则,承租人和出租人应当在租赁开始日将租赁分为融资租赁和经营租赁。这是租赁分类方法中最常见的分类方式,因融资租赁和经营租赁两者在会计核算中处理方式不同,所以必须将两者区分开来。区分融资租赁和经营租赁,关键在于解决与租赁资产所有权有关的全部风险和报酬是否从出租人转移给承租人。

与租赁资产所有权有关的全部风险,是指由于各种原因造成的资产闲置或者技术陈旧可能导致的损失,以及因经济情况变动引起的有关收益变动。与租赁资产所有权有关的报酬,是指在资产的有效使用期限内由于使用该资产,或者资产的升值以及处置资产等可能形成的经济流入。

融资租赁是指实质上转移了与资产所有权有关的全部风险和报酬的租赁。其所有权最终可能转移,也可能不转移。相反,如果与租赁资产有关的风险和报酬实质上并未转移,那么这种租赁应视为经营租赁。一项租赁属于融资租赁还是经营租赁不在于租约的形式,而在于租约的性质。如果与资产所有权有关的全部风险与报酬转移给了承租人,那么不管该租约采用何种形式,都可将其视为融资租赁,否则则是经营租赁。

【知识链接】

中国的融资租赁是改革开放政策的产物。改革开放后,为扩大国际经济技术合作与交流,开辟利用外资的新渠道,吸收和引进国外的先进技术和设备,1980 年,中国国际信托投资公司引进租赁方式。1981 年 4 月,第一家合资租赁公司即中国东方租赁有限公司成立,同年 7 月,中国租赁公司成立。这些公司的成立,标志着中国融资租赁业的诞生。

(二) 按交易方式分类

1. 直接租赁

直接租赁即购入租出的租赁方式。由出租人根据承租人的申请和需求,以自有资金或筹措资金的方式购进承租人所需资产,租给承租人使用。采用直接租赁的方式时,出租人首先与承租人签订一项租赁合同,然后再根据承租人的订货要求,与供货商签订一项购货合同。出租人需要先垫付购置资产应付的资金,这些资金可以是出租人自有的资金,也可以是出租人向非租赁当事人的银行等金融机构借入的资金。

2. 售后回租

将现有的资产售出后再以租赁的形式租回使用的行为称为售后回租,是承租人采用的一种融资方式。由于承租人缺乏资金,为了利用购买者的资金将资产出售,但出售的资产又正是企业正在使用的资产,因此以承租者的身份再向购买者租回。其出售只是一种形式,实质是通过分期支付租金继续使用原来的资产。

3. 转租赁

是一种先租入再租出的做法。出租人先从其他机构租入资产后,再转租给承租人的一种租赁形式。出租人首先以承租人的身份与制造商或者其他租赁公司签订租赁合同;再以出租人的身份与承租人签订租赁合同。

4. 杠杆租赁

杠杆租赁是融资租赁派生的一种特殊方式,又称平衡租赁或减租租赁,即由贸易方政府向设备出租者提供减税及信贷刺激,而使租赁公司以较优惠条件进行设备出租的一种方式。它是目前较为广泛采用的一种国际租赁方式,是一种利用财务杠杆原理组成的租赁形式。

(三) 正式租赁和租购式租赁

正式租赁是指一项符合有关国家税法,能真正享受租赁税收优惠待遇的租赁交易。正式租赁其出租人可享有加速折旧、投资减税等税收优惠,但要承担残值风险;承租人支付的租金可作为费用,从应纳税的利润中扣除,而且还能分享出租人获得的一部分减税好处,所以租金较为低廉。合同期满时,承租人可以缴还所租物品,也可以以当时的公平市场价格将其买下或续租。

租购式租赁是非正式租赁和有条件的租赁。它是指承租人在租期结束时,可以名义价格留购资产并获得所有权的租赁交易,实质是属于一项分期付款购买资产的交易,通常租金较高。

第二节 融资租赁业务的核算

一、租赁会计分类的判断标准

对于租赁会计来讲,由于不同租赁类别的会计处理方式不相同,承租人和出租人必须根据企业会计准则规定认定该资产属于融资租赁还是经营租赁,其判断标准是与租赁资产所有权相关的风险和报酬是否发生转移。在会计处理上,由于租赁双方均在租赁开始日当天就主要租赁条款作出承诺,因此租赁开始日就是用来确定租赁分类的时点。CAS21号准则规定,符合下列一项或数项标准的,应当认定为融资租赁:

标准1:在租赁期届满时,租赁资产的所有权转移给承租人。即与资产所有权有关的风险和报酬最终也转移给了承租人,应当认定该租赁为融资租赁。

标准2:承租人有购买租赁资产的选择权,所订立的购买价款预计将远低于行使选择权时租赁资产的公允价值,因而在租赁开始日就可以合理确定承租人将会行使这种选择权。因此该标准实质上与标准一相同,与租赁资产有关的全部风险和报酬实质上转移给了承租人,出租人和承租人应将该项租赁认定为融资租赁。

标准3:即使资产的所有权不转移,但租赁期占租赁资产使用寿命的大部分。"大部分"指租赁期占租赁资产使用寿命的75%以上(含75%)。租赁资产的使用寿命大部分为承租人所用,出租人通过租赁资产回收了初始投资成本和融资收益,而承租人实现了与直接购买资产同样的效果。因此,与租赁资产有关的全部风险和报酬实质上转移给了承租人,出租人和承租人应将该项租赁认定为融资租赁。

标准4:承租人在租赁开始日的最低租赁付款额现值,几乎相当于租赁开始日租赁资产的公允价值;出租人在租赁开始日的最低租赁收款额现值,几乎相当于租赁开始日租赁资产的公允价值。"几乎相当于"通常指90%以上(含90%)。在这种情况下,出租人通过在租赁期内收取承租人租金的方式收回初始投资成本及融资收益,而承租人通过在租赁期内使用租赁资产达到了直接购买资产的效果。因此,与租赁资产有关的全部风险和报酬实质上转移给了承租人,出租人和承租人应将该项租赁认定为融资租赁。

标准5:租赁资产性质特殊,如果不做较大改造,只有承租人才能使用。换言之,该租赁资产是出租人根据承租人的具体要求,专门为承租人购置的,仅供承租人使用,一旦承租人违约,很难再租与他人。因此,承租人应承担与该租赁资产有关的全部风险和报酬,出租人和承租人应将该项租赁认定为融资租赁。

【例7-1】 2014年12月20日,天河印刷公司作为承租人(A公司)与广州天河融资租赁有限公司(B公司)签订了一份租赁合约,合同主要条款如下:

(1)租赁标的物:日本三菱产四色四开胶印机。

(2)租赁期开始日:租赁物运抵天河印刷公司厂房之日(即2015年1月1日)。

(3) 租赁期:2015年1月1日至2018年12月31日,共4年。

(4) 租金支付方式:自租赁期开始日起每年年末支付租金1 000 000元。

(5) 该胶印机在2015年1月1日的公允价值为3 600 000元,预计使用年限5年。

(6) 天河印刷公司与广州天河融资租赁有限公司在租赁谈判和签订租赁合同过程中发生的可归属于租赁项目的手续费、差旅费均为10 000元。

(7) 租赁合同规定的年利率为8%。

(8) 天河印刷公司担保租赁期满时胶印机的余值为50 000元,没有未担保余值。

(9) 2017年和2018年年末,天河印刷公司按胶印机所印刷产品的年销售收入的1%向广州天河融资租赁有限公司支付经营分享收入。

(10) 租赁期满时,天河印刷公司应将胶印机归还广州天河融资租赁有限公司。

本例中租赁期(4年)占资产尚可使用年限(5年)的80%,大于75%的标准,满足融资租赁的第3条标准。另外最低租赁收款额的现值为3 610 000元(计算过程见后)大于租赁资产账面价值的90%,即3 240 000元(3 600 000×90%),满足融资租赁的第4条标准。因此,天河印刷厂应当将该项租赁认定为融资租赁。

从企业会计准则的角度,通常把除了融资租赁以外的租赁归为经营租赁,即出租人保留了与资产所有权有关的大部分风险和报酬,仅向承租人收取转让租赁资产使用权的租金。经营租赁通常是因为承租人出于经营上的临时性需求或者季节性需求,所以其租赁期明显短于租赁资产的使用寿命。

需要注意的是,由于租赁合同是出租人和承租人双方就租赁条款达成协议签订的,因此,双方对租赁所认定的类别应当一致。即必须同时认定为融资租赁或者经营租赁,避免同一资产在出租人和承租人之间做不同的认定。

二、租赁会计相关定义

为了能够正确理解和处理融资租赁业务的会计事项,首先必须了解以下几组与融资租赁会计相关的概念。

(一) 租赁期、租赁开始日和租赁期开始日

根据租赁的定义,租赁是在约定期间内转移资产的使用权,这个约定的期间就是租赁期。租赁期是指租赁协议规定的不可撤销的租赁期间,其长短在租赁合同中有明确规定。如果承租人有权选择续租该资产,并且在租赁开始日就可以合理确定承租人将会行使这种选择权,在这种情况下,租赁期应该包括续租期选择权所涉及的期间。

租赁开始日是指租赁协议日与租赁各方就主要条款作出承诺中的较早者。在租赁开始日,承租人和出租人应当对租赁协议进行认定和会计处理,同时确定融资租赁下承租人租赁资产的成本和出租人租赁债券的金额。

租赁期开始日表明租赁行为的开始,开始计算租赁期的时间点,是指承租人有权行使其使用租赁资产权利的起始日期。在租赁期开始日,承租人应当对租入的资产、最低租赁付款额和未确认融资费用进行初始确认;出租人应当对应收融资租赁款、未担保余值和为实现融资收益进行初始确认。

【例 7-2】 2014年12月1日,A租赁有限公司与B建筑工程公司签订了一份租赁合

同。合同主要条款如下：
(1) 租赁标的物：PC300-7 小松挖掘机。
(2) 租赁期开始日：租赁物抵运 B 公司建筑工地之日（即 2015 年 1 月 1 日）。
(3) 租赁期：从租赁期开始日算起 36 个月（即 2015 年 1 月 1 日至 2017 年 12 月 31 日）。
(4) 租金支付方式：自租赁期开始日起每年年末支付租金 500 000 元。
(5) 租赁期届满后承租人可以每年支付 75 000 元的租金续租 2 年，即续租期为 2018 年 1 月 1 日至 2019 年 12 月 31 日，估计租赁期届满时该项租赁资产每年的正常租金为 300 000 元。

根据上述资料，分析如下：
(1) 合同规定的租赁期为 3 年。
(2) 续租租金 75 000 元占正常租金 300 000 元的 25%，可以合理确定承租人将来会续租。

因此，本例中的租赁期应为 5(3+2) 年，即 2015 年 1 月 1 日至 2019 年 12 月 31 日。租赁开始日为 2014 年 12 月 1 日，即为签订租赁合同当天，需确认该租赁性质为融资租赁或经营租赁。租赁期开始日为 2015 年 1 月 1 日，需要确定资产的公允价值以及承租人和出租人的会计处理方式。

（二）担保余值和未担保余值

担保余值即对租赁资产的余值进行担保。资产余值，是指于租赁开始日估计的租赁期届满时租赁资产的公允价值。为了促使承租人合理地使用租赁资产，尽量减少出租人的损失和风险，租赁合同有时会要求承租人或者与其有关的第三方对租赁资产的余值进行担保，这是就承租人而言的担保余值。就出租人而言，担保余值包括就承租人而言的担保余值以及与出租人和承租人均无关，但在财务上有能力担保的第三方担保的余值。

扣除担保余值，没有人担保并由出租人自身承担的资产余值即为未担保余值。由于这部分资产余值的风险和损失并未转移给第三者，必须由出租人自身承担，因此未担保余值不能作为应收融资租赁款的一部分。

（三）最低租赁付款额、最低租赁收款额和租赁资产总额

最低租赁付款额，是指在租赁期内，承租人应支付或可能被要求支付的款项（包括初始直接费用，但不包括或有租金和履约成本），加上由承租人或与其有关的第三方担保的资产余值。如果承租人有优惠购买选择权，那么最低租赁付款额包括购买价款。

初始直接费用是指出租人和承租人在租赁谈判和签订租赁合同过程中发生的手续费、律师费、差旅费、印花税等，这些费用有助于达成最终租赁协议，因归属于租赁项目。对承租人来说，计入租赁资产的成本；对出租人来说，构成租赁投资的本金。

或有租金是指金额不固定、以时间长短以外的其他因素（如销售量、使用量、物价指数等）为依据计算的租金。或有租金是一种利益分享，如分享承租人因使用租赁资产而获得的销售收入等，具有不确定性，因此不能作为最低租赁付款额的一部分。

履约成本，是指租赁期内为租赁资产支付的各种使用费用，如技术咨询和服务费、人员培训费、维修费、保险费等。履约成本虽与租赁资产的正常使用密切相关，但与出租人购买资产和承租人租赁资产使用权没有直接关系，因此不属于最低租赁付款额。

最低租赁收款额,是指最低租赁付款额加上独立于承租人和出租人的第三方对出租人担保的资产余值。

租赁资产总额是指最低租赁收款额与未担保余值现值之和或者租赁资产原账面价值。

(四) 未实现融资收益和未确认融资费用

未实现融资收益是出租人在租赁期开始日时记录的应收融资租赁款、未担保余值和租赁资产账面价值的差额,是其将来融资收入确认的基础。出租人未担保余值的预计可收回金额低于其账面价值时确认为当期损失。

未确认融资费用是指在租赁开始日,承租人将租赁资产原账面价值和最低租赁付款额的现值中两者较低者作为租赁资产的入账价值,同时,将最低租赁付款额作为长期应付款的入账价值,这两者的差额就是未确认融资费用。

三、融资租赁业务应设置的会计科目

经营融资租赁业务的企业应设置"融资租赁资产""长期应收款——应收融资租赁款""未实现融资收益""租赁收入——融资租赁收入"和"未担保余值"等会计科目来核算融资租赁业务。

(一)"融资租赁资产"科目

资产类科目。核算出租人购入、租出以及收回的租赁资产。购入时,按资产实际成本借记本科目;出租时,按最低租赁收款额与未担保余值的现值之和作为租赁资产成本,贷记本科目。

(二)"长期应收款——应收融资租赁款"科目

资产类科目。核算采用融资租赁方式出租资产时,出租人向承租人收取的租金金额。租赁期开始日,按照最低租赁收款额与初始直接费用之和,借记本科目;往后收取租金时,贷记本科目。期末余额在借方,表示企业尚未收回的租金金额。

(三)"未实现融资收益"科目

备抵类科目。核算出租人在租赁期内的融资收益。租赁期开始日,将最低租赁收款额、初始直接费用及未担保余值之和与其现值之和的差额确认为未实现融资收益,贷记本科目;实际收到租金时,确认本期的融资租赁收益,借记本科目。

(四)"租赁收入——融资租赁收入"科目

损益类科目。核算租赁公司租赁期内确认的融资收益,按每期确认的融资收益贷记本科目,期末结转"本年利润"科目。

(五)"未担保余值"科目

资产类科目。核算租赁资产余值中扣除就出租人而言的担保余值以后的资产余值。

四、账务处理程序

在融资租赁中,出租人会计核算的一般处理方法和应用主要涉及几个方面:租赁开始日的会计处理、租赁期内租赁收入的确认和计量、或有租金的会计处理、租赁期届满时的会计处理等。

(一) 租赁期开始日的会计处理

在租赁期开始日,出租人的会计处理主要是租赁债权金额的确定。通过转移租赁资产,出租人的租赁资产在短期内变成了收取租金的债权。出租人应将应收租金视为对其投资的补偿和回报,包括本金收回和融资收益;将租赁期开始日最低租赁收款额与初始直接费用之和作为应收融资租赁款的入账价值(即租赁债权金额),借记"长期应收款——应收融资租赁款"科目;如有未担保余值,借记"未担保余值"科目。

按租赁资产账面价值贷记"融资租赁资产"科目,若租赁资产的原账面价值与公允价值有差额,除按账面价值贷记"融资租赁资产"科目外,将差额计入当期损益(计入营业外支出或营业外收入)。按最低租赁收款额与租赁资产的公允价值差额贷记"未实现融资收益"科目。

基本会计分录为:

借:长期应收款——应收融资租赁款	×××
未担保余值	×××
贷:融资租赁资产	×××
营业外收入	×××
未实现融资收益	×××
银行存款	×××

【例 7-3】 承[例 7-1],广州天河融资租赁有限公司有关资料如下:

(1) 2015 年 1 月 1 日,该胶印机在 B 公司的账面价值为 3 600 000 元。

(2) 采用实际利率法确认本期应分配的未实现融资收益。

(3) 2017 年和 2018 年年末,收到天河印刷公司支付的经营分享收入,天河印刷公司分别实现销售收入 8 000 000 元和 10 000 000 元。

(4) 2018 年 12 月 31 日,从天河印刷公司收回胶印机。

本例中,租赁开始日,B 公司的账务处理如下:

1. 计算租赁内含利率

租赁内含利率是指在租赁开始日,使最低租赁收款额的现值与未担保余值的现值之和等于租赁资产公允价值与出租人的初始直接费用之和的折现率。本例中承租人(A 公司)对租赁资产的担保余值为 50 000 元,不存在与承租人和出租人均无关、但在财务上有能力担保的第三方对出租人担保的资产余值,也不存在未担保余值。因此:

最低租赁收款额= 最低租赁付款额 = 各期租金之和＋承租人担保的资产余值
= 1 000 000×4＋50 000 = 4 050 000(元)

最低租赁收款额的现值＝租赁资产公允价值＋初始直接费用,即:

$1\,000\,000 \times (P/A, r, 4) + 50\,000 \times (P/F, r, 4) = 3\,600\,000 + 10\,000 = 3\,610\,000(元)$

可用插值法计算租赁内含利率。

当 $r=4\%$ 时,$1\,000\,000\times(P/A,r,4)+50\,000\times(P/F,r,4)$
$$= 1\,000\,000\times 3.629+50\,000\times 0.854$$
$$= 3\,671\,700(元)>3\,610\,000(元)$$

当 $r=5\%$ 时,$1\,000\,000\times(P/A,r,4)+50\,000\times(P/F,r,4)$
$$= 1\,000\,000\times 3.545+50\,000\times 0.822$$
$$= 3\,586\,100(元)<3\,610\,000(元)$$

按插值法求 r:

$$\frac{3\,671\,700-3\,610\,000}{3\,671\,700-3\,586\,100}=\frac{4\%-r}{4\%-5\%}$$

得 $r=4.72\%$。

2. 计算未实现融资收益

承前计算结果,应收融资租赁款的入账价值为 $4\,060\,000(4\,050\,000+10\,000)$ 元,最低租赁收款额的现值为 $3\,610\,000$ 元,因此:

$$未实现融资收益 = 最低租赁收款额 - 最低租赁收款额的现值$$
$$= 4\,050\,000 - 3\,600\,000$$
$$= 450\,000(元)$$

3. 账务处理如下

2015 年 1 月 1 日:

借:长期应收款——应收融资租赁款	4 060 000
贷:银行存款	10 000
融资租赁资产	3 600 000
未实现融资收益	450 000

(二) 租赁期内租赁收入的确认和计量

在租赁期内,出租人的会计处理主要是本金回收及融资收益的确定。随着各期租金的逐步收回,出租人的初始投入资本和融资租赁所获得的利息报酬得以实现。出租人每期收到租金时,借记"银行存款"科目,同时冲减应收融资租赁款的账面余额,贷记"长期应收款——应收融资租赁款"科目;利息报酬应当确认为当期融资收益,借记"未实现融资收益"科目,贷记"租赁收入——融资租赁收入"科目。

基本会计分录为:

借:银行存款	×××
贷:长期应收款——应收融资租赁款	×××
借:未实现融资收益	×××
贷:租赁收入——融资租赁收入	×××

为了反映出租人的投资在每个期间都获得了系统、稳定的回报,应当采用实际利率法,按照租赁内含利率法计算当期的租赁收入。

【例 7-4】 承[例 7-3],未实现融资收益分配的会计处理过程如下:

1. 在租赁期内采用实际利率法计算确认各期应分配的融资收益(见表7-1)

表7-1 未实现融资收益分配表(实际利率法)

2015年1月1日 单位:元

日 期	租 金	确认的融资收入	租赁投资净额减少额	租赁投资净额余额
	①	②=期初④×4.72%	③=①-②	期末④=期初④-③
2015.1.1				3 610 000.00
2015.12.31	1 000 000.00	170 392.00	829 608.00	2 780 392.00
2016.12.31	1 000 000.00	131 234.50	868 765.50	1 911 626.50
2017.12.31	1 000 000.00	90 228.77	909 771.23	1 001 855.27
2018.12.31	1 000 000.00	58 144.73*	941 855.27*	60 000.00
合 计	4 000 000.00	450 000	3 550 000.00	

*尾数调整:941 855.27=1 001 855.27-60 000;58 144.73=1 000 000-941 855.27

2. 账务处理

2015年12月31日,收到第1期租金并确认当年融资收入:

借:银行存款   1 000 000
　　贷:长期应收款——应收融资租赁款   1 000 000
借:未实现融资收益   170 392
　　贷:租赁收入   170 392

2016年12月31日,收到第2期租金并确认当年融资收入:

借:银行存款   1 000 000
　　贷:长期应收款——应收融资租赁款   1 000 000
借:未实现融资收益   131 234.50
　　贷:租赁收入   131 234.50

2017年12月31日,收到第3期租金并确认当年融资收入:

借:银行存款   1 000 000
　　贷:长期应收款——应收融资租赁款   1 000 000
借:未实现融资收益   90 228.77
　　贷:租赁收入   90 228.77

2018年12月31日,收到第四期租金并确认当年融资收入:

借:银行存款   1 000 000
　　贷:长期应收款——应收融资租赁款   1 000 000
借:未实现融资收益   58 144.73
　　贷:租赁收入   58 144.73

(三)或有租金的会计处理

出租人在融资租赁下收到的或有租金,应在实际发生时计入当期损益。

基本会计分录为:

借:银行存款　　　　　　　　　　　　　　　　　　　　×××
　贷:租赁收入——融资租赁收入　　　　　　　　　　　　×××

【例7-5】 承例[7-3],或有租金的会计处理过程如下:

2017年12月31日,根据合同规定B公司应向A公司收取经营分享收入80 000(8 000 000×1‰)元:

借:银行存款　　　　　　　　　　　　　　　　　　　　80 000
　贷:租赁收入　　　　　　　　　　　　　　　　　　　　80 000

2018年12月31日,根据合同规定B公司应向A公司收取经营分享收入100 000(10 000 000×1‰)元:

借:银行存款　　　　　　　　　　　　　　　　　　　　100 000
　贷:租赁收入　　　　　　　　　　　　　　　　　　　　100 000

(四)租赁期届满时的会计处理

租赁期届满时,出租人根据承租人对租赁资产的处理方式,分3种情况进行会计处理:收回租赁资产,优惠续租租赁资产以及留购租赁资产。

1. 收回租赁资产

出租人收回租赁资产时,有可能出现以下4种情况:

(1)对租赁资产余值全部担保。出租人在租赁开始日确定租赁债权金额时已将担保余值计入最低租赁收款额,作为"长期应收款——应收融资租赁款"科目入账价值的一部分,因此,当租赁期届满收到承租人返还的租赁资产时,出租人同时收回担保余值,基本会计分录为:

借:融资租赁资产　　　　　　　　　　　　　　　　　　×××
　贷:长期应收款——应收融资租赁款　　　　　　　　　　×××

如果收回租赁资产的价值低于担保余值,则应向承租人收取价值损失补偿金,会计分录为:

借:融资租赁资产　　　　　　　　　　　　　　　　　　×××
　　其他应收款　　　　　　　　　　　　　　　　　　　×××
　贷:长期应收款——应收融资租赁款　　　　　　　　　　×××

(2)对租赁资产余值部分担保。担保余值处理方式与第1种情况一致,同时收回未担保余值,基本会计分录为:

借:融资租赁资产　　　　　　　　　　　　　　　　　　×××
　贷:长期应收款——应收融资租赁款　　　　　　　　　　×××
　　未担保余值　　　　　　　　　　　　　　　　　　　×××

(3) 对租赁资产余值全部未担保。因未存在担保余值,租赁资产回收时只需收回未担保余值,基本会计分录为:

　　借:融资租赁资产　　　　　　　　　　　　　　　　　　　　　　　×××
　　　　贷:未担保余值　　　　　　　　　　　　　　　　　　　　　　　×××

(4) 不存在担保余值及未担保余值。出租人无需做任何账务处理,只需做相应的备查登记。

【例7-6】 承[例7-3],2014年12月31日,B公司收到天河印刷公司返还的租赁资产,则会计处理如下:

　　借:融资租赁资产　　　　　　　　　　　　　　　　　　　　　　　60 000
　　　　贷:长期应收款——应收融资租赁款　　　　　　　　　　　　　60 000

2. 优惠续租租赁资产

如承租人在租赁期届满时选择行使优惠续租选择权,则出租人视同该项租赁继续进行并做相应的会计处理。

3. 留购租赁资产

如租赁合同规定租赁期届满时,承租人有权行使优惠购买权留购租赁资产,则出租人在租赁开始日确定租赁债权金额时应将购买价款计入最低租赁收款额,作为"长期应收款——应收融资租赁款"入账价值的一部分,并在承租人支付购买价款时,作相应会计分录:

　　借:银行存款　　　　　　　　　　　　　　　　　　　　　　　　×××
　　　　贷:长期应收款——应收融资租赁款　　　　　　　　　　　　　×××

第三节　经营租赁业务的核算

一、经营租赁业务应设置的会计科目

经营租赁业务的企业应设置"经营租赁资产""累计折旧——经营租赁资产折旧""租赁收入——经营租赁收入""租赁费用"和"存入保证金——租赁保证金"等会计科目来核算经营租赁业务。

(一)"经营租赁资产"科目

资产类科目。该科目登记用于经营租赁资产的实际成本,包括资产的价款以及构建资产时发生的相关费用。核算出租人用于经营租赁业务的资产购入、租出、收回及报废等情况。该科目下设"已出租资产"和"未出租资产"两个二级科目,取得租赁资产时,借记"未出租资产",将租赁资产出租时,借记"已出租资产"同时贷记"未出租资产"。

(二)"累计折旧——经营租赁资产折旧"科目

备抵类科目。核算经营租赁资产的折旧计提情况,与企业自有的固定资产核算方式以

及采用的折旧政策一致。发生折旧时贷记本科目,在资产最终清理时借记本科目,转销累计折旧。期末余额在贷方,表示租赁资产已计提的折旧总额。

(三)"租赁收入——经营租赁收益"科目

损益类科目。核算企业从事经营租赁业务时取得的租金收入和其他收入。收到租金时贷记本科目,并在期末时将贷方余额结转到本年利润。

(四)"租赁费用"科目

损益类科目。核算经营租赁业务的相关费用,如租赁资产的折旧费、修理费。发生费用时借记本科目,期末将借方余额结转到本年利润。

(五)"存入保证金——租赁保证金"科目

负债类科目。核算收到及退回的租赁押金。租赁保证金通常在租赁期结束后如数退还予承租人,若承租人到期不交租金或有其他违约行为,可用保证金抵作租赁收入。

二、经营租赁出租人的账务处理

在经营租赁中,出租人会计核算的一般处理方法和应用主要涉及几个方面:经营租赁资产在会计报表中的处理、购建租赁资产的会计处理、出租租赁资产的会计处理、租金的会计处理、租赁期费用发生的会计处理、或有租金的会计处理、租赁资产折旧的计提及租赁期届满的会计处理等。

(一)租赁资产在会计报表中的处理

在经营租赁下,租赁资产的所有风险与报酬仍保留在出租人一方,出租人应当按资产的性质,将用作经营租赁的资产包括在资产负债表中的相关项目内。如果租赁资产属于固定资产,那么应该列示在固定资产项下,如果租赁资产属于流动资产,那么应该列示在流动资产项下。

【例7-7】 2015年1月1日,广州天河融资租赁有限公司以200 000元购置了4台文档装订机并租给天河印刷厂,租期为3年。4台装订机的账面价值为200 000元,预计使用年限为10年,估计残值为10 000元,采用平均年限法计提折旧。租赁合同规定:A公司需在租赁期开始日向B公司一次性预付租金20 000元,第1年年末支付租金15 000元,第2年年末支付租金18 000元,第3年年末支付租金22 000元,3年的租金总额为75 000元。租赁公司向天河印刷公司收取押金20 000元,租赁期届满后租赁公司收回设备并退回押金。天河印刷公司在租用该项资产的3年中,租赁公司对改资产进行过一次修理,花费2 000元(假定租赁公司在年末确认租金收入,并且不存在租金逾期支付的情况)。

本例中的租赁行为没有满足融资租赁的任何一条标准,应作为经营租赁处理,租赁资产文档装订机为固定资产。按照经营租赁资产的处理原则,该租赁资产必须包括在租赁公司的资产负债表中,列示在固定资产项下。

(二)购建租赁资产的会计处理

购建租赁资产时,其入账价值与企业购建自用资产的入账价值确定方法一致,应按取得租赁资产的实际成本记账,实际成本包括构建资产的价款、手续费、运输费、保险费、增值税以及租赁借款费用等。基本会计分录为:

借：经营租赁资产——未出租资产 ×××
　　贷：银行存款等 ×××

【例 7-8】 承[例 7-7],2015 年 1 月 1 日,购置租赁资产时会计处理如下：

借：经营租赁资产——未出租资产 200 000
　　贷：银行存款 200 000

（三）出租租赁资产的会计处理

出租资产时,租赁资产的所有风险与报酬仍保留在出租人一方,出租人仅仅出租资产的使用权,并在出租时将未出租资产转入已出租资产,基本会计分录：

借：经营租赁资产——已出租资产 ×××
　　贷：经营租赁资产——未出租资产 ×××

如果合同规定了租赁保证金,则：

借：银行存款 ×××
　　贷：存入保证金——租赁保证金 ×××

【例 7-9】 承[例 7-7],2015 年 1 月 1 日,出租租赁资产使用权时账务处理如下：

借：经营租赁资产——已出租资产 200 000
　　贷：经营租赁资产——未出租资产 200 000

预收租金 20 000 元：

借：银行存款 20 000
　　贷：预收账款——经营租赁租金 20 000

同时按合同规定收取押金：

借：银行存款 20 000
　　贷：存入保证金——租赁保证金 20 000

（四）租金的会计处理

对于经营租赁的租金,出租人应当在租赁期各个期间按照直线法确认为当期损益,在确认各期租金时：

借：银行存款 ×××
　　贷：租赁收入——经营租赁收益 ×××

【例 7-10】 承[例 7-7],出租人租赁期间确认租金收入时,不能依据各期实际收到租金的金额确定,应采用直线法分配确认各期的租金收入。此项租赁租金收入总额为 75 000 元,按直线法计算,每年应分配的租金收入为 25 000 元。确认租金的账务处理如下：

2015 年 12 月 31 日,按合同规定收到第 1 期租金 15 000 元。

借：银行存款 15 000
　　预收账款——经营租赁租金 10 000
　　贷：租赁收入——经营租赁收益 25 000

2016年12月31日,按合同规定收到第2期租金18 000元。

 借:银行存款 18 000
  预收账款——经营租赁租金 7 000
  贷:租赁收入——经营租赁收益 25 000

2017年12月31日,按合同规定收到第3期租金22 000元。

 借:银行存款 22 000
  预收账款——经营租赁租金 3 000
  贷:租赁收入——经营租赁收益 25 000

(五)租赁期费用发生的会计处理

租赁期间出租人发生的直接费用,应当计入当期损益:

 借:租赁费用 ×××
  贷:银行存款 ×××

【例7-11】 承[例7-7],出租人支付在租赁期内发生的修理费用2 000元。账务处理如下:

 借:租赁费用 2 000
  贷:银行存款 2 000

(六)或有租金的会计处理

在经营租赁下,或有租金的处理与融资租赁相同,即在实际发生时计入当期损益:

 借:银行存款 ×××
  贷:租赁收入——经营租赁收益 ×××

(七)租赁资产折旧的计提

对于经营租赁资产中的固定资产,出租人应当采用类似资产的折旧政策计提折旧,对于其他经营租赁资产,应当采用系统合理的方法进行摊销,会计分录为:

 借:租赁费用——经营租赁资产折旧费 ×××
  贷:累计折旧——经营租赁资产折旧 ×××

【例7-12】 承[例7-7],2015年至2017年年末计提租赁资产折旧,每年应计提折旧20 000元。

 借:租赁费用——经营租赁资产折旧费 20 000
  贷:累计折旧——经营租赁资产折旧 20 000

(八)租赁期届满的会计处理

租赁期届满,出租人应收回租赁资产:

 借:经营租赁资产——未出租资产 ×××
  贷:经营租赁资产——已出租资产 ×××

如果有押金,应退回押金:

借：存入保证金——租赁保证金　　　　　　　　　　　　　　×××
　　贷：银行存款　　　　　　　　　　　　　　　　　　　　×××

【例7-13】承[例7-7]，2017年12月31日，出租人收回租赁资产，账务处理如下：

借：经营租赁资产——未出租资产　　　　　　　　　　　　200 000
　　贷：经营租赁资产——已出租资产　　　　　　　　　　200 000

退回押金：

借：存入保证金——租赁保证金　　　　　　　　　　　　　20 000
　　贷：银行存款　　　　　　　　　　　　　　　　　　　20 000

第四节　其他租赁业务的核算

一、售后租回业务

(一)售后租回业务的概述

1. 售后租回业务的特征

售后租回交易是一种特殊形式的租赁业务，是指承租人将一项自制或外购的资产出售后，又将该项资产从出租人租回，习惯称之为"回租"。通过售后租回交易，资产的原所有者(即承租人)在保留对资产的占有权、使用权和控制权的前提下，将固定资产转化为货币资本，在出售时可取得全部价款的现金，而租金则是分期支付的，从而获得了所需的资金；而资产的新所有者(即出租人)通过售后租回交易，找了一个风险小、回报有保障的投资机会。

在售后回租的交易过程中：

(1) 承租人可以毫不间断地使用资产。

(2) 资产的售价与租金是相互联系的，且资产的出售损益通常不得计入当期损益。

(3) 承租人将承担所有的契约执行成本(如修理费、保险费及税金等)。

(4) 承租人可从出售回租交易中得到纳税的财务利益。

2. 售后租回业务的分类

售后租回交易由于其实质是一项租赁业务，因此同样存在着分类问题。在实务上，国际会计惯例主要从承租人的角度，根据租赁的基本分类标准，将售后租回交易认定为融资租赁或经营租赁。我国会计准则尽管要求出租人和承租人按照相同的标准做出同样的分类，但相关的规范也主要是从承租人的角度做出的。因为对于出租人来讲，售后租回交易(无论是融资租赁还是经营租赁的售后租回交易)同其他租赁业务的会计处理没有什么区别。

(二)售后租回业务的会计核算

1. 售后租回形成融资租赁

【例7-14】承[例7-1]，假定2015年1月1日，A公司将一台胶印机按3 600 000元的价格销售给B公司。该胶印机2015年1月1日的账面原值为3 500 000元，全新设备未计提折旧,同时又签订了一份租赁合同将该胶印机租回,该合同主要条款与例7-1的合同条款内容相同,假定不考虑相关税费。

本例中,A公司将胶印机销售给B公司时,与B公司签订了一份融资租赁合同,因此B公司应将购买的胶印机作为融资租赁资产入账,虽然胶印机的账面原值与公允价值不同,但对B公司来说只需要以公允价值入账即可,B公司的会计处理过程如下:

2015年1月1日,向A公司购买胶印机:

　　借:融资租赁资产　　　　　　　　　　　　　　　　　　　　3 600 000
　　　贷:银行存款　　　　　　　　　　　　　　　　　　　　　　3 600 000

租赁过程中的其他相关会计处理同[例7-3]至[例7-6]中B公司的会计处理,即同一般融资租赁业务的会计处理。

2. 售后租回形成经营租赁

【例7-15】 承[例7-7],假定2015年1月1日,A公司将4台文档装订机,按照200 000元的价格售给B公司,该办公设备2015年1月1日的账面原值为210 000元,并立即签订了一份租赁合同,该合同主要条款与[例7-7]的合同条款内容相同。

本例中,A公司将4台文档装订机销售给B公司时,与B公司签订了一份经营租赁合同,因此B公司应将购买的4台文档装订机作为固定资产入账,虽然装订机的账面原值与公允价值不同,但对B公司来说只需要以公允价值入账即可,B公司的会计处理过程如下:

2015年1月1日,向A公司购买4台文档装订机:

　　借:固定资产　　　　　　　　　　　　　　　　　　　　　　　200 000
　　　贷:银行存款　　　　　　　　　　　　　　　　　　　　　　　200 000

租赁过程中的其他相关会计处理同[例7-7]至[例7-13]中B公司的会计处理,即同一般经营资租赁业务的会计处理。

二、转租赁

转租赁简称转租。承租人在租赁期内将租入资产出租给第三方的行为。转租至少涉及三方(原出租人、原承租人和新承租人)和两份租约(原出租人和租约)。一般情况下,转租赁的当事人主要包括5个:设备供应商、第一出租人、第二出租人、第一承租人和第二承租人。通常在转租赁过程中签订的合同包括购货合同、租赁合同和转让租赁合同。

转租赁过程中,各方的会计处理视两种租约的性质而定。

(一) 原出租人的会计处理

若原承租人将租赁资产转给第三方,原出租人和原承租人之间的租约仍属有效,转租对原出租人的会计毫无影响,其原有会计处理不变。

(二) 新承租人的会计处理

新承租人和原出租人及原租约无任何直接联系,应根据和原承租人(即新出租人)所订租约规定的条件,作出相应的会计处理。

(三) 原承租人(即新出租人)的会计处理

转租赁的会计处理,对原承租人而言,较其他两方复杂,因原承租人既是新出租人,原承租人在进行会计处理时应当考虑应当如何归类处理转租业务,属于融资租赁抑或经营租赁取决于原租约和新租约所具备的条件。

若原租约规定,租赁届满,租赁资产的所有权转移给承租人,且包含有承租人以廉价购买租赁资产的选择权,则原承租人可以选择以经营租赁、销售式经营租赁或融资租赁方式转移该资产,至于转租究竟属于何种性质,则由新租约的特点决定,可根据一定的标准加以归类处理。

若原租约不符合以上两个条件,但符合融资租赁应具备的其他两个条件:租赁期长于或等于租赁资产预计经济寿命的75%;或最低租赁付款额的现值高于或等于租赁资产公允价值的90%,原承租人也可以经营租赁、直接融资租赁和销售式融资租赁等方式转租新租约不可包含所有权将转移,或允许承租在租期届满时以名义价款购入租赁资产的条款。

若原租约属经营租赁性质,转租也只能是经营租赁。无论在哪种租赁方式下,原租赁下尚未摊销的租赁资产余额,一般应作为新租赁的租赁资产的成本处理。

转租赁业务中,出租人的账务处理可参照前述融资租赁和经营租赁的相关内容。

【关键术语】

融资租赁　经营租赁　直接租赁　售后回租　转租赁　杠杆租赁　租赁判断标准　租赁开始日　租赁期开始日　担保余值　未担保余值　最低租赁收款额　最低租赁付款额　未实现融资收益　未确认融资费用　或有租金　履约成本　租赁内含利率

【问题思考】

1. 什么是租赁?如何对租赁业务分类?
2. 简要说明融资租赁业务的判断标准。
3. 什么是担保余值和未担保余值?
4. 融资租赁的会计处理过程包括哪些方面?
5. 什么是最低租赁付款额?什么是最低租赁收款额?其现值如何计算?
6. 经营租赁业务核算的过程包括哪些内容?
7. 什么是售后租赁?售后租回的分类包括什么?
8. 什么是转租赁?转租赁的会计核算特点是什么?

扫二维码获得本章
习题及案例

第八章
财务公司业务的核算

章前导引

教学目标

本章主要介绍财务公司的业务监管与会计核算。通过学习理解财务公司的模式和基本定义,财务公司的主要筹资来源,财务公司的贷款业务、结算业务和其他经济业务的相关概念及管理规定;掌握吸收存款业务、债券业务、贷款业务、结算业务的会计核算方法并将其应用到实际案例分析中。

第一节 财务公司业务概述

财务公司是20世纪初兴起的,主要有美国模式和英国模式两种类型。

美国模式财务公司是以搞活商品流通、促进商品销售为特色的非银行金融机构。它依附于制造厂商,是一些大型耐用消费品制造商为了推销其产品而设立的受控子公司,这类财务公司主要是为零售商提供融资服务的,主要分布在美国、加拿大和德国。

【知识链接】

美国财务公司的历史可回溯至美国内战后。当时人们急需购买消费品因此一些从事分期付款的贷款公司应运而生,但融资对象还局限于一些价格有限且比较容易转手的产品。1878年第一家非银行财务公司 Household Finance 成立。此后财务公司逐渐演变成为一种新型的非银行金融机构,并在美国金融体系中占据重要地位。

英国模式财务公司基本上都依附于商业银行,其组建的目的在于规避政府对商业银行的监管。因为政府明文规定,商业银行不得从事证券投资业务,而财务公司不属于银行,所以不受此限制,这种类型的财务公司主要分布在英国、日本和中国香港地区。

中国的财务公司产生于20世纪80年代中后期,是中国企业体制改革和金融体制改革的产物,是大型企业集团发展到一定程度的必然结果。1987年5月,经中国人民银行总行批准,中国第一家财务公司——东风汽车工业集团财务公司成立,是隶属于东风汽车工业集团的非银行金融机构。目前,全国能源电力、航天航空、石油化工、钢铁冶金、机械制造等关系国计民生的基础产业和各个重要领域的大型企业集团几乎都拥有了自己的财务公司。

一、财务公司的基本定义

国际上,财务公司一般可分为企业附属财务公司和非企业附属财务公司。企业附属财务公司由企业(主要是大型制造业)设立,为本企业服务,但服务范围可能不完全局限于本企业,如美国模式。非企业附属财务公司包括银行附属财务公司、银企合资财务公司和独立财务公司。银行附属财务公司是由银行控股,为规避监管、实现金融创新和弥补银行的不足而设立,同时也为企业和个人提供金融服务,如英国模式。银企合资财务公司是银行和企业出于金融创新规避监管或促进产融合作的考虑而设立,为企业和个人提供金融服务。独立财务公司一般是没有母公司的财务公司,规模较小,比较灵活,在某一方面提供融资服务。

中国人民银行在2000年6月30日正式出台的《企业集团财务公司管理办法》中明确指出:"财务公司是指根据《公司法》和《企业集团财务公司管理办法》设立的,为企业集团成员单位技术改造、新产品开发及产品销售提供金融服务,以中长期金融业务为主的非银行机构。"

中国的财务公司实质是为大型企业集团发展配套的非银行金融机构——大型企业集团附属的金融公司。企业集团指在以资本为联结纽带、以母子公司为主题、以集团章程为共同行为规范,由母公司、子公司、参股公司及其他成员企业或机构共同组成的企业法人联合体。中国的财务公司都是由企业集团内部集资组建的,其宗旨和任务是为本企业集团内部各成员单位筹资和融通资金,促进其技术改造和技术进步。这里的成员单位指的是包括母公司及其控股51%以上的子公司、母公司、子公司单独或者共同持股20%以上的公司,或者持股不足20%但处于最大股东地位的公司;母公司、子公司下属的事业单位法人或者社会团体法人。中国的财务公司又经常称为企业集团财务公司,其名称规范为××(集团)财务有限责任公司。

二、财务公司的特点

企业集团财务公司附属于大型企业集团,首先是为集团服务,从事与集团相关的业务。其次作为非银行金融机构,既可以从事银行业务,也可以从事非银行业务,具有自身的特点。

(一)企业性

企业集团财务公司是企业集团内部的金融机构,与银行、证券、信托、保险等金融机构比较:

其经营范围窄。只限于企业集团内部,主要是为企业集团内的成员企业提供金融服务。而后者面向社会;

其业务范围广。包括存款、贷款、结算、担保和代理等一般银行业务,还可以经人民银行批准,开展证券、信托投资等业务。而后者可以从事的业务范围受限;

产业服务专业性突出,后者金融专业性更强。

(二)金融性

财务公司是企业集团内部的金融机构,其股东大都是集团公司成员企业,因而其经营活动必然受到集团公司的监督。同时,财务公司所从事的是金融业务,其经营活动必须接受银监局监管。

（三）依附性

财务公司的资金来源主要有两个方面：一是由集团公司和集团公司成员投入的资本金，二是集团公司成员企业在财务公司的存款。财务公司的资金主要用于为本集团公司成员企业提供资金支持，少量用于与本集团公司主导产业无关的证券投资方面。由于财务公司的资金来源和运用都限于集团公司内部，因而财务公司对集团公司的依附性强，其发展状况与其所在集团公司的发展状况相关。

（四）坚持服务与效益相结合、服务优先的经营原则

财务公司作为独立的企业法人，有其自身的经济利益，但由于财务公司是企业集团内部的机构，且集团公司成员企业大都是财务公司的股东，因此，财务公司在经营中一般都应较好地处理服务与效益的关系，在坚持为集团公司成员企业提供良好金融服务的前提下，努力实现财务公司利润的最大化。

三、财务公司的设立条件

《企业集团财务公司管理办法》（以下简称《办法》）第九条规定，设立财务公司，应当具备下列条件：

确属集中管理企业集团资金的需要，经合理预测能够达到一定的业务规模；

有符合《中华人民共和国公司法》和本办法规定的章程；

有符合本办法规定的最低限额注册资本金；

有符合中国银行业监督管理委员会规定的任职资格的董事、高级管理人员和规定比例的从业人员，在风险管理、资金集约管理等关键岗位上有合格的专门人才；

在法人治理、内部控制、业务操作、风险防范等方面具有完善的制度；

有符合要求的营业场所、安全防范措施和其他设施；

中国银行业监督管理委员会规定的其他条件。

同时，《办法》第七条对申请设立财务公司的企业集团也有非常严格的限制，申请设立财务公司的企业集团应当具备下列条件：

符合国家的产业政策；

申请前一年，母公司的注册资本金不低于8亿元人民币；

申请前一年，按规定并表核算的成员单位资产总额不低于50亿元人民币，净资产率不低于30%；

申请前连续两年，按规定并表核算的成员单位营业收入总额每年不低于40亿元人民币，税前利润总额每年不低于2亿元人民币；

现金流量稳定并具有较大规模；

母公司成立2年以上并且具有企业集团内部财务管理和资金管理经验；

母公司具有健全的公司法人治理结构，未发生违法违规行为，近3年无不良诚信纪录；

母公司拥有核心主业；

母公司无不当关联交易。

外资投资性公司除适用本条第（一）、第（二）、第（五）、第（六）、第（七）、第（八）、第（九）项的规定外，申请前一年其净资产应不低于20亿元人民币，申请前连续两年每年税前利润总

额不低于2亿元人民币。

申请设立财务公司,母公司董事会应当作出书面承诺,在财务公司出现支付困难的紧急情况时,按照解决支付困难的实际需要,增加相应资本金,并在财务公司章程中载明。

另外,《办法》对于设立企业集团财务公司的法定资本金也作出了相应的要求:

设立财务公司的注册资本金最低为1亿元人民币。财务公司的注册资本金应当是实缴的人民币或者等值的可自由兑换货币。经营外汇业务的财务公司,其注册资本金中应当包括不低于500万美元或者等值的可自由兑换货币。

中国银行业监督管理委员会根据财务公司的发展情况和审慎监管的需要,可以调整财务公司注册资本金的最低限额。财务公司的注册资本金应当主要从成员单位中募集,并可以吸收成员单位以外的合格的机构投资者的股份。

所谓的合格的机构投资者是指原则上在3年内不转让所持财务公司股份的、具有丰富行业管理经验的战略投资者。

外资投资性公司设立财务公司的注册资本金可以由该外资投资性公司单独或者与其投资者共同出资。

对于财务公司的从业人员素质也作出了具体要求:从事金融或财务工作3年以上的人员应当不低于总人数的2/3,其中从事金融或者财务工作5年以上的人员应当不低于总人数的1/3。

四、财务公司的业务范围

根据《办法》第二十八、第二十九条,经银监会批准,中国财务公司可从事下列部分或全部业务:

(1) 吸收成员单位3个月以上定期存款。
(2) 发行财务公司债券。
(3) 同业拆借。
(4) 对成员单位办理贷款及融资租赁。
(5) 办理集团成员单位产品的消费信贷、买方信贷及融资租赁。
(6) 办理成员单位商业汇票的承兑及贴现。
(7) 办理成员单位的委托贷款及委托投资。
(8) 有价证券、金融机构股权及成员单位股权投资。
(9) 承销成员单位的企业债券。
(10) 对成员单位办理财务顾问、信用鉴证及其他咨询代理业务。
(11) 对成员单位提供担保。
(12) 境外外汇借款。
(13) 经银监会批准的其他业务。

在服务对象上,由于中国财务公司都是企业附属财务公司,因此中国财务公司一般都是以母公司、股东单位为服务重点。

五、财务公司会计核算

从以上业务范围来看,财务公司属于混业经营的非银行金融机构,其业务类型与商业银行、证券、信托和租赁等其他金融机构开展的业务基本一致,本身没有独特的业务类型。区别于其他金融企业,本章将财务公司经营的金融业务,大体分为筹资业务、投放业务、结算业务和其他往来业务,并分别介绍主要业务的会计核算。在科目的使用上,基本与商业银行保持一致,以下列出其经常使用并拥有相应特色的会计科目(见表8-1)。

表8-1 财务公司主要业务核算专用会计科目表

类别	名称	主要核算内容
资产类	存放同业	核算财务公司存放于境内、境外银行和非银行金融机构的款项
	存放中央银行款项	核算财务公司存放于央行的各种款项,包括业务资金的调拨、办理同城票据交换和异地跨系统资金汇划、提取或缴存现金等
	贷款	核算财务公司按规定发放的各种客户贷款,包括质押贷款、抵押贷款、保证贷款、信用贷款等
	贷款损失准备	核算财务公司贷款的减值准备,计提贷款损失准备的资产包括贴现资产、拆出资金、客户贷款、银团贷款、贸易融资、协议透支、信用卡透支、转贷款和垫款等
	拆出资金	核算财务公司拆借给境内、境外其他金融机构的款项
	代理业务资产	核算财务公司不承担风险的代理业务形成的资产,包括受托理财业务进行的证券投资和受托贷款等
负债类	吸收存款	核算财务公司依照法规吸收的除同业存放款项以外的其他各种存款
	应付利息	核算财务公司按照合同约定应支付的利息,包括吸收存款、分期付息到期还本的长期借款、企业债券等应支付的利息
	应付债券	核算财务公司为筹集(长期)资金而发行债券的本金和利息
	拆入资金	核算财务公司从境内、境外金融机构拆入的款项
	代理业务负债	核算财务公司不承担风险的代理业务收到的款项、包括受托投资资金、受托贷款资金等
损益类	利息支出	核算财务公司发生的利息支出,即吸收的各种存款、与央行、同业等金融机构发生资金往来、卖出回购金融资产等产生的利息支出

第二节 财务公司筹资业务的核算

一、吸收存款业务的核算

(一)财务公司吸收存款的意义

作为企业集团的资金中心,财务公司立足于服务集团主业,以提升集团整体效益为目标,推动集团中心企业资产、资金的高效使用,提升集团整体资源配置效率和风险管理控制能力。因此设立财务公司的意义是为了加强资金的集中管理,将整个集团的资金集中到总部,由总部统一协调、统一管理和统一运用,以实现企业集团资金均衡、高效的流动。因此,财务公司的存款业务是其服务成员单位最基础的一项主要职能。与一般商业银行比较,财务公司的存款业务具有特殊性,因其"吸收成员单位的本外币存款",仅限于本集团成员单位。

（二）财务公司存款业务的种类

财务公司所吸收的存款,主要包括以下4种类型。

1. 单位活期存款

单位活期存款是一种随时可以存取、按人民银行规定结计利息的存款,其存取通过财务公司网上金融服务系统转账办理。

各成员单位在财务公司开立一般结算账户,将目前在各家银行开立的银行结算账户与财务公司银行账户授权联网,财务公司通过资金软件与各家银行总行结算系统对接,搭建集团整体结算平台,按与各成员单位协商好的结算规则吸收各成员单位活期存款,各成员单位利用财务公司结算平台,方便快捷的办理存款和结算业务。

活期存款无起存金额限制,无固定期限,存取方便,随时可以用于支付结算,利率执行人民银行规定的最高利率,遇利率调整分段计息。

2. 单位协定存款

单位协定存款是成员单位在财务公司开立结算账户的基础上,通过与财务公司签订《单位协定存款协议书》,商定结算账户需要保留的基本存款额度(目前财务公司的基本存款额度为1万元),由财务公司对基本存款额度内的存款按活期存款利率计息,超过基本存款额度的部分按人民银行公布的协定存款利率计付利息的一种存款。成员单位在财务公司账户上若经常留有大额资金,为既能保证资金随时调度,又能获取较高收益,可在活期存款账户的基础上,签订协定存款协议,设立协定存款账户,开办人民币单位协定存款业务。单位协定存款的利率高于活期存款,可以为存款人带来更多的利息收入;同时支持企业合理运用资金,既能享受较高的利率,又能享有一般结算账户的结算便利。

3. 单位通知存款

单位通知存款是指成员单位在存入款项时不约定存期,支取时需提前通知财务公司,约定支取日期和金额方能支取,并按提前通知天数确定适用利率的存款,分1天通知和7天通知两种。单位通知存款的利率高于活期存款,由于没有固定期限,方便企业临时用款,提高资金效益。

4. 单位定期存款

定期存款是财务公司与成员单位双方在存款时事先约定期限、利率,到期后支取本息的存款。定期存款的利率高于通知存款,比银行同品种定期存款利率上浮10%,可以为存款人带来更多的利息收入;定期存款通常在存入时约定存期,到期一次性支取本息,并可以提前支取一次。目前财务公司的定期存款期限分3个月、6个月、1年、2年、3年、5年6个档次,定期存款起存金额1万元,多存不限,利随本清。

（三）财务公司存款业务的核算

1. 会计科目的设置

财务公司一般设置"吸收存款"的一级会计科目来核算集团成员企业存入集团的存款。

该科目底下可设置短期存款和长期存款的二级科目分别核算一年以下以及超过一年的存款。由于财务公司兼具银行和企业的双重身份,对成员企业来说具有银行的功能,对银行来说具有企业的性质,因此财务公司通常可视本公司为企业,设置"银行存款"科目,或者视本公司为非银行金融企业,设置"存放同业款项"科目,而银行通常视其为非银行金融企业,会计上将财务公司的存款视为"同业存放款项"科目。

2. 成员单位存入存款的核算

存款单位可直接存现金或交给财务公司转账支票,将款项存入其在财务公司开立的账户。如直接存现金,开户单位应填写一式两联的现金缴款单,连同现金一起交付财务公司,财务公司将现金缴款单的第一联退回交款单位入账,第二联作为贷方凭证记账,会计分录为:

  借:库存现金   ×××
    贷:吸收存款——××成员单位   ×××

如财务公司收到成员单位交来的转账支票,则应出具一式两联的收款通知书,第一联作为缴款人回单给成员单位作为入账凭证,第二联留财务公司作为贷方凭证记账,会计分录为:

  借:银行存款或存放同业款项   ×××
    贷:吸收存款——××成员单位   ×××

由于时间差不能立即收妥款项的,应先开具临时入账凭证,待收妥款项之后给其正式入账凭证,会计分录同上。

【例8-1】 天河集团财务公司成员单位天河电子2015年1月1日转账存入定期存款1 000 000元,存期为6个月,年利率为2.8%,2015年7月1日支取。存入日会计处理如下:

  借:银行存款   1 000 000
    贷:吸收存款——天河电子   1 000 000

3. 成员单位使用存款的核算

当开户成员单位向财务公司提取现金时,财务公司应先填写现金支票交银行提取现金,存根联作借方凭证记账,然后开户成员单位填写财务公司印制的内部现金支票,交由财务公司审核后支付现金,支票作借方凭证记账,会计分录为:

  借:吸收存款——××成员单位   ×××
    贷:库存现金   ×××

当成员单位通过财务公司办理付款、委托付款或使用转账支票等转账使用存款时,使用委托付款凭证和转账支票作为原始凭证,会计分录为:

  借:吸收存款——××成员单位   ×××
    贷:银行存款或存放同业款项   ×××

【例8-2】 2015年2月1日,新新电子厂向财务公司递交现金支票要求支取现金100 000元,账务处理如下:

  借:吸收存款——新新电子厂   100 000
    贷:库存现金   100 000

(四)财务公司存款利息的核算

1. 存款利率的选择

财务公司应按照存款的类别选择中国人民银行制定的存款利率,并进行相应的利息计算和结算。财务公司吸收成员单位的存款主要是来源于集团成员企业3个月以上的定期存款,通知存款和协定存款,因此分为3种利率:

(1)定期存款利率。单位定期存款是事先约定存款期限和到期支取的存款。定期存款的存期在3个月以上,分为3个月、6个月、1年、2年、3年、5年、8年及8年以上等档次,定期存款时间长,资金相对稳定,有利于财务公司安排长期贷款,因此其利率高于活期存款利率,且存期越长,存款利率越高,具体利率严格按照央行规定的存款利率执行。

(2)通知存款利率。通知存款存期一般高于活期存款低于定期存款,利息按照实际存期分档次计算,通常利率高于活期低于定期,实际存期越长,利率越高。按照央行规定,所有金融机构开办的通知存款利率,存期在3个月以上的,按同期、同档次定期存款利率,打六五折执行;15天以上3个月以下的按低于3个月定期存款利率、高于活期存款利率确定;不满15天的按照活期存款利率核算。

(3)协定存款利率。财务公司与成员单位双方约定在活期存款户中需保留的基本留存额度,超过该额度部分的资金,由财务公司将其自动转入协定存款户,并按照高于活期存款的协定存款利率单独计息,活期存款户剩余资金按照活期存款利率计息。当活期存款户剩余资金低于基本留存额度部分时,自动将协定存款资金补足活期存款资金部分,协定存款资金不得对外支付。

2. 存款利息的计算

存款利息的计算公式为:

$$利息 = 本金 \times 存期 \times 利率$$

根据企业会计准则规定,发生的存款利息属于财务费用,增加利息支出同时增加客户的吸收存款户,会计分录为:

借:利息支出——存款利息支出 ×××
    贷:吸收存款——××户 ×××

(1)定期存款利息计算。

对集团单位定期存款采用利随本清的方式结算利息,逐笔对年对月对日进行计算,对年按360天,对月按30天,零头天数按实际天数算头不算尾计算。

【例8-3】 承[例8-1],该笔存款的利息额为:

$$1\ 000\ 000 \times 6 \times 2.8\% \div 12 = 14\ 000(元)$$

如果该企业于2015年8月15日支取,其利息额为:

$$1\ 000\ 000 \times 7 \times 2.8\% \div 12 + 1\ 000\ 000 \times 14 \times 2.8\% \div 360 = 17\ 422.22(元)$$

应作账务处理如下:

借:利息支出——存款利息支出 17 422.22
    贷:吸收存款——天河电子 17 422.22

(2) 活期存款利息计算。

活期存款采用定期结息的方式,以每季度末月的 20 日为结息日,结息日利息应计入,若支取日在结息日前,则支取当日不计利息。比如一笔存款业务发生在 6 月 15 日,于 6 月 19 日支取,则计息时间为 6 月 15 日至 6 月 18 日共 4 天。会计上通常采用账页积数计息法和余额表计息法。

① 账页积数计息法。账页积数计息法就是按实际天数每日累计账户余额,以累计积数乘以日利率计算利息的方法。采用账页计息时,通常每天结算出各类存款账户的余额后,暂时不计算日数,因为这一余额能保持多少天尚未确定,只有该账户余额发生变化时,才按照"算头不算尾"原则,计算出该余额保持不变的天数,即为该存款余额实存的天数,然后填在分户账上这一余额的日数栏。同时根据"积数=本金×时间"的计算公式,用存款余额乘以该存款余额的实存天数,算出积数并填入相应的积数栏。到本季度结息日,将积数栏相加结出总积数,即累计积数,以累计积数乘以日利率,即为本季度应计利息。

【例 8-4】 天河集团财务公司 2015 年第 3 季度成员单位天河电子的存款分户账如表 8-2 所示,计算其利息并进行账务处理:

表 8-2　天河集团财务公司活期存款分户账

户名:天河电子　　年利率:0.35%　　　　　　　　　　　　　　　　　　单位:元

日期		摘要	借方	贷方	借或贷	金额	日　数	积数
6	21	承前页			贷	50 000.00	10	500 000
7	1	转收		6 000.00	贷	56 000.00	4	224 000
	5	转收		3 500.00	贷	59 500.00	6	357 000
	11	转付	12 000.00		贷	47 500.00	17	807 500
	28	现付	1 000.00		贷	46 500.00	13	604 500
8	10	现收		6 500.00	贷	53 000.00	10	530 000
	20	转收		4 000.00	贷	57 000.00	12	684 000
9	1	转付	10 000.00		贷	47 000.00	12	564 000
	13	现收		6 000.00	贷	53 000.00	8	424 000
	20	结息		45.65*	贷	53 045.13		
	21							4 695 000

*利息额=累计积数×日利率=4 695 000×0.35%÷360=45.65(元)

根据计算结果,编制会计分录如下:

借:利息支出——存款利息支出　　　　　　　　　　　　　　　　　　45.65
　　贷:吸收存款——天河电子　　　　　　　　　　　　　　　　　　　　45.65

② 余额表计息法。利用余额表来计算每日积数,累计相加后计算计息期利息的方法。

这种方法同样适用于其余额经常发生变动的活期存、贷款账户。采用余额表计息时,每日营业终了时,根据各账户的当日最后余额,填列余额表。由于每天的余额即为每天的积数(积数=本金×1 天时间),这样将计息期各天的余额(包括例假日)加起来就为累计积数。到结息日,将本季度的累计积数乘以日利率,即为本季的应计利息。

【例 8-5】 承[例 8-4],如果用余额表计息法计算利息,天河集团财务公司 2015 年第 3 季度成员单位天河电子的存款账户余额表如表 8-3 所示,计算其利息并进行账务处理:

表 8-3 天河集团财务公司计息余额表

科目名称:活期存款　　　　　　　2015 年 9 月　　　　　　　　　　　单位:元
科目代码:　　　　　　　　　　　年利率:0.35%　　　　　　　　　　第　页共　页

日期	天河电子	×××	×××	×××	合计	复核
1	47 000.00					
...						
10 天小计	470 000.00					
11	47 000.00					
12	47 000.00					
13	53 000.00					
...						
20 天小计	988 000.00					
21	56 000.00					
...						
本月合计	1 548 000.00					
至上月底未计息积数	3 707 0000.00					
应加积数						
应减积数						
至结息日累计应计息积数	4 695 000.00					
至本月底累计未计息积数	560 000.00					
结息日计算利息数	45.65*					

*利息额=累计积数×日利率=4 695 000×0.35%÷360=45.65(元)

根据上述计算结果,编制如下会计分录:

借:利息支出——存款利息支出　　　　　　　　　　　　　　　　　45.65
　　贷:吸收存款——天河电子　　　　　　　　　　　　　　　　　　45.65

二、发行债券业务的核算

(一) 债券业务的基本会计核算

1. 债券概述

债券是一种金融契约,是政府、金融机构、工商企业等直接向社会借债筹措资金时,向投资者发行,同时承诺按一定利率支付利息并按约定条件偿还本金的债权债务凭证。债券的本质是债的证明书,具有法律效力。债券购买者或投资者与发行者之间是一种债权债务关系,债券发行人即债务人,投资者(债券购买者)即债权人。

债券的发行价格是指债券原始投资者购入债券时应支付的市场价格,它与债券的面值可能一致也可能不一致。理论上,债券发行价格是债券的面值和要支付的年利息按发行当时的市场利率折现所得到的现值。

当债券票面利率等于市场利率时,债券发行价格等于面值;当债券票面利率低于市场利率时,企业仍以面值发行就不能吸引投资者,故一般要折价发行;反之,当债券票面利率高于市场利率时,企业仍以面值发行就会增加发行成本,故一般要溢价发行。

2. 设置的会计科目

财务公司发行债券一般设置以下会计科目:

"应付债券"的一级会计科目用来核算发行债券的价款净额。该科目底下可设置:"面值"的二级科目核算发行债券的面值;"利息调整"的二级科目核算发行时的价款净额与票面价值之间的溢价或折价额,并且将其在债券到期期间进行合理分摊;"应计利息"的二级科目核算到期还本付息的债券按照债券合约约定每期应确认的利息。

"利息支出"核算借款费用,即通过发行债券借入资金应承担的费用。

"应付利息"核算分期付息债券按照债券合约约定每期应支付的利息。

债券按照偿还方式不同,可分为分期付息一次还本债券和到期一次还本付息债券。同时按照上述债券发行价格与面值的关系,可分为两种情形:发行价款净额高于债券面值和发行价款净额低于债券面值。分期付息和到期一次还本付息债券在前期发行债券时的会计核算方法完全一致,但由于两者还款方式不同,因此在确认每期的利息费用时所用的会计科目不同。前者贷记"应付利息",并且在每期都应按时支付利息;后者贷记"应付债券——应计利息",利息在债券到期时一次性支付。以下按照偿还方式通过举例分别讲述债券的账务处理。

(二) 分期付息一次还本债券

1. 发行债券净额高于债券面值的会计处理

【例 8-6】 天河集团财务公司于 2015 年 1 月 1 日发行了期限为 5 年、面值为 500 000 元、年利率为 10% 的金融债券,该债券每年末付息,到期一次还本,债券的发行价格为 550 000 元,发行费用为 10 000 元。

该例题中,债券的发行价款净额=发行价格-发行费用=550 000-10 000=540 000 元。

首先,计算该债券的实际利率。

$$540\,000 = 500\,000 \times 10\% \times \frac{1-(1+r)^{-5}}{r} + 500\,000 \times (1+r)^{-5}$$

通过内插法可计算出实际利率 $r=7.98\%$。其债券利息调整如表 8-4 所示:

表 8-4 债券利息计算过程表

编报单位:天河集团财务公司　　　　　　　　　　　　　　　　　　　　　　　　单位:元

计息日期与计算公式	应付利息 A	实际利息 $B=E\times 7.98\%$	利息调整 $C=B-A$	未调整余额 $D=D(期初)+C$	账面价值 $E=E(期初)+C$
2015.1.1				40 000.00	540 000.00
2015.12.31	50 000.00	43 092.00	-6 908.00	33 092.00	533 092.00
2016.12.31	50 000.00	42 540.74	-7 459.26	25 632.74	525 632.74
2017.12.31	50 000.00	41 945.49	-8 054.51	17 578.23	517 578.23
2018.12.31	50 000.00	41 302.74	-8 697.26	8 880.97	508 880.97
2019.12.31	50 000.00	41 119.03*	-8 880.97	0	500 000.00
合计	250 000.00	210 000.00	-40 000.00		

* 41 119.03=50 000.00-8 880.97

该债券在整个发行、持有、兑付期间,其会计分录为:

(1) 2015 年 1 月 1 日发行分录:

借:银行存款　　　　　　　　　　　　　　　　　　　　　　　　540 000
　　贷:应付债券——面值　　　　　　　　　　　　　　　　　　500 000
　　　　　　——利息调整　　　　　　　　　　　　　　　　　40 000

(2) 2015 年 12 月 31 日确认利息费用,并做利息调整,会计分录为:

借:利息支出　　　　　　　　　　　　　　　　　　　　　　　　43 092
　　应付利息——利息调整　　　　　　　　　　　　　　　　　6 908
　　贷:应付利息　　　　　　　　　　　　　　　　　　　　　　50 000

实际支付利息时:

借:应付利息　　　　　　　　　　　　　　　　　　　　　　　　50 000
　　贷:银行存款　　　　　　　　　　　　　　　　　　　　　　50 000

(3) 2016 年至 2019 年每年年末确认利息费用计算利息调整的会计分录同(2)。

(4) 2019 年年末债券到期回收兑付时的会计分录为:

借:利息支出　　　　　　　　　　　　　　　　　　　　　　　　41 119.03
　　应付债券——利息调整　　　　　　　　　　　　　　　　　8 880.97
　　　　　　——面值　　　　　　　　　　　　　　　　　　　500 000
　　贷:银行存款　　　　　　　　　　　　　　　　　　　　　　550 000

2. 发行债券净额低于债券面值的会计处理

【例 8-7】 天河集团财务公司于 2015 年 1 月 1 日发行了期限为 5 年、面值为 500 000 元、年利率为 6% 的金融债券,该债券每年年末付息,到期一次还本,债券的发行价格为 460 000 元,发行费用为 10 000 元。

该例题中,债券的发行价款净额=发行价格-发行费用=460 000-10 000=450 000(元)。

首先,计算该债券的实际利率。

$$450\,000 = 500\,000 \times 6\% \times \frac{1-(1+r)^{-5}}{r} + 500\,000 \times (1+r)^{-5}$$

通过内插法可计算出实际利率 $r=8.54\%$。其债券利息调整如表8-5所示。

该债券在整个发行、持有、兑付期间,其会计分录为:

(1) 2015年1月1日发行,会计分录为:

借:银行存款   450 000
　　应付债券——利息调整   50 000
　贷:应付债券——面值   500 000

表8-5 债券利息计算过程表

编报单位:天河集团财务公司　　　　　　　　　　　　　　　　　　　单位:元

计息日期与计算公式	应付利息 A	实际利息 B=E×8.54%	利息调整 C=B-A	未调整余额 D=D(期初)+C	账面价值 E=E(期初)+C
2015.1.1				-50 000.00	450 000.00
2015.12.31	30 000.00	38 430.00	8 430.00	-41 570.00	458 430.00
2016.12.31	30 000.00	39 149.92	9 149.92	-32 420.08	467 579.92
2017.12.31	30 000.00	39 931.33	9 931.33	-22 488.75	477 511.25
2018.12.31	30 000.00	40 779.46	10 779.46	-11 709.29	488 290.71
2019.12.31	30 000.00	41 709.29*	11 709.29	0	500 000.00
合计	150 000.00	200 000.00	50 000.00		

* 41 709.29=11 709.29+30 000

(2) 2015年12月31日确认利息费用,并做利息调整,会计分录为:

借:利息支出   38 430
　贷:应付利息   30 000
　　　应付债券——利息调整   8 430

实际支付利息时:

借:应付利息   30 000
　贷:银行存款   30 000

(3) 2016年至2019年每年年末确认利息费用计算利息调整的会计分录同(2)。

(4) 2019年年末债券到期回收兑付时的会计分录为:

借:利息支出   41 709.29
　　应付债券——面值   500 000.00
　贷:银行存款   530 000.00
　　　应付债券——利息调整   11 709.29

(三) 到期一次还本付息债券

到期一次还本付息债券偿还贷款的利息和本金方式不同于分期付息,因此其实际利率的计算方式以及会计核算不同于分期付息。

1. 发行债券净额高于债券面值的会计处理

【例8-8】 承[例8-4],假设该债券于2019年末到期一次还本付息,其他资料不变。

该例题中,2019年年末债券到期时应付本息合计为:

$$500\,000 + 500\,000 \times 10\% \times 5 = 750\,000(元)$$

计算该债券的实际利率:

$$540\,000 = 750\,000(1+r)^{-5}$$

通过内插法可计算出实际利率 $r=6.81\%$。其债券利息调整如表8-6所示。
该债券在整个发行、持有、兑付期间,其会计分录为:

(1) 2015年1月1日发行,会计分录为:

借:银行存款　　　　　　　　　　　　　　　　　　　　　　　　540 000
　　贷:应付债券——面值　　　　　　　　　　　　　　　　　　500 000
　　　　　　　　——利息调整　　　　　　　　　　　　　　　　 40 000

(2) 2015年12月31日确认利息费用,并做利息调整,会计分录为:

借:利息支出　　　　　　　　　　　　　　　　　　　　　　　　 36 774
　　应付利息——利息调整　　　　　　　　　　　　　　　　　　 13 226
　　贷:应付债券——应计利息　　　　　　　　　　　　　　　　 50 000

表8-6　债券利息计算过程表

编报单位:天河集团财务公司　　　　　　　　　　　　　　　　　　　　　　　　单位:元

计息日期 与计算公式	应付利息 A	实际利息 B=E×6.81%	利息调整 C=B−A	未调整余额 D=D(期初)+C	账面价值 E=E(期初)+B
2015.1.1				40 000.00	540 000.00
2015.12.31	50 000.00	36 774.00	−13 226.00	26 774.00	576 774.00
2016.12.31	50 000.00	39 278.31	−10 721.69	16 052.31	616 052.31
2017.12.31	50 000.00	41 953.16	−8 046.84	8 005.47	658 005.47
2018.12.31	50 000.00	44 810.17	−5 189.83	2 815.64	702 815.64
2019.12.31	50 000.00	47 184.36*	−2 815.64	0	750 000.00
合计	250 000.00	210 000.00	−40 000.00		

* 47 184.36=50 000.00−2 815.64

(3) 2016年至2019年每年年末确认利息费用计算利息调整的会计分录同(2)。

(4) 2019年年末债券到期回收兑付时的会计分录为:

		借：利息支出	47 184.36	
		应付债券——利息调整	2 815.64	
		贷：应付债券——应计利息		50 000

借：应付债券——应计利息　　　　　　　　　　　　　　250 000
　　　　　　——面值　　　　　　　　　　　　　　　　500 000
　　贷：银行存款　　　　　　　　　　　　　　　　　　　　　　750 000

2. 发行债券净额低于债券面值的会计处理

【例 8-9】 承[例 8-5]，假设该债券于 2019 年年末到期一次还本付息，其他资料不变。

该例题中，2019 年年末债券到期时应付本息合计为：

$$500\,000 + 500\,000 \times 6\% \times 5 = 650\,000 \text{ 元}$$

计算该债券的实际利率：

$$450\,000 = 650\,000(1+r)^{-5}$$

通过内插法可计算出实际利率 $r = 7.63\%$。其债券利息调整如表 8-7 所示：

表 8-7　债券利息计算过程表

编报单位：天河集团财务公司　　　　　　　　　　　　　　　　　　　　　　　单位：元

计息日期与计算公式	应付利息 A	实际利息 B=E×7.63%	利息调整 C=B−A	未调整余额 D=D(期初)+C	账面价值 E=E(期初)+B
2015.1.1				−50 000.00	450 000.00
2015.12.31	30 000.00	34 335.00	4 335.00	−45 665.00	484 335.00
2016.12.31	30 000.00	36 954.76	6 954.76	−38 710.24	521 289.76
2017.12.31	30 000.00	39 774.41	9 774.41	−28 935.83	561 064.17
2018.12.31	30 000.00	42 809.20	12 809.20	−16 126.63	603 873.37
2019.12.31	30 000.00	46 126.63*	16 126.63	0	650 000.00
合计	150 000.00	200 000.00	50 000.00		

* 46 126.63＝16 126.63＋30 000

该债券在整个发行、持有、兑付期间，其会计分录为：

(1) 2015 年 1 月 1 日发行，会计分录为：

借：银行存款　　　　　　　　　　　　　　　　　　　　450 000
　　应付债券——利息调整　　　　　　　　　　　　　　 50 000
　　贷：应付债券——面值　　　　　　　　　　　　　　　　　500 000

(2) 2015 年 12 月 31 日确认利息费用，并做利息调整，会计分录为：

借：利息支出　　　　　　　　　　　　　　　　　　　　 34 335
　　贷：应付债券——应计利息　　　　　　　　　　　　　　　30 000
　　　　　　　　——利息调整　　　　　　　　　　　　　　　 4 335

(3) 2016 年至 2019 年每年年末确认利息费用计算利息调整的会计分录同(2)。

(4) 2019年年末债券到期回收兑付时的会计分录为：

借：利息支出 46 126.63
　　贷：应付债券——应计利息 30 000
　　　　　　　　——利息调整 16 126.63

借：应付债券——面值 500 000
　　　　　　——应计利息 150 000
　　贷：银行存款 650 000

第三节 财务公司投放业务的核算

一、财务公司贷款业务概述

（一）贷款业务概述

财务公司的贷款业务与商业银行及其他金融机构的贷款业务相较而言，既有共性也有一定的差异性。

一方面，财务公司属于非银行金融机构，是从事金融业务的企业法人，属于金融企业成员，其开展的贷款业务与商业银行和其他金融机构基本相同。因此在从事信贷业务时，应遵循商业银行及其他金融机构的信贷政策和原则。

另一方面，根据《企业集团财务公司管理办法》的规定，财务公司贷款业务服务的对象主要是集团成员单位及符合监管要求的其他企业。由于财务公司的性质、特点以及服务对象等不同于商业银行及其他金融机构，主要表现在隶属于企业集团，并为企业集团成员单位服务，以提高集团资金使用效率为宗旨等，因此财务公司的贷款业务与一般的金融业务比较具有特殊性，是为集团成员单位提供金融服务的一项主要业务，也是财务公司的一项重要职能，对企业集团战略发展、降低财务费用等方面具有重大意义。

（二）财务公司贷款业务的特点

效率高。财务公司相对于商业银行及其他金融机构，更熟悉、了解本集团成员单位的经济和财务状况，相较而言具有信息优势，同时由于其贷款风险存在集团内部，较易把握，因此进行贷前调查以及审批过程，更加准确、高效。

利率优。财务公司作为企业集团的成员，追求的目标正是企业集团的利益最大化，这与商业银行及其他金融机构追求的自身利益最大化的目标有着本质的区别，因此财务公司在设定贷款业务的利率及费用时，会从整个集团考虑，在不违反国家规定和保持自身正常经营的前提下，给予成员单位最为优惠的贷款利率及费率。

具有针对性。财务公司从企业集团的主营业务特点出发，容易形成专业金融服务优势，从而为企业集团成员单位提供量身定做的贷款业务。根据监管机构的规定，财务公司可以开展绝大部分的商业银行业务，信贷业务品种多样，可以根据成员单位的要求灵活改变，且业务开展不受地域限制,可与结算、投资、保险等业务结合为企业集团成员单位提供一揽子的金融服务,实现财务公司与成员单位的双赢。

(三) 财务公司贷款业务分类

财务公司的贷款业务,按照贷款资金的用途,可分为流动资金贷款和固定资产贷款等;按贷款的形式可分为委托贷款(财务公司作为受托人将委托人的款项贷给借款人)和自营贷款(财务公司直接贷出);按贷款归还期限分类,主要有临时流动资金贷款、短期流动资金贷款、中期流动资金贷款及长期贷款,前两者贷款期限在3个月以下、3个月、6个月以及1年不等,后两者贷款期限在1年以上;按贷款是否有担保分,包括信用贷款和担保贷款,信用贷款适用于资信较高的借款人,担保贷款包括保证贷款、抵押贷款和质押贷款。

财务公司发放贷款时,不仅要符合国家法律、法规、规章和金融政策,还要坚持以服务集团发展为宗旨,以经济效益为中心,确保每一笔贷款都能遵循资金合法性、安全性、流动性和效益性原则,力求达到安全,流动、效益三者的最佳组合。

二、财务公司贷款审批

为了进一步规范贷款管理工作,从源头上防范和控制贷款风险,财务公司在受理贷款申请时,必须组织信贷人员严格按照贷款的"三查制度",全面地了解和掌握借款人经营状况以及贷款的风险情况,及时发现风险隐患,采取相应风险防范和控制措施,保障财务公司信贷资金安全。"三查"即贷前调查、贷时和贷后检查。

(一) 贷前调查

贷前调查主要是调查贷款信息资料真实性。由于财务公司对集团成员单位的基本情况比较了解,因此贷前调查主要是针对借款人近期的经营状况、贷款的项目和贷款申请书的内容进行调查核实。

对借款人经营状况和财务状况的调查主要通过对借款人的财务报表分析,通过分析了解借款单位的经营状况、盈利能力和清偿能力;对贷款项目的调查集中在对项目的真实性、可行性及效益性等方面;对申请书内容的调查包括申请书所涉及的贷款用途、金额、期限以及信誉、担保等内容。通过这三方面的调查,为贷款提供可靠的依据,进一步作出贷款额度、期限等决策。

贷前调查应当实行双人制,即贷前调查至少要有两人一起参与,共同完成贷前调查报告,以提高贷前调查信息资料的真实性。

(二) 贷时审查

贷时审查是指审查人员对调查人员提供的资料进行核实、评定,复测贷款风险度,提出审核意见,按规定履行审批手续。贷时审查的基本内容是多方面的,重点有:审批前提是否成立;信贷审批要求、法律意见是否落实;各项信贷文件、资料、手续是否齐全;有关业务合同协议是否全面、正确签订,是否合法有效;各资料、文件或合同之间逻辑关系是否一致、正确,表面是否真实;业务背景是否真实、合理;信贷用途是否符合要求;信贷额度、期限是否在有效范围内;信贷押品是否入账(保证金)、入库或监管(抵押物、其他质物);信用状况、主体与业务资格、财务状况、人事和法律状况是否有重大变化;操作程序是否正确,各级审批是否越权等。

(三)贷后检查

贷后检查是贷款发放后,贷款人对借款人执行借款合同情况及借款人的经营情况进行追踪调查和检查。如果发现借款人未按规定用途使用贷款等造成贷款风险加大的情形,可提前收回贷款或采取相关保全措施。通过贷后检查,能够尽早发现借款人存在的危及信贷资产安全的问题,并采取积极有效的措施予以解决;可以发现项目建设或生产经营中存在的问题,并及时反馈借款人、督促、帮助借款人改善经营管理,提高效益,从而保障信贷资金的安全回收。

【知识链接】

信贷政策是财务公司指导和规范信贷业务,管理和控制信用风险的各项方针、措施和程序的总称,是财务公司从事信贷业务的准则。财务公司开展信贷业务的基本信贷法律、法规和规章依据主要有《企业集团财务公司管理办法》《企业集团财务公司内部控制指导意见》《贷款通则》《中华人民共和国商业银行法》《商业银行授信工作尽职指引》《中华人民共和国担保法》《中华人民共和国物权法》《贷款风险分类指引》《银团贷款业务指引》。

三、财务公司贷款业务的核算

(一)发放贷款的核算

1. 贷款的发放

贷款经批准后,财务公司可以与借款单位签署贷款合同,经双方签章(如有担保的担保人也应签章)后,贷款合同一经签订生效,受法律保护的借贷关系即已确立,借贷双方均应依据贷款合同的约定享有权利和承担义务。贷款合同条款应该明确规定贷款的用途、币种和金额、贷款的种类、贷款期限、贷款利息和利率、担保条款、提款的时间和条件、还款的时间和方式等,以及违约行为和违约的处置办法等。如需用担保品担保的,应在贷款合同中明确规定抵押或质押的形式、抵押品或质押品的种类、数量、质量、价值等。

2. 贷款科目的设置

财务公司对贷款业务的会计处理,按照贷款的形式区分,即分为自营贷款和委托贷款。对于自营贷款,与商业银行和其他金融机构核算企业贷款的账户设置相同,通常设置"贷款"科目进行核算;对于委托贷款,即受成员单位委托将其委托款贷给其他成员单位,由于款项不属于财务公司自筹资金,属于委托方,因此专门设置"代理业务负债"和"代理业务资产"科目进行核算。

3. 发放贷款的会计核算

财务公司发放贷款的会计处理如下:

对自营贷款,财务公司与借款人双方签订合同之后,即可办理款项的提取,由财务公司开具一式三联贷款凭证,第一联作为财务公司的借方凭证,第二联退给贷款单位作为回单,第三联由信贷部门留存备查,基本会计分录如下:

借:贷款——贷款人户　　　　　　　　　　　　　　　　　×××
　　贷:吸收存款——贷款人户　　　　　　　　　　　　　×××

【例 8-10】 天河集团财务公司于 2015 年 6 月 1 日发放给其成员单位天河电子一笔为期 6 个月,金额为 500 000 元的贷款,年利率 6%,2015 年 12 月 1 日天河电子归还贷款。

2015 年 6 月 1 日发放贷款时,财务公司应做账务处理如下:

借:贷款——天河电子　　　　　　　　　　　　　　　　　　500 000
　　贷:吸收存款——天河电子　　　　　　　　　　　　　　　　500 000

对委托贷款,委托人与财务公司签订委托合同,同时财务公司与借款单位签订贷款合同后,贷款单位即可办理贷款,财务公司则作为被委托方收取相应的手续费,基本会计分录如下:

委托单位委托存款增加时:

借:吸收存款——委托人户　　　　　　　　　　　　　　　　×××
　　贷:代理业务负债——委托人户　　　　　　　　　　　　　　×××

财务公司委托贷款增加时:

借:代理业务资产——借款单位　　　　　　　　　　　　　　×××
　　贷:吸收存款——借款单位　　　　　　　　　　　　　　　　×××

(二) 贷款利息的核算

贷款利率,是指借款期限内利息数额与本金额的比例。财务公司的利率及上下浮动范围按照人民银行贷款利率政策执行,随人民银行利率的变动而变动,贷款利率的高低直接影响借贷双方的经济利益。贷款利率是贷款合同双方当事人计算贷款利息的主要依据,贷款利息的计算方式包括定期结息和利随本清两种,借款人应按照合同条款规定依时付清利息。

【知识链接】

贷款利率的制定主要参考《人民币利率管理规定》第 77 号;《中国人民银行关于人民币贷款利率有关问题的通知》第 251 号以及《中国人民银行关于人民币存贷款计结息问题的通知》第 129 号。

定期结息,是指在每月或每季度末的当月 20 日营业终了时,根据贷款科目余额表计算累计贷款积数(贷款积数计算方法与存款积数计息方法相同),登记贷款计息科目积数表,按规定的利率计算利息。根据计算的利息金额确认为当期利息收入,编制凭证,并计入"应收利息"科目。会计分录为:

借:应收利息　　　　　　　　　　　　　　　　　　　　　　×××
　　贷:利息收入　　　　　　　　　　　　　　　　　　　　　×××

同时编制一式三联的贷款利息通知单,第一联作为支款通知退给借款人,第二、第三联分别代替转账借方和贷方传票办理转账。会计分录为:

借:吸收存款——借款人户　　　　　　　　　　　　　　　　×××
　　贷:应收利息　　　　　　　　　　　　　　　　　　　　　×××

【例 8-11】 承[例 8-10],如该笔贷款采用定期结息的方式计算利息,且借款人按时支

付利息,则:

6月20日银行按季结息时,该笔贷款应计利息为:

$$500\,000 \times 20 \times 6\% \div 360 = 1\,666.67(元)$$

应做账务处理如下:

结计利息时:

借:应收利息　　　　　　　　　　　　　　　　　　　　　　　　　1 666.67
　　贷:利息收入　　　　　　　　　　　　　　　　　　　　　　　　1 666.67

收到利息时:

借:吸收存款——天河电子　　　　　　　　　　　　　　　　　　　1 666.67
　　贷:应收利息　　　　　　　　　　　　　　　　　　　　　　　　1 666.67

6月21日至9月20日按季结息时,该笔贷款应计利息为:

$$500\,000 \times 92 \times 6\% \div 360 = 7\,666.67(元)$$

应做账务处理如下:

结计利息时:

借:应收利息　　　　　　　　　　　　　　　　　　　　　　　　　7 666.67
　　贷:利息收入　　　　　　　　　　　　　　　　　　　　　　　　7 666.67

收到利息时:

借:吸收存款——天河电子　　　　　　　　　　　　　　　　　　　7 666.67
　　贷:应收利息　　　　　　　　　　　　　　　　　　　　　　　　7 666.67

9月21日至12月1日还款时,该笔贷款应计利息为:

$$500\,000 \times 71 \times 6\% \div 360 = 5\,916.67(元)$$

应做账务处理如下:

结计利息时:

借:应收利息　　　　　　　　　　　　　　　　　　　　　　　　　5 916.67
　　贷:利息收入　　　　　　　　　　　　　　　　　　　　　　　　5 916.67

收到利息时:

借:吸收存款——天河电子　　　　　　　　　　　　　　　　　　　5 916.67
　　贷:应收利息　　　　　　　　　　　　　　　　　　　　　　　　5 916.67

利随本清,即借款人在借款到期日一次性还清借款本钱和利息。计息天数按日历天数,有一天算一天,全年按360天计算,对月按30天计算,不满月的按实际天数计算。算头不算尾,即从贷出的那一天算起,至还款的那一天止。在结息日计算时应包括结息日。会计分录同上。

【例8-12】　承[例8-10],如该笔贷款采用利随本清的方式计算利息,且借款人按时支付利息,则该笔贷款在归还时的应计利息为:

$$500\,000 \times 6 \times 6\% \div 12 = 15\,000(元)$$

(三) 贷款收回的核算

贷款收回直接关系到财务公司预期收益的实现和信贷资金的安全,贷款到期按合同约定足额归还本息,是借款人履行借款合同、维护信用关系当事人各方权益的基本要求。财务公司应提前提示借款人到期还本付息;对贷款需要展期的,贷款人应审慎评估展期的合理性和可行性,科学确定展期期限,加强展期后管理。

贷款到期,一般由借款单位主动归还本息,或者由财务公司与借款单位协定,从借款人的存款户中扣收。会计分录为:

借:吸收存款——借款单位　　　　　　　　　　　　　　　　×××
　　贷:贷款——借款单位　　　　　　　　　　　　　　　　　×××

【例 8-13】　承[例 8-12],该笔贷款在到期时应支付的本金及利息共计 515 000 元。财务公司收到利息后,应编制借款利息凭证,再根据转账支票或其他付款凭证,做如下账务处理:

借:吸收存款——天河电子　　　　　　　　　　　　　　　　515 000
　　贷:贷款——短期贷款——天河电子　　　　　　　　　　　500 000
　　　　利息收入——贷款利息收入　　　　　　　　　　　　　15 000

(四) 贷款展期和逾期贷款

借款单位在贷款期间发生暂时的资金周转困难,致使不能按期偿还贷款本金,且符合展期规定的条件,一般情况下,提前 10 个工作日向财务公司提出书面的展期申请文件。贷款展期期限的确定要综合考虑贷款收益、借款单位还贷能力和其他还贷资金情况、抵押(质)物价值和变现能力或保证人的代偿能力等因素。贷款的展期期限加上原期限达到新的利率期限档次时,从展期之日起,贷款利率根据新的期限档次利率确定。展期合同应作为原借款合同的一部分,具有同等的法律效力。展期申请书附在原借款合同后面一并保管,无需办理转账手续。

借款单位未按借款合同的约定期限返还款项给财务公司,且没有提前申请贷款展期或者财务公司不同意展期,则按逾期贷款处理,转入该公司的逾期贷款账户。其会计分录为:

借:逾期贷款——借款单位　　　　　　　　　　　　　　　　×××
　　贷:贷款——借款单位　　　　　　　　　　　　　　　　　×××

转入逾期贷款账户的贷款,必须按照规定支付逾期利息。如贷款逾期超过 90 天仍未归还,则应将本金及应收利息转入"非应计贷款"账户。其会计分录为:

借:非应计贷款——借款单位　　　　　　　　　　　　　　　×××
　　贷:逾期贷款——借款单位　　　　　　　　　　　　　　　×××

【例 8-14】　承[例 8-10],假设天河电子 2015 年 12 月 1 日没有按时归还贷款,则该贷款按逾期贷款处理,账务处理如下:

借:逾期贷款——天河电子　　　　　　　　　　　　　　　　500 000
　　贷:贷款——短期贷款——天河电子　　　　　　　　　　　500 000

如截止 2016 年 3 月 1 日天河电子仍未归还贷款,则应将该贷款作为非应计贷款处理:

借：非应计贷款——天河电子　　　　　　　　　　　　　　 500 000
　　贷：逾期贷款——天河电子　　　　　　　　　　　　　　　　　 500 000

第四节　财务公司结算业务的核算

一、结算业务的特点

财务公司的存在是为企业集团服务的,因此其结算业务同银行机构的结算业务相比,具有以下特点：

(1) 财务公司只对集团成员单位办理结算业务。

(2) 财务公司办理结算业务时,需要通过挂靠行办理清算,其结算方式属于代理结算方式。

(3) 财务公司面向集团内部,结算范围较窄,因此业务量较银行少。

(4) 财务公司可以根据客户的需求为客户提供形式多样的结算服务,方便集团的资金调度和成员单位的资金运用,较好地体现了财务公司的金融服务功能。

财务公司的结算业务主要包括对外资金结算和内部资金转账。下面分别介绍财务公司对外对内结算业务的会计核算。

二、结算业务的核算

(一) 对外资金结算

对外资金结算包括对外支付结算和委托收款。

对外支付结算是指成员企业使用票据、汇兑等结算方法,通过财务公司向外部账户进行货币给付及资金清算的行为。通过财务公司对外支付结算的优势在于：利用财务公司账户资源节约跨行结算费用；利用财务公司的规模效应节约汇划费用以及通过财务公司网上银行系统提交支付指令；节约财务成本,提高工作效率。

成员企业通过财务公司办理对外支付结算时,应先向财务公司提交要素齐全、符合受理要求的付款凭证,财务公司需审核付款凭证,核实付款单位账户余额,同时办理代理付款并进行账务处理。

委托收款是指成员企业委托财务公司向付款人收取款项的结算方式。委托财务公司收款的优势在于：成员企业可凭支票等付款人债务证明委托财务公司办理收款；委托收款不受地点限制,同城、异地均可办理；财务公司利用与多家银行业务合作渠道,为客户提供方便、快捷的收款服务。

成员企业委托财务公司收款时,应先提交要素齐全、符合受理要求的委托收款凭证或付款人付款凭证,委托财务公司向付款人收款,财务公司委托背书处理后将凭证转交协作银行代理收款,款项收妥后,财务公司负责将款项记入委托单位账户并将入账回单交付收款人。

基本会计分录为：

通过财务公司向外部账户付款时：

借：吸收存款——付款人户 ×××
　　贷：银行存款或存放同业款项 ×××

通过财务公司向外部账户收款时：

借：银行存款或存放同业款项 ×××
　　贷：吸收存款——收款人户 ×××

财务公司的对外结算方法主要包括银行汇票、支票和汇兑。

1. 银行汇票

银行汇票是指由出票银行签发的，由其在见票时按照实际结算金额无条件付给收款人或者持票人的票据。银行汇票多用于办理异地转账结算和支取现金，具有使用灵活、票随人到、兑现性强等特点，适用于先收款后发货或钱货两清的商品交易，通常用于异地采购。

银行汇票的签发和解付，只能由中国人民银行和商业银行参加"全国联行往来"的银行机构办理。由于财务公司不属于银行机构，没有"全国联行行号"，因此主要通过其挂靠行办理签发及解付的程序。

（1）签发时的账务处理。

【例8-15】 2015年1月10日，天河集团财务公司收到成员单位天河电子提交的"银行汇票委托书"，金额为180 000元。该公司需前往乙地购买电子配件，天河集团财务公司的挂靠行为工商银行天河支行。

天河电子按规定向财务公司提交了一式三联的"汇票委托书"，财务公司认真审查委托书内容是否齐全、清晰，经审核无误，由财务公司代为填写一式三联的"汇票申请书"，同时开具一张财务公司在工商银行天河支行的转账支票，到挂靠行办理汇票，并将银行汇票交给付款人。天河集团财务公司以申请书第一联回单和转账支票的存根作为做账依据，其会计分录为：

借：吸收存款——天河电子 180 000
　　贷：银行存款（存放同业款项） 180 000

（2）解付时的账务处理。

【例8-16】 2015年2月10日，天河集团财务公司收到成员单位天河电子交来金额为20 000元的汇票和解讫通知，由财务公司代为办理解付并收款，解付行为工商银行天河支行。

财务公司收到天河电子交来的汇票和解讫通知后，先审查凭证是否齐全，汇票的印章、压印金额、付款期等内容是否有误。审查无误后，由财务公司到工商银行天河支行解付。收妥款项后，开具一式两联的收款通知书，以第二联和工商银行天河支行开具的进账单作为做账依据，其会计分录为：

借：银行存款（存放同业款项） 20 000
　　贷：吸收存款——天河电子 20 000

2. 支票

支票是出票人签发，委托办理支票存款业务的银行或者其他金融机构在见票时无条件支付确定的金额给收款人或持票人的票据。

(1) 成员企业送交支票办理收款的处理手续。

【例 8-17】 2015 年 1 月 6 日,天河集团财务公司收到开户单位越城公司交来的转账支票和三联进账单办理转账。支票金额 800 000 元,出票人远洋公司,其开户行为中国农业银行天河支行。

天河集团财务公司作为收款人开户行,收到越城公司送交的支票和三联进账单时,审查无误后,将第三联加盖"临时收据"戳记作为回单交给越城公司。支票按照同城票据交换的时间提出交换,待中国农业银行天河支行收到支票审核无误后,办理转账。财务公司将进账单加盖业务公章,第一联作为正式回单退给越城公司,第二联作为贷方传票,办理转账。其会计分录为:

借:银行存款(存放同业款项) 800 000
　　贷:吸收存款——越城公司 800 000

(2) 财务公司收到转账支票办理付款的处理手续。

【例 8-18】 2015 年 1 月 22 日,天河集团财务公司收到同城票据交换来的转账支票,委托财务公司付款,付款人为在本财务公司开户的成员单位新新电子厂,收款人同源外贸公司,其开户行为中国银行天河支行,支票金额 600 000 元。

天河集团财务公司作为付款人开户行,收到同城票据交换的转账支票后,认真审核支票填写的签发人账号、户名、大小写金额、印鉴等无误后,以转账支票作为借方传票,办理转账。其会计分录为:

借:吸收存款——新新电子厂 600 000
　　贷:银行存款(存放同业款项) 600 000

3. 汇兑

汇兑又称"汇兑结算",是指企业(汇款人)委托银行将其款项支付给收款人的结算方式。这种方式便于汇款人向异地的收款人主动付款,适用范围十分广泛。财务公司受理成员单位提出的汇兑申请时,应通过挂靠行完成发报程序。汇兑根据划转款项的不同方法以及传递方式的不同可以分为信汇和电汇两种,由汇款人自行选择。

(1) 信汇。

汇款人向银行提出申请,同时交存一定金额及手续费,汇出行将信汇委托书以邮寄方式寄给汇入行,授权汇入行向收款人解付一定金额的一种汇兑结算方式。

汇出时的处理。

【例 8-19】 新新电子厂为到上海采购商品,委托财务公司以信汇方式向工商银行浦东支行汇款 86 000 元,设立临时采购专户。财务公司挂靠行为工商银行天河支行(汇出行)。

新新电子厂应填写一式四联信汇凭证,财务公司接到新新电子厂交来的信汇凭证应先认真审查填写的各项内容是否齐全、正确,印鉴是否与预留银行印鉴相同,同时确认汇款人账户内余额是否足够支付,审查无误后,第一联加盖业务公章退给新新电子厂做账,第二联留财务公司做借方凭证办理转账,第三、第四联加盖业务公章后,通过同城票据交换至工商银行天河支行,工行同时编制联行邮划贷方报单,与第三、第四联寄往工商银行浦东支行。其会计分录为:

借：吸收存款——新新电子厂 86 000
　　贷：银行存款(存放同业款项) 86 000

汇入时的处理。

【例 8-20】 工商银行天河支行收到工商银行北京海淀支行寄来的邮划贷方报单和信汇凭证,金额为 50 000 元,收款人为天河电子,审核无误后,通过同城票据交换至天河集团财务公司,由财务公司代为入账。

财务公司应以第三联信汇凭证代转账贷方传票,第四联转交天河电子,其会计分录为：

借：银行存款(存放同业款项) 50 000
　　贷：吸收存款——天河电子 50 000

(2) 电汇。

汇款人将一定款项交存汇款银行,汇款银行通过电报或电传给目的地的分行或代理行(汇入行),指示汇入行向收款人支付一定金额的一种汇款方式。

汇出时的处理。

汇款人办理电汇时,应填写一式三联电汇凭证:第一联回单,应加盖公章退回汇款人做账;第二联借方凭证,财务公司留存为做账依据;第三联发电依据,应加盖公章后交换到汇出行(挂靠行),由汇出行向汇入行拍发电报。会计处理方式与信汇相同。

汇入时的处理。

汇入行(挂靠行)接到汇出行发来的电报后,应按照电报内容编制报单,通过交换至财务公司,财务公司凭转账贷方凭证转账,并将收款通知转交收款人。会计处理方式与信汇相同。

(二) 内部转账结算

内部转账结算是指成员企业之间发生商品交易、劳务服务和其他资金往来等经济事项,通过财务公司办理资金清算和划转的行为和过程。通过财务公司进行内部结算的优势在于:资金到账迅速,免收结算费用及免费使用内部结算凭证。

集团成员企业通过财务公司办理内部转账结算时,付款单位或收款单位应先向财务公司提交要素齐全、符合受理要求的付款凭证或收付款单位双方签署的款项扣划协议,财务公司依据审查合格的付款凭证或扣划协议进行款项划转及进行账务处理。基本会计分录为：

借：吸收存款——付款人户 ×××
　　贷：吸收存款——收款人户 ×××

【例 8-21】 天河集团财务公司收到成员单位天河电子交来的转账支票和二联进账单,支票金额为 350 000 元,收款人为在同公司开户的新新电子厂,由财务公司办理内部转账。

财务公司收到支票及进账单后,认真审查了支票和进账单填写内容的正确性及一致性,确认了支票在付款期内,加盖印鉴与预留印鉴相符,同时确认了付款人天河电子账户余额足够支付。财务公司在支票和进账单各联均加盖业务公章,并以支票做借方凭证,进账单第二联为贷方凭证,办理转账,同时第一联退回天河电子,其会计分录为：

借：吸收存款——天河电子 350 000
　　贷：吸收存款——新新电子厂 350 000

第五节 财务公司其他业务的核算

财务公司在日常经营活动中,除了前述的筹资业务、投放业务和结算业务之外,财务公司还可以利用自身资源与渠道扩展业务,为企业集团提供服务。这些业务活动既是财务公司开展主营业务活动的辅助项目,也是利用自身优势取得第三方经济收入的重要方式。

财务公司的其他经济业务,包括票据业务和银行往来业务。其中,票据业务包括票据的承兑业务和贴现业务;银行往来业务主要包括与中央银行、商业银行的多种业务往来,本节重点讲述同业拆借业务。

一、票据业务

(一)承兑业务

财务公司的承兑业务主要针对由成员企业签发,经财务公司审查同意承兑,保证在指定日期无条件支付确定的金额给收款人或持票人的一种商业汇票。财务公司作为金融企业的一份子,在承兑业务中扮演着银行的作用,为商业汇票的兑现提供资金担保。

申请人需向财务公司提交"商业汇票承兑业务申请表"及财务公司要求的其他相关资料,由财务公司办理内部承兑审批手续后签订商业汇票承兑协议,同时申请人支付承兑手续费。商业汇票到期时由财务公司承付,从成员企业的存款账户扣款,如余额不足导致无法扣款,则由财务公司代为垫付,再向成员企业追款。

财务公司的票据承兑业务有利于成员企业与供应商实现双赢。对于成员企业,可以通过延长付款期获得融资,有效降低资金成本;对于供应商,拿到财务公司承兑的商业汇票可以降低赊账的坏账风险,是双赢的选择。

(二)贴现业务

贴现是持票人在票据到期日前,为了取得资金,贴付一定利息将票据权利转让给银行等金融机构的票据行为,是持票人向金融机构融通资金的一种方式。对于财务公司而言,贴现本身具有双重意义。

财务公司作为一般企业可持规定票据到商业银行或中央银行办理贴现借款,也做再贴现。再贴现是指财务公司在资金紧张时,为融通资金,将未到期的已贴现商业汇票(包括银行承兑汇票和商业承兑汇票)再以贴现方式向另一金融机构转让票据的行为。通过再贴现,既可以及时补充财务公司短期流动资金,又能有效扩大财务公司对集团成员单位的汇票贴现能力,同时赚取利差收入。其账务处理方式同一般企业。

财务公司作为非银行金融类企业,其成员企业可到财务公司办理商业汇票贴现业务。商业汇票贴现是指财务公司同意贴现申请人的申请,将成员企业作为贴现申请人或承兑人的未到期的商业汇票以背书方式转让给财务公司,财务公司在扣除贴现利息后向贴现申请人提前支付票款的行为,这是财务公司向贴现申请人融通资金的一种方式。

开户的成员企业到财务公司申请贴现时,应向财务公司信贷部门提交一式五联的票据贴现凭证及商业汇票等资料，财务公司信贷部门审查同意后转交会计部门，会计部门按规定的贴现率计算贴现息后，以实付贴现额支付给申请人。贴现息的计算方式如下：

$$贴现息 = 汇票面值 \times 贴现率 \times 贴现期$$
$$实付贴现额 = 汇票面值 - 贴现息$$

贴现期即从贴现日到到期日的时间间隔。如果票据期限按日表示，应从出票日起按实际经历天数计算。通常出票日和到期日，只计算其中的一天，即"算头不算尾"或"算尾不算头"。票据期限按月表示时，票据的期限不考虑各月份的实际天数多少，应以到期月份中与出票日（承兑日）相同的那一天为到期日。

其会计分录为：

借：贴现资产——商业（银行）承兑汇票（汇票面值）　　　　　×××
　　贷：吸收存款——收款人户（实付贴现额）　　　　　　　　×××
　　　　利息收入——贴现利息收入（贴现利息）　　　　　　　×××

【例 8-22】 2015 年 6 月 10 日天河集团财务公司开户单位新新电子厂到财务公司申请办理贴现业务，贴现的票据是一张面值为 200 000 元的商业承兑汇票，汇票到期日为 8 月 15 日，经财务公司审查无误，办理贴现手续，贴现率为 4.3%，计算实际应付贴现金额为多少，并作账务处理。

$$贴现息 = 200\,000 \times 4.3\% \div 360 \times 66 = 1\,576.67(元)$$
$$实付贴现金额 = 200\,000 - 1\,576.67 = 198\,423.33(元)$$

会计分录为：

借：贴现资产——商业（银行）承兑汇票　　　　　　　　　200 000
　　贷：吸收存款——收款人户　　　　　　　　　　　　　198 423.33
　　　　利息收入——贴现利息收入　　　　　　　　　　　　1 576.67

到期的贴现商业汇票收回时，按照贴现的汇票不同，处理方式也不同：

1. 银行承兑汇票

由于银行承兑汇票的付款人为承兑银行，在汇票到期时，财务公司可到承兑银行收款并办理转账。其会计分录为：

借：银行存款　　　　　　　　　　　　　　　　　　　　　×××
　　贷：贴现资产——银行承兑汇票　　　　　　　　　　　　×××

2. 商业承兑汇票

商业承兑汇票由银行以外的付款人承兑，财务公司需在付款期限内通过开户银行委托收款或直接向付款人提示付款。当财务公司收到付款人开户行划来的票款时，根据有关传票办理转账。其会计分录为：

借：银行存款　　　　　　　　　　　　　　　　　　　　　×××
　　贷：贴现资产——商业承兑汇票　　　　　　　　　　　　×××

【例 8-23】 承[例 8-22]，如 8 月 15 日，天河集团财务公司收到汇票票款，则应做账务处理：

    借:银行存款　　　　　　　　　　　　　　　　　　　　　　　　　　　　　200 000
        贷:贴现资产——商业承兑汇票　　　　　　　　　　　　　　　　　　　　200 000

如果财务公司收到付款单位退回的委托收款凭证和商业承兑汇票,拒绝兑现,则可向贴现申请人追索票款,直接从贴现申请人的账户收取款项,其会计分录为:

    借:吸收存款——贴现申请人　　　　　　　　　　　　　　　　　　　　　×××
        贷:贴现资产——商业承兑汇票　　　　　　　　　　　　　　　　　　　　×××

贴现申请人账户余额不足时,按逾期贷款处理。其会计分录为:

    借:逾期贷款——贴现申请人　　　　　　　　　　　　　　　　　　　　　×××
        贷:贴现资产——商业承兑汇票　　　　　　　　　　　　　　　　　　　　×××

【例8-24】承[例8-22],如果8月15日,汇票到期时财务公司收到付款单位的拒付通知,则财务公司应从新新电子厂的账户扣取款项,其会计分录为:

    借:吸收存款——新新电子厂　　　　　　　　　　　　　　　　　　　　　200 000
        贷:贴现资产——商业承兑汇票　　　　　　　　　　　　　　　　　　　　200 000

假如从新新电子厂的账户扣款时显示余额不足,则应将该贴现资产转为逾期贷款处理,会计分录为:

    借:逾期贷款——新新电子厂　　　　　　　　　　　　　　　　　　　　　200 000
        贷:贴现资产——商业承兑汇票　　　　　　　　　　　　　　　　　　　　200 000

二、同业拆借业务

同业拆借是指财务公司与银行及其他具有合法资格的非银行金融机构之间相互融通短期资金的行为,目的在于调剂头寸和临时性资金余缺。同业拆借包括同业拆入和同业拆出。财务公司在日常经营中有时会有暂时的资金闲置,通过与信誉较高的国有商业银行开展同业拆出,可以拓展财务公司短期资金的运用渠道,提高资金收益,且风险水平较低。当出现临时性的资金不足时,通过同业拆入业务,能及时补充短期流动资金需求,平滑资金波动,同时进一步拓展与银行同业的合作关系。

(一)同业拆借的一般规定

为发展货币市场,拓宽企业集团财务公司融资渠道,中国人民银行制定了《财务公司进入全国银行间同业拆借市场和债券市场管理规定》(以下简称《规定》),申请进入同业拆借的财务公司必须符合中央银行制定的以下基本标准:

资产负债比例符合中国人民银行有关规定;
前3个年度连续盈利;
按中国人民银行规定的业务范围规范经营,内控制度健全;
未因违规经营受中国人民银行及其他主管或处罚;
拆借资金余额不超过中国人民银行规定的比例。
《规定》限定财务公司拆入资金最长期限为7天,拆出资金期限不得超过对手方的由人民银行规定的拆入资金最长期限;同业拆借到期后不得展期,也不得以其他方式变相展期;

财务公司拆入、拆出资金余额均不得超过实收资本金的100%。

(二) 同业拆借的核算

同业拆借一般通过各金融机构在中央银行的存款准备金账户进行,财务公司在办理同业拆出时,应开出中央账户转账支款凭证,办理转账。其会计分录为:

借:同业拆出——×××(金融机构名称)   ×××
  贷:存放中央银行款项   ×××

收回款项时,应将借入资金的金融机构开出的支款凭证送存中央银行,办理转账。其会计分录为:

借:存放中央银行款项   ×××
  贷:同业拆出——×××(金融机构名称)   ×××
      金融企业往来收入   ×××

财务公司办理同业拆入时,应将借出资金的金融机构开出的支款凭证送存中央银行,办理转账。其会计分录为:

借:存放中央银行款项   ×××
  贷:同业拆入——×××(金融机构名称)   ×××

归还款项时,应开出中央账户转账支款凭证,办理转账。其会计分录为:

借:同业拆入——×××(金融机构名称)   ×××
    金融企业往来支出   ×××
  贷:存放中央银行款项   ×××

【例8-25】 天河集团财务公司发生临时性资金短缺,向农业银行天河支行拆借资金1 000 000元,为期3天,利息为20 000元。分别做拆借时以及归还款项时的会计分录。

拆借时,天河集团财务公司应作会计分录:

借:存放中央银行款项   1 000 000
  贷:同业拆入——农业银行天河支行   1 000 000

归还借款时,应作会计分录为:

借:同业拆入——农业银行天河支行   1 000 000
    金融企业往来支出   20 000
  贷:存放中央银行款项   1 020 000

【关键术语】

企业集团财务公司 《企业集团财务公司管理办法》 筹资业务 协定存款 投放业务 三查制度 自营贷款 委托贷款 对外资金结算 内部转账结算 票据承兑 票据贴现 同业拆借

【问题思考】

1. 财务公司的定义是什么?包括哪几种模式?

2. 中国式的财务公司特点是什么？
3. 财务公司从事的业务包括哪些？
4. 财务公司吸收存款业务的会计处理具体包括哪些内容？
5. 财务公司发行债券业务中利息调整的分摊如何处理？
6. 财务公司贷款业务的特点是什么？
7. 财务公司贷款业务的审批过程包括什么？
8. 什么是自营贷款？什么是委托贷款？
9. 财务公司结算业务的特点是什么？
10. 对外资金结算的方式包括哪些？账务如何处理？
11. 内部转账结算的账务处理如何进行？
12. 财务公司的票据贴现业务有何特点？
13. 财务公司的同业拆借业务有何规定？

扫二维码获得本章
习题及案例

第九章
金融企业财务会计报告

章前导引

教学目标

本章主要介绍金融企业财务会计报告的基本种类和编制要求,通过学习理解掌握财务会计报告的概念、构成,理解资产负债表、利润表、现金流量表的概念、作用和结构,掌握金融企业资产负债表编制方法及表内项目的填列方法,掌握利润表编制方法及表内项目的填列方法,理解现金流量表的编制基础。

财务会计报告,是指企业对外提供的反映企业特定日期的财务状况和某一会计期间的经营成果和现金流量等会计信息的文件。

金融企业财务会计报告作为完整的法律文件,具体包括:会计报表、会计报表附注和其他应当在财务会计报告中披露的相关信息资料。其中会计报表是财务会计报告的主体,主要有资产负债表、利润表、现金流量表、所有者权益变动表等。

各类金融企业对外提供的财务会计报告的内容、会计报表种类和格式、会计报表附注的主要内容等,均由会计准则做出规范。

【知识链接】

分部报告和法人报告

企业财务报告按照编制单位的主体层次分类,可分为分部报告和法人报告。

分部报告,是指企业内部以各独立核算的会计主体为单位,在自身会计核算的空间主体范围内,依据自身的核算资料,加工而编制成的,反映会计主体单位财务状况和经营成果的报告。

法人报告,是指各法人企业经过将企业内部各会计主体的分部报告进行逐级汇总后,最终在法人单位形成的,反映全企业财务状况和经营成果情况的报告。

第一节 资产负债表

一、资产负债表的意义和作用

资产负债表,是反映金融企业某一特定日期财务状况的报表。它是根据"资产＝负债＋

所有者权益"这一会计基本等式,按照一定的分类标准和一定的程序,将金融企业一定时期的资产、负债和所有者权益项目予以适当的排列编制而成,用于总括反映资产、负债和所有者权益及其构成情况的会计报表。

金融企业资产负债表的作用在于:第一,披露金融企业某一特定日期的资产总额和构成情况。表明金融企业掌握的经济资源的数量、分布情况及运用其经济资源的能力。第二,披露金融企业某一特定日期的负债总额和构成情况。表明金融企业未来需要用多少资产或劳务清偿债务。第三,披露金融企业某一特定日期的所有者权益和构成情况。表明所有者在资产中所占的份额,了解所有者权益的构成情况。第四,通过对3个会计要素的构成及关系分析,便于分析检查金融企业资产、负债和所有者权益的构成是否合理;了解金融企业的偿债能力和支付能力;通过分析比较前后期项目变化,了解金融企业资金变化,资本的保值增值情况,了解财务状况的变动趋向等。

二、资产负债表的编制原理

资产负债表是依照"资产=负债+所有者权益"这一会计恒等式各项目的方向和平衡关系设计的。将资产项目列在左方,负债和权益项目列在右方,左右方项目的余额合计数相等。资产和负债应当分别以流动资产和非流动资产、流动负债和非流动负债的顺序列示。

资产负债表各项目要按照年初余额和期末余额作两列数据列示。

"年初余额"栏内各项数字根据上年末资产负债表"期末余额"填列。如本年度资产负债表规定项目的名称和内容同上年度不一致,应对上年末资产负债表各项目的名称和数据按照本年度的规定进行调整,填入本表"年初余额"栏内。

"期末余额"栏内的各项数字,按所分类归集的会计科目期末数编制。具体填列时,各项数字的主要来源主要通过以下几种方式取得:根据总账或明细账科目余额直接填列;根据总账或明细账科目余额合并填列;根据总账或明细账科目余额分别填列。

三、资产负债表的格式内容及编制方法

(一)保险公司资产负债表的格式内容及编制方法

1. 保险公司资产负债表格式内容

保险公司资产负债表,是反映保险公司某一特定日期财务状况的报表。保险公司资产负债表格式内容如表9-1所示。

担保公司应当执行保险公司资产负债表的格式和附注规定,如有特殊需要,可结合本企业的实际情况进行必要调整和补充。

表9-1 资产负债表

编制单位: 　　　　　　　　　　年 月 日 　　　　　　　　　　会保01表 单位:元

资产	期末余额	年初余额	负债和所有者权益 (或股东权益)	期末余额	年初余额
资产:			负债:		
货币资金			短期借款		

(续表)

资　产	期末余额	年初余额	负债和所有者权益（或股东权益）	期末余额	年初余额
拆出资金			拆入资金		
交易性金融资产			交易性金融负债		
衍生金融资产			衍生金融负债		
买入返售金融资产			卖出回购金融资产款		
应收利息			预收保费		
应收保费			应付手续费及佣金		
应收代位追偿款			应付分保账款		
应收分保账款			应付职工薪酬		
应收分保未到期责任准备金			应交税费		
应收分保未决赔款准备金			应付赔付款		
应收分保寿险责任准备金			应付保单红利		
应收分保长期健康险责任准备金			保户储金及投资款		
保户质押贷款			未到期责任准备金		
定期存款			未决赔款准备金		
可供出售金融资产			寿险责任准备金		
持有至到期投资			长期健康险责任准备金		
长期股权投资			长期借款		
存出资本保证金			应付债券		
投资性房地产			独立账户负债		
固定资产			递延所得税负债		
无形资产			其他负债		
独立账户资产			负债合计		
递延所得税资产			所有者权益（或股东权益）：		
其他资产			实收资本（或股本）		
			资本公积		
			减：库存股		
			盈余公积		
			一般风险准备		
			未分配利润		
			所有者权益（或股东权益）合计		
资产总计			负债和所有者权益（或股东权益）总计		

2. 保险公司资产负债表项目列示说明

(1)"货币资金"项目,反映企业期末持有的现金、银行存款、其他货币资金等的金额。应根据"库存现金""银行存款""其他货币资金"等科目的期末余额合计填列。企业持有的原始存款期限在 3 个月以内的定期存款,也在本项目反映。

(2)"应收保费""应收代位追偿款""应收分保账款""应收分保未到期责任准备金""保户质押贷款""应收分保未决赔款准备金""应收分保寿险责任准备金""应收分保长期健康险责任准备金""存出资本保证金""独立账户资产""预收保费""应收手续费及佣金""应付分保账款""保户储金及投资款""未到期责任准备金""独立账户负债"等资产项目,反映企业期末持有的相应资产的实际价值。应根据"应收账款""应收代位追偿款""应收分保账款""应收分保未到期责任准备金""贷款"等科目期末借方余额,减去"坏账准备""贷款损失准备"等科目的相关明细科目期末余额后的金额填列。在填列相关科目的期末余额时,资产已计提减值准备的,还应扣减相应的减值准备。

(3)"应收分保未决赔款准备金""应收分保寿险责任准备金""应收分保长期健康险责任准备金"项目,反映企业从事再保险业务应向再保险接受人摊回的相应准备金扣减累计减值准备后的账面价值。应根据"应分保保险责任准备金"科目的相关明细科目期末借方余额,减去"坏账准备"科目的相关明细科目期末余额后的金额分析填列。

(4)"存出资本保证金""独立账户资产"等资产项目,反映企业期末持有的相应资产的价值。应根据"存出资本保证金""独立账户资产"等科目的期 末借方余额填列。

(5)"其他资产"项目,反映企业应收股利、应收代位追偿款、预付账款、存出保证金、其他应收款等资产的账面余额。应根据有关科目的期末余额填列。已计提减值准备的,还应扣减相应的减值准备。长期应收款账面余额扣减累计减值准备和未实现融资收益后的净额、抵债资产账面余额扣减累计跌价准备后的净额、损余物资账面余额扣减累计跌价准备后的净额,也在本项目反映。

(6)"预收保费""应付手续费及佣金""应付分保账款""保户储金及投资款""未到期责任准备金""独立账户负债"等负债项目,反映企业从事再保险业务应向再保险分出人或再保险接受人支付但尚未支付的款项等。应根据"预收账款""应付账款""应付分保账款""保户储金""未到期责任准备金""独立账户负债"等科目的期末贷方余额填列。

(7)"未决赔款准备金""寿险责任准备金""长期健康险责任准备金"等负债项目,反映企业提取的未决赔款准备金、寿险责任准备金、长期健康险责任准备金期末余额。应根据"保险责任准备金"科目的相关明细科目期末贷方余额分析填列。

(8)"其他负债"项目,反映企业应付股利、应付利息、存入保证金、预计负债等负债的账面余额。应根据有关科目的期末余额填列。长期应付款账面余额减未确认融资费用后的净额,也在本项目反映。

除以上项目外的其他项目,比照商业银行资产负债表的列报方法处理。

(二)证券公司资产负债表的格式内容及编制方法

1. 证券公司资产负债表的格式内容

证券公司资产负债表,是反映证券公司某一特定日期财务状况的报表。证券公司资产负债表的格式如表 9-2 所示。

资产管理公司、基金公司、期货公司应当执行证券公司资产负债表的格式和附注规定,如有特殊需要,可结合本企业的实际情况进行必要调整和补充。

表 9-2 资产负债表　　　　　　　　　　会证 01 表

编制单位：　　　　　　　　　　年　月　日　　　　　　　　　　单位:元

资　产	期末余额	年初余额	负债和所有者权益（或股东权益）	期末余额	年初余额
资产：			负债：		
货币资金			短期借款		
其中:客户资金存款			其中:质押借款		
结算备付金			拆入资金		
其中:客户备付金			交易性金融负债		
拆出资金			衍生金融负债		
交易性金融资产			卖出回购金融资产款		
衍生金融资产			代理买卖证券款		
买入返售金融资产			代理承销证券款		
应收利息			应付职工薪酬		
存出保证金			应交税费		
代理业务资产			应付利息		
可供出售金融资产			代理业务负债		
持有至到期投资			预计负债		
长期股权投资			长期借款		
投资性房地产			应付债券		
固定资产			递延所得税负债		
在建工程			其他负债		
无形资产			负债合计		
其中:交易席位费			所有者权益(或股东权益)：		
递延所得税资产			实收资本(或股本)		
其他资产			资本公积		
			减:库存股		
			盈余公积		
			一般风险准备		
			未分配利润		
			所有者权益(或股东权益)合计		
资产总计			负债和所有者权益（或股东权益)总计		

2. 证券公司资产负债表列示说明

(1)"货币资金"项目,反映企业期末持有的现金、银行存款和其他货币资金总额。证券公司管理的客户资金存款(包括证券经纪业务和委托资产管理业务取得的客户资金存款)应在本项目下单独反映。

(2)"结算备付金"项目,反映企业期末持有的为证券交易的资金清算与交收而存入指定清算代理机构的款项金额。证券公司管理的客户备付金(包括证券经纪业务和委托资产管理业务取得的客户备付金)应在本项目下单独反映。

(3)"存出保证金"项目,反映企业因办理业务需要存出或交纳的各种保证金款项期末余额。

(4)"无形资产"项目,反映企业无形资产在期末的实际价值,应当以扣减累计摊销和无形资产减值准备余额后的金额列示。证券公司交纳的交易席位费的可收回金额应在本项目下单独反映。

(5)"其他资产"项目,反映企业期末应收股利、其他应收款、应予1年内的长期待摊费用项目总额。相应资产已计提坏账准备的,应当以扣减坏账准备期末余额后的金额列示。长期应收款减去未实现融资收益后的金额,应当在"其他资产"项目反映。长期应收款计提坏账准备的,还应减去坏账准备期末余额。

(6)"短期借款""代理买卖证券款""代理承销证券款""长期借款"等项目,反映企业期末尚未偿还的短期借款、长期借款等。

(7)"其他负债"项目,反映企业应付股利、其他应付款、预提费用、预计负债、递延收益等项目的总额。长期应付款扣减未确认融资费用后的金额,应当在"其他负债"项目反映。代理兑付证券体现为应付款项的,应当在"其他负债"项目反映。

除以上项目以外的其他项目,比照商业银行列示。

第二节 利润表

一、利润表的意义和作用

利润表,是反映金融企业一定会计期间经营成果的会计报表,是一种动态报表。

金融企业利润表的作用在于:第一,它可以总括反映金融企业在该会计期间里的业务经营成果,提供盈亏信息;第二,报表使用者可根据该表所提供的具体内容,分析盈亏形成的原因,对金融企业的经营业绩做出恰当的评价;第三,为财务管理人员及领导者提供财务预测资料。

二、利润表的编制原理

1. 利润表的格式,国际上通常采用单步式和多步式两种

我国金融企业利润表采用上下多分步式结构,根据构成利润的主要内容分为:"营业收

入""营业支出""营业利润""利润总额""净利润""每股收益"6个大项目,各项目之间通过分步式的加减关系计算得出。

2. 利润表填制方法

利润表各项目需要分为"本期金额"和"上期金额"两栏分别填列。"本期金额"栏反映各项目的本期实际发生数;"上期金额"栏反映各项目的上期实际发生数。

三、利润表的格式内容及编制方法

(一)保险公司利润表的格式内容及编制方法

1. 保险公司利润表的格式内容

保险公司利润表,是反映保险公司一定会计期间的经营成果的会计报表。保险公司利润表的格式如表9-3所示。

担保公司应当执行保险公司利润表的格式和附注规定,如有特殊需要,可结合本企业的实际情况进行必要调整和补充。

表9-3 利 润 表　　　　　　　　　会保02表

编报单位:　　　　　　　　　　年　月　　　　　　　　　　　　单位:元

项　目	本期金额	上期金额
一、营业收入		
已赚保费		
保险业务收入		
其中:分保费收入		
减:分出保费		
提取未到期责任准备金		
投资收益(损失以"-"号填列)		
其中:对联营企业和合营企业的投资收益		
公允价值变动收益(损失以"-"号填列)		
汇兑收益(损失以"-"号填列)		
其他业务收入		
二、营业支出		
退保金		
赔付支出		
减:摊回赔付支出		
提取保险责任准备金		
减:摊回保险责任准备金		
保单红利支出		
分保费用		
营业税金及附加		

(续表)

项　　目	本期金额	上期金额
手续费及佣金支出		
业务及管理费		
减:摊回分保费用		
其他业务成本		
资产减值损失		
三、营业利润(亏损以"—"号填列)		
加:营业外收入		
减:营业外支出		
四、利润总额(亏损以"—"号填列)		
减:所得税费用		
五、净利润(净亏损以"—"号填列)		
六、每股收益:		
(一)基本每股收益		
(二)稀释每股收益		

2. 保险公司利润表项目列示说明

(1)"营业收入"项目,应根据"已赚保费""投资收益""公允价值变动收益""汇兑收益""其他业务收入"等项目的发生额合计填列。定期存款、保户质押贷款、买入返售金融资产形成的利息收入,也在"投资收益"项目反映。

(2)"已赚保费"项目,应根据"保险业务收入""分出保费""提取未到期责任准备金"科目的发生额分析填列。

(3)"保险业务收入"项目,反映企业从事保险业务确认的原保费收入和分保费收入,应根据"保费收入"科目的发生额分析填列。

(4)"分出保费"项目,反映企业从事再保险业务分出的保费,应根据"分出保费"科目的发生额分析填列。

(5)"提取未到期责任准备金"项目,反映企业提取的未到期责任准备金,应根据"提取未到期责任准备金"科目的发生额分析填列。

(6)"营业支出"项目,反映"退保金""赔付支出""提取保险责任准备金""保单红利支出""分保费用""营业税金及附加""手续费及佣金支出""业务及管理费""其他业务成本""资产减值损失"等项目金额合计,减去"摊回赔付支出""摊回保险责任准备金""摊回分保费用"等项目金额后的余额。

(7)"退保金"项目,反映企业寿险原保险合同提前解除时按照约定退还投保人的保单现金价值,应根据"退保金"科目的发生额分析填列。

(8)"赔付支出"项目,反映企业因保险业务发生的赔付支出,包括原保险合同赔付支出和再保险合同赔付支出,应根据"赔付支出"科目的发生额分析填列。

(9)"提取保险责任准备金"项目,反映企业提取的保险责任准备金,包括未决赔款准备金、寿险责任准备金、长期健康险责任准备金,应根据"提取保险责任准备金"科目的发生额分析填列。

(10)"保单红利支出"项目,反映企业按原保险合同约定支付给投保人的红利,应根据"保单红利支出"科目的发生额分析填列。

(11)"分保费用"项目,反映企业从事再保险业务支付的分保费用,应根据"分保费用"科目的发生额分析填列。

(12)"摊回赔付支出""摊回保险责任准备金""摊回分保费用"等项目,反映企业从事再保险分出业务向再保险接受人摊回的赔付支出、保险责任准备金、分保费用,应根据"摊回赔付支出""摊回保险责任准备金""摊回分保费用"等科目的发生额分析填列。

除以上项目以外的其他项目,比照商业银行利润表的列报方法处理。

(二)证券公司利润表的格式内容及编制方法

1. 证券公司利润表的格式内容

证券公司利润表,是反映证券公司一定会计期间经营成果的会计报表。证券公司利润表的格式如表9-4所示。

资产管理公司、基金公司、期货公司应当执行证券公司资产利润表的格式和附注规定,如有特殊需要,可结合本企业的实际情况进行必要调整和补充。

表9-4 利 润 表　　　　　　　　　　会证02表

编制单位:　　　　　　　　　　年　月　　　　　　　　　　单位:元

项目	行次	本期金额	上期金额
一、营业收入			
手续费及佣金净收入			
其中:代理买卖证券业务净收入			
证券承销业务净收入			
委托客户资产管理业务净收入			
利息净收入			
投资收益(损失以"-"号填列)			
公允价值变动收益(损失以"-"号填列)			
汇兑收益(损失以"-"号填列)			
其他业务收入			
二、营业支出			
营业税金及附加			
业务及管理费			
资产减值损失			
其他业务成本			

(续表)

项　目	行次	本期金额	上期金额
三、营业利润（亏损以"一"号填列）			
加：营业外收入			
减：营业外支出			
四、利润总额（亏损总额"一"号填列）			
减：所得税费用			
五、净利润（净亏损以"一"号填列）			
六、每股收益：			
（一）基本每股收益			
（二）稀释每股收益			

2. 证券公司利润表项目列示说明

(1)"手续费及佣金净收入"项目，反映企业根据收入准则确认的代理承销、竞付和买卖证券等业务实现的手续费收入和发生的各项手续费、佣金等的净额。

"代理买卖证券业务净收入""证券承销业务净收入""委托客户资产管理业务净收入"等应在本项目下单独反映。

(2)"利息净收入"项目，反映企业根据收入准则确认的利息收入和发生的利息支出的净额。

除以上项目以外的其他项目，比照商业银行列示。

第三节　现金流量表

一、现金流量表的意义和作用

现金流量表，是反映金融企业在一定会计期间现金和现金等价物流入和流出的报表。现金流量表，是以现金为基础编制的财务状况变动表，它以现金的流入和流出反映企业在一定期间内的经营活动、投资活动和筹资活动的动态情况；反映企业现金流入和流出的全貌，表明企业获取现金和现金等价物的能力。

现金流量表的作用在于：第一，提供的经营活动净现金流量的信息，可以分析和评价银行对外筹资能力、清偿能力和支付投资者利润的能力；第二，通过分析本期净利润与经营活动现金流量之间的差异及其产生原因，还可以合理预测银行未来的现金流量；第三，通过该表提供的报告期内投资活动和筹资活动产生的现金净流量信息，可以了解银行经营规模是否扩大。

二、现金流量表的编制基础

编制现金流量表的基础是现金及现金等价物。企业的现金，是指库存现金以及存放中央银行款项、存放同业款项、存入本行存款等可随时支用的存款;现金等价物是指银行持有的期限短(指3个月以内到期)、活动性强、易于转换为已知金额现金、价值变动风险很小的投资。

现金流量表所称的现金流量,是指某一段时期内企业现金和现金等价物流入流出的数量。按照金融企业经营业务发生的性质,将一定期间内产生的现金流量归为3部分:经营活动产生的现金流量、投资活动产生的现金流量和筹资活动产生的现金流量。

三、现金流量表的格式内容及编制方法

(一)保险公司现金流量表的格式内容及编制方法

1. 保险公司现金流量表的格式内容

按我国《企业会计准则——现金流量表》的规定,现金流量表为报告式格式。保险公司现金流量表的格式如表9-5所示。

表 9-5 现金流量表 会保03表

编报单位:　　　　　　　　　　年　月　日　　　　　　　　　　单位:元

项　　目	本期金额	上期金额
一、经营活动产生的现金流量:		
收到原保险合同保费取得的现金		
收到再保业务现金净额		
保户储金及投资款净增加额		
收到其他与经营活动有关的现金		
经营活动现金流入小计:		
支付原保险合同赔付款项的现金		
支付手续费及佣金的现金		
支付保单红利的现金		
支付给职工以及为职工支付的现金		
支付的各项税费		
支付其他与经营活动有关的现金		
经营活动现金流出小计:		
经营活动产生的现金流量净额		
二、投资活动产生的现金流量:		
收回投资收到的现金		
取得投资收益收到的现金		
收到其他与投资活动有关的现金		
投资活动现金流入小计:		
投资支付的现金		
质押贷款净增加额		

(续表)

项　　目	本期金额	上期金额
购建固定资产、无形资产和其他长期资产支付的现金		
支付其他与投资活动有关的现金		
投资活动现金流出小计：		
投资活动产生的现金流量净额		
三、筹资活动产生的现金流量：		
吸收投资收到的现金		
发行债券收到的现金		
收到其他与筹资活动有关的现金		
筹资活动现金流入小计：		
偿还债务支付的现金		
分配股利、利润或偿付利息支付的现金		
支付其他与筹资活动有关的现金		
筹资活动现金流出小计：		
筹资活动产生的现金流量净额		
四、汇率变动对现金及现金等价物的影响		
五、现金及现金等价物净增加额		
加：期初现金及现金等价物余额		
六、期末现金及现金等价物余额		

2. 保险公司现金流量表项目列示说明

保险公司应按照现金流量表准则应用指南列示的现金流量表格式编制现金流量表。保险公司现金流量表的编制，除下列项目外，应比照一般企业现金流量表编制处理。

(1)"收到原保险合同保费取得的现金"项目，反映保险公司本期收到的原保险合同保费取得的现金。包括本期收到的原保险保费收入、本期收到的前期应收原保险保费、本期预售的原保险保费和本期代其他企业收取的原保险保费，扣除本期保险合同提前解除以现金支付的退保费。本项目应根据"现金""银行存款""应收账款""预收账款""保费收入"等账户的记录分析填列。

(2)"收到再保业务现金净额"项目反映保险公司本期从事再保业务实际收支的现金净额。本项目可以根据"银行存款""应收分保账款""应付分保账款"等账户的记录分析填列。

(3)"支付原保险合同赔付款项的现金"项目反映保险公司本期实际支付原保险合同赔付的现金。本项目应根据"赔付支出"等账户的记录分析填列。

(4)"保户储金净增加额"项目反映保险公司向投保人收取的以储金利息作为保费收入的储金，以及以投资收益作为保费收入的投资保障型保险业务的投资本金，减去保险公司向投保人返还的储金和投资本金后的净额。本项目可以根据"现金""银行存款""保户储金""应收保户储金"等账户的记录分析填列。

(5)"支付手续费及佣金的现金"项目反映保险公司本期实际支付手续费及佣金等现

金。本项目应根据"应付账款""手续费及佣金支出"等账户的记录分析填列。

(6)"质押贷款净增加额"项目反映保险公司本期发放保户质押贷款的现金净额。本项目可以根据"贷款""银行存款"等账户的记录分析填列。

保险公司可以单独设置"处置损余物资收到的现金净额"和"代位追偿款收到的现金"等项目,或者在"收到的其他与经营活动有关的现金"项目中反映。

(二)证券公司现金流量表的格式内容及编制方法

1.证券公司现金流量表的格式内容

证券公司现金流量表的格式如表 9-6 所示。

表 9-6 现 金 流 量 表　　　　　　　会证 03 表

编报单位：　　　　　　　　年　月　日　　　　　　　　　单位:元

项　目	本期金额	上期金额
一、经营活动产生的现金流量：		
处置交易性金融资产净增加额		
收取利息、手续费及佣金的现金		
拆入资金净增加额		
回购业务资金净增加额		
收到其他与经营活动有关的现金		
经营活动现金流入小计：		
支付利息、手续费及佣金的现金		
支付给职工以及为职工支付的现金		
支付的各项税费		
支付其他与经营活动有关的现金		
经营活动现金流出小计：		
经营活动产生的现金流量净额		
二、投资活动产生的现金流量：		
收回投资收到的现金		
取得投资收益收到的现金		
收到其他与投资活动有关的现金		
投资活动现金流入小计：		
投资支付的现金		
购建固定资产、无形资产和其他长期资产支付的现金		
支付其他与投资活动有关的现金		
投资活动现金流出小计：		
投资活动产生的现金流量净额		
三、筹资活动产生的现金流量：		
吸收投资收到的现金		

(续表)

项目	本期金额	上期金额
发行债券收到的现金		
收到其他与筹资活动有关的现金		
筹资活动现金流入小计：		
偿还债务支付的现金		
分配股利、利润或偿付利息支付的现金		
支付其他与筹资活动有关的现金		
筹资活动现金流出小计：		
筹资活动产生的现金流量净额		
四、汇率变动对现金及现金等价物的影响		
五、现金及现金等价物净增加额		
加：期初现金及现金等价物余额		
六、期末现金及现金等价物余额		

2. 证券公司现金流量表项目列示说明

证券公司应按照现金流量表准则应用指南列示的现金流量表格式编制现金流量表。资产管理公司、基金公司、期货公司应当执行证券公司现金流量表格式规定，如有特别需要，可以结合本企业的实际情况，进行必要调整和补充。

证券公司现金流量表的编制，除下列项目外，应比照一般企业现金流量表编制处理。

(1)"处置交易性金融资产净增加额"项目反映证券公司本期自行买卖交易性金融资产所取得的现金净增加额。本项目可以根据"交易性金融资产"等账户的记录分析填列。本项目如为负数，应在经营活动现金流出类项目中单独列示。

(2)"拆入资金净增加额"项目反映证券公司本期从境内外金融机构拆入款项所取得的现金，减去拆借给境内外金融机构款项而支付的现金后的净额。本项目可以根据"拆入资金""拆出资金"等账户的记录分析填列。本项目如为负数，应在经营活动现金流出类项目中列示。

(3)"回购业务资金净增加额"项目反映证券公司本期按回购协议卖出票据、证券、贷款等金融资产所融入的现金，减去按返售协议约定先买入再按固定价格返售给卖出方的票据、证券、贷款等金融资产所融出的现金后的现金增加额。本项目可以根据"买入返售金融资产""卖出回购金融资产款"等账户的记录分析填列。本项目如为负数，应在经营活动现金流出类项目中单独列示。证券公司可以根据协议将本项目分为"买入返售证券收到的现金净额""卖出回购证券支付的现金净额"等项目列示。

此外，证券公司还可以根据需要单独设置"代理买卖业务的现金净额""代理兑付债券的现金净额"等项目，以反映证券公司从事代理业务产生的现金流量。

(三) 现金流量表附注

现金流量表附注适用于一般企业、商业银行、保险公司、证券公司等各类企业。

企业应当采用间接法，在现金流量表附注中披露将净利润调节为经营活动现金流量的信息,如表 9-7 所示。

表 9-7　现金流量表附注　　　　　　　　　　　　　　单位:元

补充资料	本期金额	上期金额
1. 将净利润调节为经营活动现金流量		
净利润		
加:资产减值准备		
固定资产折旧、油气资产折耗、生产性物质折旧		
无形资产摊销		
长期待摊费用摊销		
处置固定资产、无形资产和其他长期资产的损失(收益以"一"填列)		
固定资产报废损失(收益以"一"填列)		
公允价值变动损失(收益以"一"填列)		
财务费用(收益以"一"填列)		
投资损失(收益以"一"填列)		
递延所得税资产减少(增加以"一"填列)		
递延所得税负债增加(减少以"一"填列)		
存货的减少(增加以"一"填列)		
经营性应收项目的减少(增加以"一"填列)		
经营性应付项目的增加(减少以"一"填列)		
其他		
经营活动产生的现金流量净额		
2. 不涉及现金收支的重大投资和筹资活动		
债务转为资本		
一年内到期的可转换公司债券		
融资租入固定资产		
3. 现金及现金等价物净增加情况		
筹资活动产生的现金流量:		
现金的期末余额		
减:现金的期初余额		
加:现金等价物的期末余额		
减:现金等价物的期初余额		
现金及现金等价物净增加额		

　　信托投资公司、租赁公司、财务公司应当执行商业银行现金流量表格式规定,如有特别需要,可以结合本企业的实际情况,进行必要调整和补充。

第四节 所有者权益变动表

一、所有者权益变动表的概念和作用

所有者权益变动表是指反映构成所有者权益各组成部分当期增减变动情况的报表。

所有者权益变动表的作用在于：第一，可以提供所有者权益变动的原因信息。比如实收资本（或股本）的本年增加数有多少是来源于资本公积转入、多少是盈余公积转入、多少是利润分配转入、多少是增发新股的股本等。盈余公积的本年减少数有多少是弥补亏损、有多少是转增资本、有多少是分配现金股利或利润、有多少是分配股票股利。第二，可以提供所有者权益变动的结构信息。所有者权益变动表能够全面反映一定时期所有者权益变动的情况，不仅包括所有者权益总量的增减变动，还包括所有者权益增减变动的重要结构性信息，特别是反映直接计入所有者权益的利得和损失，让报表使用者准确理解增减变动的根源。第三，可以提供商业银行的发展战略信息。报表使用者可以将所有者（股东）权益变动表中的"提取盈余公积""提取一般风险准备""对所有者权益（或股东）的分配"与"未分配利润"的数额相比较，分析出商业银行是运用"高积累的股利"政策，还是"高分配的股利"政策，从而可以从自身发展角度出发，选择其发展战略适合自己需要的商业银行。

二、所有者权益变动表的内容

在所有者权益变动表中，至少应当单独列示反映下列信息的项目：净利润；直接计入所有者权益的利得和损失项目及其总额；会计政策变更和差错更正的累积影响金额；所有者投入资本和向所有者分配利润等；按照规定提取的盈余公积；实收资本（或股本）、资本公积、盈余公积、一般风险准备、未分配利润的期初和期末余额及其调节情况。

三、所有者权益变动表的基本结构和填列方法

（一）所有者权益变动表的基本结构

为了清楚地表明构成所有者权益的各组成部分当期的增减变动情况，所有者权益变动表应当以矩阵的形式列示：一方面，列示所有者权益变动的交易或事项，改变了以往仅仅按照所有者权益的各组成部分反映所有者权益变动情况，而是从所有者权益变动的来源对一定时期所有者权益变动进行全面反映；另一方面，按照所有者权益的各组成部分（包括实收资本、资本公积、盈余公积、一般风险准备、未分配利润和库存股）及其总额列示交易或事项对所有者权益变动的影响。此外，商业银行还需要提供比较所有者权益变动表，所有者权益变动表还就各项目再分为"本年金额"和"上年金额"两栏分别填列。

（二）所有者权益变动表的填列方法

1. 上年金额栏的填列方法

所有者权益变动表中的"上年金额"栏内关系数字，应根据上年度所有者权益变动表"本

年金额"栏内所列数字填列。如果本年度所有者权益变动表规定的各个项目的名称和内容同上年度不一致,应对上年度所有者权益变动表各项目的名称和数字按照本年度的规定进行调整,填入本表"上年余额"栏内。

2. 本年金额栏的填列方法

所有者权益变动表中的"本年金额"栏内关系数字一般应根据"实收资本""资本公积""盈余公积""一般风险准备""利润分配""库存股""以前年度损益调整"科目的发生额分析填列。

第五节 会计报表附注及相关信息

一、会计报表附注及相关信息的含义

会计报表附注,是指在会计报表中列示项目所做的文字描述或明细资料所做的进一步说明,以及对未能在这些报表中列示项目的说明等。

财务会计报告中应当披露的相关其他信息和资料,是指无法包含在财务会计报表及会计报表附注中进行披露说明的非财务信息。如企业可以在财务报告中披露其承担的社会责任、可持续发展能力等信息。

二、会计报表附注及相关信息的作用

会计报表附注,是会计报表的重要组成部分,由若干附表和对有关项目的文字性说明组成。它主要是为了便于会计报表使用者理解会计报表的内容,而对会计报表的编制基础、编制依据、编制原则和方法及主要项目等所做的进一步解释和补充说明。

财务会计报告中应当披露的相关其他信息和资料,尽管属于非财务信息,无法包括在财务会计报表中,但对于会计信息使用者的决策也是相关的和重要的。

三、会计报表附注及相关信息应列示的内容

(一) 会计报表附注应列示的内容

非银行金融企业会计报表附注一般应当按照下列顺序披露有关内容:

1. 非银行金融企业的基本情况
(1) 企业注册地、组织形式和总部地址。
(2) 企业的业务性质和主要经营活动。
(3) 母公司以及集团最终母公司的名称。
(4) 财务报表的批准报出者和财务报表批准报出日。

2. 财务报表的编制基础

非银行金融企业应当说明财务报表是否根据持续经营基础编制,如果未按持续经营编制,应说明不能持续经营的原因。

3. 遵循企业会计准则的声明

非银行金融企业应当声明编制的财务报表符合企业会计准则的要求，真实、完整地反映商业银行的财务状况、经营成果和现金流量等相关信息。

4. 重要会计政策和会计估计

非银行金融企业应当披露采用的重要会计政策和会计估计，不重要的会计政策和会计估计可以不披露。在披露重要会计政策和会计估计时，应当披露重要会计政策的确定依据和财务报表项目的计量基础，以及会计估计所采用的关键假设和不确定因素。

5. 会计政策和会计估计变更以及差错更正的说明

商业银行应当按照《企业会计准则第28号会计政策、会计估计变更和差错更正》及其应用指南的规定，披露会计政策和会计估计变更及其差错更正的有关情况。

6. 报表重要项目的说明

非银行金融企业对报表重要项目的说明，应当按照资产负债表、利润表、现金流量表、所有者权益变动表及其项目列示的顺序，采用文字和数字描述相结合的方式进行披露。报表重要项目的明细金额合计，应当与报表项目金额相衔接。

7. 或有事项

8. 资产负债表日后事项

（1）每项重要的资产负债表日后非调整事项的性质、内容，及其对财务状况和经营成果的影响。无法作出估计的，应当说明原因。

（2）资产负债表日后，公司利润分配方案中拟分配的以及经审议批准宣告发放的股利或利润。

9. 关联方关系及其交易

10. 风险管理

（二）相关信息应当披露的内容

财务会计报告中应当披露的相关其他信息和资料，具体可以根据有关法律法规的规定和企业外部信息使用者的需求而定。就一般要求而言，非银行金融企业至少需要提供财务状况说明书。

财务状况说明书，是以文字来补充说明财务经营状况、利润实现和分配情况以及企业的财产物资发生的重大变动情况。以文字为主来叙述这些情况和变化，可以补充会计报告的不足，使会计报告的阅读者可以更好地理解报告中的数字，更确切地掌握企业的各种情况，以便做出各种正确的决策。

非银行金融企业财务情况说明书至少应对下列情况做出说明。

1. 企业经营的基本情况

非银行金融企业通常需要反映以下有关企业经营的基本情况：企业主营业务范围及经营情况；企业所处的行业以及在本行业中的地位；企业员工的数量和专业素质情况；经营中出现的问题与困难及解决方案；对企业业务有影响的知识产权的有关情况；经营环境的变化；新年度的业务发展计划，如经营的总目标及措施；开发、在建项目的预期进度；配套资金的筹措计划；需要披露的其他业务情况与事项。

2. 利润实现和分配情况

利润实现和分配情况，主要只指非银行金融企业本年度实现的净利润及其分配情况，如实现的利润是多少;在利润分配中,提取法定盈余公积金和法定公益金各有多少;累计可分配利润有多少;此外,企业还应反映资本公积金转增实收资本(或股本,下同)的情况等。如果在本年度内没有发生利润分配情况或资本公积金转增实收资本情况,则企业需要在财务情况说明书中明确说明。企业利润的实现和分配情况,对于判断企业未来的发展至关重要,所以,需要企业披露有关利润实现和分配的信息。

3. 资金增减和周期情况

资金增减和周转情况主要反映年度内企业各项资产、负债、所有者权益、利润构成项目的增减情况及其原因,这对于财务会计报告使用者了解企业的资金变动情况具有非常重要的意义。

【知识链接】

财务会计报告的编制时间

按照企业财务报告的编制时间分类,可以分为月度会计报告、季度会计报告、半年度会计报告和年度会计报告。其中,月度、季度和半年度会计报告统称为中期会计报告。

非银行金融企业至少应当按年编制财务报表。对外提供中期财务报告的,还应遵循《企业会计准则第32号——中期财务报告》的规定。月度财务会计报告应当于月终了后6天内(节假日顺延,下同)对外提供;季度财务会计报告应当于季度终了后15天内对外提供;半年度财务会计报告应当于年度中期结束后60天内(相当于两个连续的月度)对外提供;年度财务会计报告应当于年度终了后4个月内对外提供。

【关键术语】

财务会计报告　资产负债表　利润表　现金流量表　会计报表附注

【问题思考】

1. 财务会计报告的构成内容如何?
2. 资产负债表有哪些作用?保险公司、证券公司资产负债表的格式内容和编制方法如何?
3. 利润表有哪些作用?保险公司、证券公司利润表的格式内容和编制方法如何?
4. 什么是现金流量表?其编制基础如何?

扫二维码获得本章
习题及案例

参 考 文 献

[1] 财政部. 企业会计准则[M]. 北京:经济科学出版社,2006.
[2] 财政部. 企业会计准则——应用指南[M]. 北京:中国财政经济出版社,2006.
[3] 财政部会计司编写组. 企业会计准则讲解 2010[M]. 北京:人民出版社,2010.
[4] 盛永志. 金融公司会计[M]. 上海:上海财经大学出版社,2010.
[5] 崔澜. 金融公司会计——非银行机构[M]. 北京:北京交通大学出版社,2011.
[6] 蒋晓敏,胡娅梅. 信托投资公司会计[M]. 上海:上海财经大学出版社,2012.
[7] 莫桂青,吴大器. 基金会计[M]. 上海:上海财经大学出版社,2012.
[8] 吴小海,孙娜. 期货公司与信托公司会计实务[M]. 北京:中国财政经济出版社,2011.
[9] 岳龙. 银行会计[M]. 北京:高等教育出版社,2009.
[10] 刘学华. 金融企业会计[M]. 上海:立信出版社,2011.
[11] 王海荣,徐旭东. 金融企业会计[M]. 北京:人民邮电出版社,2013.
[12] 王保平,栗利玲. 保险公司会计实务[M]. 北京:中国财政经济出版社,2009.
[13] 周彦平,孙娜. 证券公司与基金公司会计实务[M]. 北京:中国财政经济出版社,2011.
[14] 孙娜,卜兆刚. 租赁公司与财务公司会计实务[M]. 北京:中国财政经济出版社,2009.
[15] 曾庆学. 现代租赁管理与会计实务[M]. 四川:西南财经大学出版社,2012.
[16] 于小镭,邵争艳. 新企业会计实务讲解(金融企业类)[M]. 北京:机械工业出版社,2013.
[17] 中国人民银行. 企业集团财务公司管理办法[Z]. 2004.
[18] 中国人民银行. 财务公司进入全国银行间同业拆借市场和债券市场管理规定[Z]. 2000.